Ulrich Luig

Mommenheim
Sozialgeschichte eines rheinhessischen Dorfes

Ulrich Luig

Mommenheim
Sozialgeschichte eines rheinhessischen Dorfes

Coverfoto:
Genossenschaft Mommenheim mit Dreschmaschine im Hof
Gaustraße 24 (um 1930), Privatbesitz

Bibliografische Information der Deutschen
Nationalbibliothek:
Die Deutsche Nationalbibliothek verzeichnet diese
Publikation in der Deutschen Nationalbibliografie; detail-
lierte bibliografische Daten sind im Internet über
http://dnb.dnb.de abrufbar.
© 2021 Ulrich Luig
Herstellung und Verlag: BoD – Books on Demand,
Norderstedt
ISBN: 978-3-7534-4512-0

Inhalt

VORBEMERKUNG

Mommenheim ist ein typisches rheinhessisches Dorf, ca. zehn Kilometer südlich der Landeshauptstadt Mainz und damit am südwestlichen Rand des heutigen Ballungszentrums Rhein-Main gelegen. In der Erzählung seiner Geschichte spiegeln sich sowohl die sozialen und wirtschaftlichen Dynamiken eines kleinräumigen Gemeinwesens als auch die lokalen Besonderheiten eines unter speziellen Bedingungen gewachsenen dörflichen Milieus. Insofern hat auch diese nur leicht überarbeitete Neuauflage einer Geschichte Mommenheims nach fünfunddreißig Jahren ihre sachliche Berechtigung.

Als diese Geschichte Mitte der 1980er Jahr geschrieben wurde, befand sich der Ort mitten in einem bis dahin beispiellosen Veränderungsprozess. Dieser Prozess hat sich fortgesetzt. Durch die Erschließung weiterer Neubaugebiete ist die Einwohnerzahl auf über 3.000 angestiegen. Der Ausbau eines Gewerbegebietes an der Straße zum benachbarten Zornheim und der Bau einer Umgehungsstraße haben das Äußere des Dorfes deutlich verändert. Der Betrieb eines Golfplatzes in der unmittelbaren Umgebung Mommenheims zieht Golfspieler von weit her an, und auf der Bahntrasse fahren schon lange keine Züge mehr, sondern Fahrradfahrer. Dennoch hat sich Mommenheim seine Besonderheit und Eigenständigkeit weitgehend bewahrt unter den Bedingungen, die im 10. Kapitel skizziert sind.

Berlin, im April 2021

Ulrich Luig

EINLEITUNG

Das Dorf hat gleichsam zyklisch immer neu Konjunktur. In dem Maße, in dem den Städtern zum Bewusstsein kommt, dass ihnen die Natur unter den Händen zerrinnt, die von A. Mitscherlich diagnostizierte "Unwirtlichkeit der Städte" zunehmend konkreter Ausdruck für den Verlust von Lebensqualität im urbanen Bereich ist und Wirtschaftskrisen die Lebens- und Entfaltungsmöglichkeiten der Menschen einschränkt, wird das Dorf als alternative Lebensform immer neu attraktiv. Es scheint, als habe sich im Hinterland der Städte eine Existenzweise erhalten, auf die in Zeiten der Krise des städtischen Lebens zurückgegriffen werden kann, um neue Zukunft zu gewinnen.

Diese Hochschätzung des Lebens auf dem Lande in Zeiten krisenhafter Prozesse in den Städten ist keineswegs neu, sowenig auch die Verachtung neu ist, die in Hochzeiten der städtischen Entwicklung den Dörfern entgegenschlug. Dabei waren die Klischees, die im Laufe der Geschichte vom Leben auf dem Lande entwickelt wurden, fast durchweg Produkte städtisch-bürgerlicher Phantasie, Gegenbilder zum Stadtleben, das mal als "Hort der Freiheit und des Fortschritts" bejubelt, mal als "verrucht und dekadent" beklagt wurde. Dementsprechend reicht das Vorstellungsarsenal der Städter über das Landleben von "natürlich und unverdorben" bis zu "unerträglich eng und hoffnungslos rückständig". Wen wundert es da noch, dass die Dorfbewohner angesichts solcher Wechselbäder zunächst einmal mit Misstrauen und Abwehr reagieren, wenn Kulturmissionare unterschiedlichster Profession in den Dörfern auftreten, um den neuesten Erkenntnisstand über das Leben auf dem Land unters Volk zu bringen. Verständlich wird von daher aber auch jener tiefsitzende Minderwertigkeitskomplex, der auch heute noch häufig in den Dörfern anzutreffen ist, jene schwankende Identität, die zwischen starrem Konservativismus und bedenkenlosem Modernisierungseifer pendeln kann.

Was also ein Dorf ist und was das Leben auf dem Dorf wirklich ausmacht, ist daher nicht nur höchst umstritten, sondern viele Aussagen über das Leben auf dem Lande sind zudem außerordentlich ideologieverdächtig. Es stellt sich also die Frage, wie die Lebenswirklichkeit der Menschen im Dorf so begriffen werden kann, dass Vorstellungen und Realitäten annähernd übereinstimmen. Bei der Beantwortung dieser Frage wird man zunächst davon ausgehen müssen, dass die Dörfer aufgrund ihrer geografischen und historischen Voraussetzungen nicht nur äußerlich sehr verschiedenartige Erscheinungsbilder bieten, sondern die spezifischen wirtschaftlichen und sozialen Verhältnisse jedes Dorfes auch ihre je eigene Rationalität haben. Den lokalen Erfordernissen und Möglichkeilen der landwirtschaftlichen Produktion entsprechen soziale Hierarchien und Konkurrenzen, die die jeweiligen Lebensbedingungen im Dorf prägen, aber auch auf ihre Veränderung zielen. Aus dem Zusammenspiel dieser verschiedenen Faktoren ergibt sich eine jedem Dorf eigene Dynamik, deren Kenntnis den Verlauf der Lokalgeschichte erst begreifbar macht.

Es sind jedoch nicht allein diese inneren Verhältnisse, die den Verlauf der Geschichte eines Dorfes ausmachen. Die Lebens- und Arbeitsweisen der Menschen im Dorf waren immer auch verbunden mit den politischen und wirtschaftlichen Entwicklungen der Gesamtgesellschaft - ein Zusammenhang, der häufig unterschätzt oder gar übersehen wird. Kriege und Konfessionsstreitigkeiten, Wirtschaftskrisen und staatliche Eingriffe, technische Entwicklungen und der jeweilige Zeitgeist waren wesentliche, oft sogar entscheidende Faktoren für die Dorfgeschichte. Augenfällig ist dieser Zusammenhang vor allem in den letzten Jahrzehnten geworden, in denen sich viele Dörfer vor allem in der Nähe der industriellen Ballungszentren in einem Ausmaß verändert haben, wie das kaum zuvor in ihrer Geschichte der Fall war. Die Umstrukturierung der landwirtschaftlichen Produktion, die Abwanderung von Arbeitskräften in die Industrie und das Entstehen von Neubausiedlungen um die alten Ortskerne herum haben dazu geführt, dass sich herkömmliche dörfliche Lebensweisen und typische Lebensformen einer Industriegesellschaft heute im Dorf auf eine eigentümliche Weise mischen und überlagern.

Dieses Buch verfolgt das Ziel, den Prozess der Auseinandersetzung des rheinhessischen Dorfes Mommenheim mit den Problemen des 20. Jahrhunderts sichtbar zu machen. Die Darstellung der historischen Entwicklungen konzentriert sich daher auf das Zusammenspiel von Lokal- und Regionalgeschichte und den jeweiligen Folgen für das Leben in diesem Dorf. Viele dieser Entwicklungen sind anderenorts sicher ähnlich verlaufen, anschaulich und damit verständlich werden sie jedoch erst in der Konkretion der Geschichte eines bestimmten Dorfes.

Eine Dorfgeschichte, die den Ursachen und Wirkungen der jeweiligen historischen Prozesse nachspüren will. muss zunächst von den spezifischen Bedingungen des Lebens im Dorf ausgehen. Im ersten, einleitenden Kapitel wird daher ein Modell der Lebensformen in Mommenheim zu Beginn des 20. Jahrhunderts entwickelt. Das Dorf wird dabei als ein gegliedertes Ganzes erkennbar, das von landwirtschaftlicher Produktion, Besitzverhältnissen. Arbeitszusammenhängen, Sozialbeziehungen und Formen dörflicher Kultur bestimmt sind. Damit wird zugleich der historische Ausgangspunkt markiert, von dem aus die Menschen in Mommenheim die Entwicklungen der folgenden Jahrzehnte zu bewältigen hatten.

Wertvorstellungen, soziale Identitäten, politische Optionen und konfessionelle Ressentiments haben die Entwicklungen in Mommenheim meist ebenso stark beeinflusst wie Besitzverhältnisse oder Familienbindungen. Auch solche Bewusstseinsinhalte sind historisch vermittelt, selbst wenn sie in der aktuellen Situation oft nur in der Form des unbegriffenen Vorurteils zur Wirkung kamen. Um jene historischen Erfahrungen aufzuzeigen, die die Denk- und Verhaltensweisen der Bewohner Mommenheims geprägt haben, gibt das zweite Kapitel einen Oberblick über die wichtigsten Entwicklungen in der Geschichte dieses Dorfes bis zum Beginn des 1. Weltkrieges.

Die weiteren Kapitel folgen dann der Chronologie der deutschen Geschichte des 20. Jahrhunderts, an deren vorläufigem Ende das heutige Mommenheim steht. Dabei ist die Darstellung von dem Interesse geleitet, das Allgemeine im Besonderen konkret werden zu lassen, in dem Mikrokosmos Mommenheims die jeweiligen Auswirkungen der gesamtgesellschaftlichen Prozesse aufzuzeigen und anschaulich zu machen.

Danken möchte ich an dieser Stelle all jenen Mommenheimern und Mommenheimerinnen, die mir durch Informationen und Gespräche geholfen haben, das Dorf und seine Geschichte zu verstehen. Besonders dankbar bin ich für das Vertrauen, das sie mir dabei entgegenbrachten, denn Dorfgeschichte ist immer auch ein Mosaik von Lebensgeschichten bestimmter Menschen im Ort. Vielleicht hilft dieses Buch auch dazu, das Leben jener Generation besser zu verstehen, die diese verschiedenen Zeiten wirklich erlebt hat.

Mommenheim, im Juni 1987
Ulrich Luig. Pfarrer

1. KAPITEL: DAS DORF ALS LEBENSFORM
MOMMENHEIM UM 1900

Mommenheim liegt im Gebiet des heutigen Rheinhessens ca. 15 km südlich von Mainz und 5 km westlich des Rheins. Die Nähe zum Rhein als wichtiger Verkehrsverbindung, das sonnenreiche und warme Klima sowie der fruchtbare Boden boten für die Menschen in den Dörfern dieser Gegend verhältnismäßig günstige Lebensbedingungen. Als Grenz- und Durchgangsland war Rheinhessen aber auch immer Außeneinflüssen ausgesetzt, die häufig Bedrohung und Bereicherung zugleich waren. Soldaten, Kaufleute, Missionare, wandernde Handwerker oder auch Flüchtlinge sind durch die rheinhessischen Dörfer gezogen und haben sich mitunter auch hier niedergelassen. Diese geschichtlichen Erfahrungen, die sich bis in unsere Gegenwart immer wieder neu bestätigt haben, sind der Hintergrund für die Lebensweise, die das Leben der Menschen in Mommenheim bestimmte. Dazu gehörte der notwendige Schutz vor Bedrohungen von außen, der sich auch in der eher abweisenden Bauweise des Ortes ausdrückt, und zugleich jene Offenheit und Lebensfreude, die für das Völkergemisch am Rhein typisch geworden ist.

Haus und Hof - das Dorf als Lebensraum

Bei feierlichen Anlässen stellen sich die Dorfbewohner auch heute noch gern als geschlossene Dorfgemeinschaft dar. Im Alltagsleben dagegen zeigt sich sehr schnell, dass der entscheidende Bezugspunkt für das Leben des Einzelnen der eigene bäuerliche Betrieb und die Familie ist. Von jeher war die selbständige Arbeit auf dem eigenen Hof die Lebensgrundlage für die meisten Familien in Mommenheim. Der Hof, die Arbeitsgeräte und weitgehend auch das Land waren Eigentum der Bauern; die Arbeitskräfte stellte in der

Regel die Familie. D.h. die selbständige Verfügung über die Produktionsmittel bestimmte die Arbeit und das Leben der Bauernfamilien. Dieser Besitz, der die Existenz sicherte und die soziale Bindung an die Familie waren daher von elementarer Bedeutung in allen Lebensphasen, die der Einzelne durchlebte.

Von der materiellen Seite her bedeutete die Selbständigkeit im eigenen landwirtschaftlichen Betrieb auch eine relative Arbeitsplatzsicherheit. Diese Selbständigkeit war aber verbunden mit unregelmäßigen und schwer kalkulierbaren Einkommensverhältnissen, die von den Wetterbedingungen und den jeweiligen Marktpreisen abhingen. Hausbesitz, Gemüsegarten und die Bereitschaft der ganzen Familie, eventuelle Einkommensverluste mitzutragen, bildeten jedoch eine Struktur, die bis zu einem gewissen Grad flexibel genug war, derartige Einbußen aufzufangen. Dies gelang freilich nur, wenn Arbeitsamkeit und Sparsamkeit als Werte beachtet und die ohnehin vorhandenen Risiken nicht noch durch unkluge Entscheidungen im Betrieb zusätzlich vermehrt wurden. Von hier aus wird einsichtig, worin Arbeitsamkeit. Sparsamkeit und Risikoscheu (Konservativismus) als "typische" Charaktereigenschaften der Landbevölkerung begründet sind.

Die landwirtschaftliche Produktion war vor allem bestimmt durch die Zuständigkeit für den gesamten Produktionsablauf. Von der Vorbereitung der Felder über die Aussaat bis zur Ernte und - z.B. beim Wein - der Weiterverarbeitung zum verkaufsfertigen Produkt lag nicht nur die Verantwortung, sondern auch die Arbeit in einer Hand. Dies erforderte eine höchst vielfältige Qualifikation in den verschiedensten Bereichen. Das nötige Wissen für all diese Tätigkeiten war in der Familie oder im Dorf verfügbar und wurde weitgehend informell vermittelt. Insofern war eine

Familienfeier oder ein Besuch in der Gastwirtschaft durchaus eine Gelegenheit. Informationen auszutauschen, neue Entwicklungen zu bereden oder Geschäfte anzubahnen.

Das Dorf war neben dem Hof und der engeren Familie das unmittelbare Lebensumfeld, mit dem der Einzelne durch vielfältige Beziehungen verbunden war. Im eigenen Dorf lebten die Verwandten, hier ging man zur Schule, schloss man Freundschaften und häufig auch die Ehe. Hier wurde der Lebensunterhalt erarbeitet, Hof und Familie vorangebracht und schließlich wurde man hier auch alt. Diese lebenslange Bindung an den Ort ließ alle anderen Beziehungen zur Außenwelt zweitrangig werden. Hierin ist sicherlich eine der stärksten Wurzeln für jenen ausgeprägten dörflichen Lokalpatriotismus zu sehen, der nicht nur für Mommenheim charakteristisch ist.

Landwirtschaft, Handwerk und Gewerbe - die dörfliche Ökonomie

Die wirtschaftliche Grundlage des Dorfes bildete die Landwirtschaft. Fast alle Nahrungsmittel, die zum täglichen Leben gebraucht wurden, produzierten die Mommenheimer Bauern selbst. Die hohe Bodenfruchtbarkeit mit dementsprechend guten Ernteerträgen und die günstige Verkehrsverbindung zum nahen Mainz machten es jedoch auch möglich, eventuelle Überschüsse auf dem Markt zu verkaufen. Dadurch war das Dorf schon seit langem in die regionalen Marktbeziehungen eingebunden und somit auch von den Entwicklungen auf dem Agrarmarkt abhängig. Dies zeigt sich z.B. daran, dass bereits seit Mitte des 19. Jahrhunderts die ev. Pfarrer in der Pfarrchronik nicht nur die Ernteergebnisse für die einzelnen Jahre festhielten, sondern häufig auch die Erzeugerpreise für die einzelnen Produkte. Auch die Gründung der Mommenheimer Spar- und Darlehenskasse im Jahre 1892 ist ein Hinweis auf die starke Einbindung des Ortes in den Markt und den Geldverkehr.

Insgesamt betrieben die Mommenheimer Bauern eine ausgewogene Mischwirtschaft, um auf diese Weise das Risiko bei schlechten Ernteerträgen in einzelnen Anbaubereichen zu mindern. Um 1900 produzierten sie hauptsächlich Roggen, Weizen, Kartoffeln, Obst und Wein. Roggen und Kartoffeln bildeten die Grundlage der Selbstversorgung, während Weizen, Obst und Wein überwiegend für den Markt angebaut wurden. Wein war die ertragreichste Marktfrucht, die einen entsprechend hohen Stellenwert in der landwirtschaftlichen Produktion hatte. Die Redewendung "Mit einem Stück Wein (1.200 Liter) fährt man durch die ganze Scheuer" (d.h.: 1 Stück Wein ist wertvoller als der übrige Scheuneninhalt) belegt dies eindrücklich. Absatzschwierigkeiten oder ein Absinken der Weinpreise trafen daher die Mommenheimer Bauern stets besonders empfindlich. Bei ihren Entscheidungen über die Art der angebauten Produkte orientierten sich die Bauern daher durchaus an der aktuellen Marktlage. So berichtet Grimm (1912:119f.), dass die Mommenheimer Bauern um 1870 vom Weizen- zum Gerstenanbau überwechselten und ab 1910 mit dem Anbau von Zuckerrüben und Gurken begannen.

Zusätzlich zur Felderbewirtschaftung war die Viehhaltung ein wichtiger Produktionszweig. Da es in der Gemarkung kaum Weideland gab, wurde Vieh nur in Ställen gehalten, das Futter wurde angebaut. Neben ihrer Funktion als Zugtiere (Ziehkühe) dienten die Rinder vor allem zur Milchproduktion. Im Jahre 1912 wurden in Mommenheim täglich 2.500 Liter Milch nach Mainz und in die Rheinhessische Milchzentrale in Bechtolsheim geliefert (vgl. Grimm 1912:121). Die Ziegen waren vor allem für die ärmeren Familien zur Selbstversorgung mit Milch wichtig (die Ziege als die "Kuh der kleinen Leute"). Auch Schweinefleisch wurde außer für den Eigenbedarf ebenfalls für den Markt produziert.

In Ergänzung zur landwirtschaftlichen Produktion hatte sich aber auch ein dörfliches Handwerk und Gewerbe in Mommenheim entwickelt. Meist waren es ärmere Bauern oder Tagelöhner, die sich auf diese Weise eine zusätzliche Einkommensquelle schufen. Im Jahre 1912 gab es neben der Landwirtschaft folgende Berufe in Mommenheim:

3 Schneider	4 Maurer	2 Schmiede
3 Bäcker	3 Barbiere	2 Tüncher
1 Spengler	3 Metzger	5 Händler
1 Zimmermann	2 Küfer	6 Makler
2 Schreiner	4 Schuhmacher	2 Aufkäufer
2 Wagner	1 Sattler u. Tapezierer	

Ferner existierten 10 Gastwirtschaften und 5 Läden. (Quelle: Grimm 1912:83).

Die Vielzahl der hier aufgeführten Berufe ist zum einen ein deutliches Anzeichen für die im Dorf entwickelte Arbeitsteilung und Spezialisierung, zum anderen aber auch ein Hinweis auf die enge Verzahnung der einzelnen Wirtschafts- und Arbeitsbereiche. Für die Bereiche Bau. Bekleidung, Nahrungsmittel und Handel gab es im Ort eigene Betriebe, die auf die Befriedigung der grundlegenden Bedürfnisse der Dorfbewohner ausgerichtet waren. Landwirtschaft. Handel und Gewerbe bildeten damit einen Wirtschafts- und Lebenszusammenhang, dessen einzelne Bereiche eng aufeinander bezogen waren und die in ihrer Gesamtheit die Voraussetzungen für das Leben in Mommenheim darstellten.

Wer hat, der hat - Landbesitz, Vermögen und sozialer Status

Das Leben und Arbeiten im eigenen bäuerlichen Betrieb war zwar das bestimmende Element für das gemeinsame Leben im Dorf, doch gab es innerhalb des Dorfes auch deutliche Unterschiede hinsichtlich des Landbesitzes der einzelnen Familien und den daraus resultierenden wirtschaftlichen Möglichkeiten. Danach bemaßen sich Einfluss und sozialer Status. Von der Persönlichkeit und den Fähigkeiten der Einzelnen hing es jedoch ab, ob diese Möglichkeiten genutzt oder vertan wurden.

Die wichtigste Voraussetzung für die Bearbeitung der Äcker und Weinberge war neben der verfügbaren Arbeitskraft, die in der Regel von der Familie gestellt wurde, der Besitz von Pferden oder Kühen als Zugtiere für die landwirtschaftlichen Geräte. Daher war der Besitz eines oder zweier Pferde nicht nur Ausdruck der technischen Möglichkeiten zur Bearbeitung der Felder, sondern zugleich ein bedeutendes Symbol für den sozialen Status eines Bauern. Der Besitz eines Pferdes war in doppelter Hinsicht mit dem Landbesitz verknüpft: zum einen musste genügend Land vorhanden sein, um die verhältnismäßig hohen Anschaffungskosten (1.220 - 1400 Mark) zu rechtfertigen, zum anderen brauchte ein Bauer ca. 1.5 Morgen Haferfeld und 4 Morgen Kleefeld, um die Ernährung eines Pferdes für 1 Jahr sicherzustellen. Auf diese Weise waren Landbesitz, Verfügung über Arbeitsmittel und sozialer Status im Dorf eng miteinander verknüpft. Zugleich erklärt sich aus diesem Zusammenhang der ständige "Landhunger" der Bauern; denn nur durch vergrößerte Anbauflächen konnten die Einkünfte gesteigert werden. Da die verfügbare Nutzfläche innerhalb der Gemarkung naturgemäß begrenzt war, konnte Landbesitz nur durch Heirat, Erbschaft, Kauf oder Pacht vermehrt werden.

Jene Bauern, die zwei Pferde besaßen und somit doppelspännig arbeiten konnten, waren die wirtschaftlich potenteste und angesehenste Gruppe in Mommenheim. Mit einer gewissen Abstufung zählten zu den "Pferdebauern" auch jene, die lediglich ein Pferd besaßen. Diese arbeiteten bei bestimmten Arbeitsvorgängen, die zweispännig bewältigt werden mussten, mit einem anderen "Pferdebauern" in

"Hufgemeinschaft" zusammen. Eine weitere Gruppe bestand aus jenen Bauern, die Kühe als Zugtiere verwendeten (Kuhbauern). Kühe waren als Zugtiere zwar nicht so leistungsfähig wie Pferde, kosteten aber weniger in der Anschaffung und gaben zusätzlich noch etwas Milch. Die wirtschaftlich und sozial am schlechtesten gestellte Gruppe waren die im Dorf wohnenden Tagelöhner, die über keinen oder nur äußerst geringen Landbesitz verfügten. Sie waren darauf angewiesen, als landwirtschaftliche Arbeiter bei den besser gestellten Bauern zu arbeiten, und wurden mit einem geringen Geldbetrag sowie mit Naturalien bezahlt. Daneben bewirtschafteten sie Hausgärten und kleinere Äcker, die häufig auf Pachtland angelegt waren und auf denen Kartoffeln und Gemüse zur Selbstversorgung angebaut wurden. Schließlich gab es noch eine Anzahl von Knechten und Mägden (Dienstboten), die in den größeren landwirtschaftlichen Betrieben angestellt waren und meist dort auch wohnten. Als Ortsfremde und in der Regel Unverheiratete, die auch nur auf Zeit im Dorf wohnten, waren diese Dienstboten jedoch nicht wirklich integriert in das dörfliche Leben und hatten dementsprechend nur ein geringes Ansehen, obwohl sie in materieller Hinsicht häufig besser gestellt waren als die Mommenheimer Tagelöhner.

Einen gewissen Einblick in die soziale und wirtschaftliche Gliederung des Dorfes gibt eine Übersicht über die Sparbücher bei der Mommenheimer Spar- und Darlehenskasse, die nach Berufsgruppen aufgeteilt ist (vgl. Grimm 1912, Anhang, S. IV ff.). Im Jahre 1911 waren aus Mommenheim 197 Personen Mitglieder der "Kasse", aus dem Nachbarort Harxheim 125 und 2 aus weiteren Orten. Unter den Mitgliedern waren 194 Landwirte, 55 Handwerker. 33 Arbeiter. 20 Beamte, 16 Kaufleute und Händler sowie 1 Arzt und 1 Genossenschaft (die eine motorgetriebene Dreschmaschine unterhielt). Die einzelnen Mitglieder der Kasse führten für ihre Familienangehörigen häufig mehrere Sparkonten. Nach Berufsgruppen unterteilt gliederten sich die Sparbücher in Mark wie folgt:

Gesamtguthaben pro Sparbuch

214 selbständige Landwirte

434.542,-   2.030,-

117 Handwerker u. Beamte

336282,-   2.874,-

40 landwirtschaftliche Arbeiter

9.373,-   234,-

27 Dienstboten   10.484,-   388,-

258 Kinder   41.046,-   159,-

Aus dieser Aufstellung ist ersichtlich, dass die selbständigen Landwirte sowie die Handwerker und Beamten über die größten Spareinlagen verfügten. Bei den Landwirten und Handwerkern wird man allerdings davon ausgehen müssen, dass die Spareinlagen zum größten Teil als Betriebskapital (für Pachten, Arbeitsgeräte und sonstige Arbeitsmittel) dienten. Ebenso wird das Spargeld der Kinder als Verfügungsmasse dem jeweiligen Familieneinkommen zuzurechnen sein. In vielen Haushalten gab es auch zweckgebundene Sparbücher, die zur Finanzierung der Aussteuer für die Mädchen oder zur absehbaren Auszahlung der Geschwister als Miterben angelegt worden waren. In den einzelnen Familien war also durchaus Geldvermögen vorhanden, das jedoch nicht als frei verfügbares Geld angesehen werden kann.

Während die Aufgliederung der Spareinlagen nach Berufsgruppen lediglich einen groben Überblick über die Vermögensverhältnisse im Dorf vermittelt, lässt eine weitere Aufstellung der in der Mommenheimer Sparkasse geführten Sparbücher allerdings eine kleinere Gruppe verhältnismäßig wohlhabender Bankkunden erkennen. Im Jahre 1911 bestanden bei der Spar- und Darlehenskasse Sparbücher mit folgenden Einlagenhöhen:

121 Bücher zu	bis 20 Mk Einlage
63 Bücher zu	bis 50 - 100 Mk "
163 Bücher zu	100 - 500 Mk
54 Bücher zu	500 - 1000 Mk
111 Bücher zu	1000 - 5000 Mk
36 Bücher zu	über 5000 Mk

(Quelle: Grimm 1912)

Vergleicht man diese Aufstellung der Spareinlagen mit den Anbauflächen der landwirtschaftlichen Betriebe in Mommenheim, so ergibt sich ein ähnliches Bild. Von den insgesamt 229 Betrieben in Mommenheim hatten bei der Landwirtschaftzählung im Jahre 1907 insgesamt 78 Betriebe eine Anbaufläche unter 1 Hektar. 37 zwischen 1 und 2 Hektar, 54 zwischen 2 und 5 Hektar, 49 zwischen 5 und 10 Hektar und lediglich 11 Betriebe zwischen 10 und 20 Hektar Land zur Verfügung. Landbesitz, Vermögen und sozialer Status hingen also in der Regel unmittelbar zusammen und bildeten die wichtigsten Merkmale für die soziale Gliederung des Dorfes. Dennoch waren die Unterschiede in den Besitzverhältnissen in Mommenheim nicht so ausgeprägt, dass sie sich zu einer strengen hierarchischen Ordnung verfestigen konnten. Wohl gab es ein "Oben und Unten" im Dorf, die "besseren und die geringeren Leut'", doch waren die Grenzen dazwischen nicht scharf, sondern eher fließend und konnten unter bestimmten Umständen durchaus auch durchbrochen werden.

Formen des Zusammenlebens

Die Art des Zusammenlebens im Dorf war vor allem geprägt durch den engen Zusammenhang von Arbeiten und Wohnen im bäuerlichen Familienbetrieb. Der Hof war nicht nur Arbeitsplatz, sondern zugleich auch Wohnstätte für alle, deren Existenz von diesem Betrieb abhing. Arbeit und Privatleben. Arbeitszeit und Freizeit, öffentlicher und privater Bereich durchdrangen und ergänzten sich daher auf eine Weise, die den Einzelnen eng in vorhandene soziale Beziehungen einband und ihm wenige Spielräume zur persönlichen Lebensgestaltung ließ. Dies galt vor allem für die Familie; denn meist konnte der Lebensunterhalt nur dann gesichert werden, wenn die Familienmitglieder im eigenen Betrieb mitarbeiteten. Die Familie im Dorf war damit nicht nur eine Verbrauchereinheit (wie die städtische Familie), sondern eben auch Produktionseinheit. Diese Tatsache bestimmte weitgehend die Geschlechterrollen und das Verhältnis der Generationen zueinander. So entschieden sich z.B. an der Partnerwahl nicht nur das persönliche Glück der zukünftigen Eheleute, sondern vor allem auch die Zukunft des Familienbesitzes und die Frage der Versorgung der nicht mehr arbeitsfähigen, älteren Familienmitglieder. Daher ist es nicht verwunderlich, dass die Familie nicht nur in der Kindheit, sondern auch im Erwachsenenalter mitreden wollte, wenn Lebensentscheidungen eines Angehörigen anstanden; denn jeder in der Familie war in seinem Bereich von solchen Entscheidungen mitbetroffen.

Diese engen sozialen Bindungen bildeten auch die Voraussetzung für die strenge Sozialkontrolle, die den Einzelnen daran hindern sollte, soweit über die Stränge zu schlagen, dass es anderen Gruppenmitgliedern in irgendeiner Weise schaden könnte. Auf diese Weise wurden aber auch einsame Entscheidungen verhindert oder erschwert, so dass in der Regel alle in die Entscheidungsprozesse einbezogen werden mussten, die davon in irgendeiner Form betroffen waren. Dieser vom Prinzip her kollektiven Lebensform im Dorf entsprachen somit ein kollektiv kontrolliertes Normensystem und kollektiv gefällte und getragene Entscheidungen. Diese gegenseitige Abhängigkeit und Kontrolle existierte sowohl im engeren Bereich der Familie als auch - wenngleich mit einer geringeren Verbindlichkeit - in der Großfamilie, bei Freunden und Nachbarn und bei Vereinen und anderen Gruppen. In all diesen

Beziehungen galt das Prinzip der Gegenseitigkeit: Hilfst du mir beim Ausbau meiner Scheune, helfe ich dir beim Transport von Düngemitteln; kommst du zu meinem Vereinsfest, gehe ich auch zu deinem. Gleichzeitig existierte innerhalb der Familie wie zwischen den einzelnen Betrieben. Vereinen und Gruppen auch ein deutliches Gefälle von Macht und Einfluss, so dass das geltende Konsensusprinzip zugleich durch das Konkurrenzprinzip begrenzt und bedroht war. Ebenso wirkte sich die unterschiedliche Konfessionszugehörigkeit in vielen Bereichen trennend aus. So bestimmten der Zwang zu Kooperation auf der einen Seite und der Wunsch nach größerer Entscheidungsautonomie und Besitzstandserweiterung auf der anderen Seite in ihrem Zusammenspiel jeweils die wirklichen Verhältnisse in den Familien wie im Dorf.

Diese durch vielfältige innerdörfliche Beziehungen und Verpflichtungen bestimmte Lebensweise verhinderte bzw. erschwerte aber zugleich auch die Entfaltung von Individualismus und Privatheit, die für das Stadtleben charakteristisch sind. Die selbstverständliche Gruppenzugehörigkeit zur Familie, Großfamilie, Verein etc. erzeugte eine halböffentliche Lebensweise, die anderen Gruppenmitgliedern die Wahrnehmung und Teilhabe an den eigenen Lebensvollzügen ermöglichte. Nur auf diese Weise konnte auch das Prinzip der Reziprozität, der gegenseitigen Anteilnahme und Hilfeleistung, in der Alltagspraxis zur Geltung kommen. Insofern hatte der im Dorf übliche Klatsch und Tratsch, die mitunter penetrante Neugierde in Bezug auf die persönlichen Lebensverhältnisse durchaus ihre reale und nicht nur negativ zu wertende Grundlage.

Die grundsätzliche Geltung des Konsensusprinzips und des Prinzips der Reziprozität machte aber auch den offenen Austrag von vorhandenen Konflikten nur in seltenen Fällen möglich. Je ausgeprägter die Abhängigkeitsverhältnisse waren - und dies traf insbesondere für die Familien zu -, desto häufiger wurden Konflikte verdrängt oder als individuelles Versagen des jeweils schwächsten Gruppenmitgliedes interpretiert. Davon waren Kinder, Frauen, die von außerhalb eingeheiratet hatten, und alte Leute am stärksten betroffen. Verzweiflungsakte wie Selbstmorde oder Brandstiftungen stellten daher in offenbar ausweglosen Konfliktsituationen die einzige Möglichkeit dar, dem Druck der Verhältnisse zu entkommen. Da ein solches Verhalten jedoch die Vorstellungen von "geordneten Verhältnissen" und "harmonischem Familienleben" tief bedrohte, vermied man es nach Möglichkeit, solche Verzweiflungstaten mit familieninternen Konflikten in Verbindung zu bringen. Daher wurden Selbstmorde und Brandstiftungen häufig als Ausdruck von Geistesgestörtheit angesehen und so in den Bereich des unbegreiflichen "Anormalen" abgedrängt.

Der Zwang zur Verdrängung von Konflikten konnte aber auch zum Ausbruch ungehemmter Aggressivität da führen, wo aggressives Verhalten erlaubt oder möglich war. Fastnachtsitzungen hatten wesentlich die Funktion eines ritualisierten Konfliktaustrages. Handfeste Streiche (z.B. während der "Hexennacht") oder der gezielte Einsatz des Dorfklatsches waren nicht nur Formen der Sozialkontrolle, sondern auch Möglichkeiten zum (verdeckten) Austrag von Konflikten. Direkt und mitunter mit erheblichen körperlichen Schädigungen wurden dagegen die bestehenden Konflikte häufig in den zahlreichen Gastwirtschaften ausgetragen, wenn die Hemmschwellen durch den Konsum von Alkohol herabgesetzt waren. Trotz aller Konflikte war jedoch das Harmoniemodell dasjenige, das durch die kollektive Lebensform im Dorf am stärksten begünstigt wurde und deshalb entsprechend hoch in der dörflichen Werteskala angesiedelt war. "Die große Familie" war und ist daher ein immer gern gebrauchtes Bild für das positiv erlebte oder auch nur vorgestellte Miteinander im Dorf. Die oben zitierten Hinweise auf die dörflichen Tugenden der Einigkeit und des Gemeinsinns bestätigen dies.

Dorfkultur

Die dörfliche Kultur war vor allem gekennzeichnet durch ihre enge Verbindung zum unmittelbaren Lebensvollzug der Menschen im Dorf und durch ihren weitgehenden Gebrauchscharakter. Die Schöpfer und Träger dieser Kultur waren zugleich auch ihre Konsumenten und umgekehrt. Ein typisches Beispiel für diese dörfliche Alltagskultur war die Bedeutung des Weines als der kulturell am höchsten bewerteten Marktfrucht, weil daran der enge Bezug zwischen Arbeit, sozialen Beziehungen und kulturellen Ausdrucksformen besonders deutlich wurde. Dieser Zusammenhang zeigt sich insbesondere daran, dass während der gemeinsamen Arbeit bei der Weinlese nicht nur gesungen, sondern bei den Pausen in den Weinbergen auch gegessen und anschließend getanzt und gefeiert wurde. Sicher war das Singen während der Lese auch ein Mittel, den Verzehr von Trauben bei der Arbeit möglichst gering zu halten, doch überwog dabei zweifellos die als positiv erlebte Verbindung zwischen Arbeiten und Feiern. Die relativ große Zahl von erhalten gebliebenen alten Fotos mit Motiven aus der Weinlese bestätigt daher nicht nur die wirtschaftliche, sondern auch die soziale und kulturelle Bedeutung des Weinanbaues im Dorf.

Zeiten geringer Arbeitsintensität - vor allem im Winter - waren auch Gelegenheiten zum Erzählen. Beim Reparieren von Gerätschaften, bei der aufwendigen Herstellung von Latwerge (Pflaumenmus), beim Spinnen oder bei sonstigen Handarbeiten wurde u.a. auch die Orts- und Familiengeschichte tradiert. Sagen oder Anekdoten zur allgemeinen Belustigung oder Belehrung weitergegeben. Nicht umsonst ist die handwerkliche Tätigkeit des Spinnens zum Synonym für eine ausschweifend fantasievolle Erzählweise geworden und hat sich so im allgemeinen Sprachgebrauch erhalten.

Die früher praktizierten Bräuche und Feste waren am Agrarzyklus sowie an den Jahreszeiten orientiert und hatten neben den sozialen oft auch religiöse Bedeutungen. Hinzu kamen bestimmte Riten, Praktiken und Normen für die als krisenhaft erlebten Lebensabschnitte Geburt, Pubertät, Hochzeit und Tod. Vereinsfahnen, Wappen, Hausinschriften, Möbel etc. waren Ausdruck einer bäuerlichen Kultur, die sich als kreative Bearbeitung der konkreten Lebenswirklichkeit der Menschen im Dorf herausgebildet hatte.

Einen besonderen Bereich dörflicher Kultur in Mommenheim stellten die Aktivitäten der verschiedenen Vereine dar. Obwohl die Vereinsidee erst in der Mitte des 19. Jahrhunderts in den Dörfern Rheinhessens Verbreitung gefunden hatte, bildeten die Vereine sehr schnell einen wichtigen Faktor im sozialen und kulturellen Leben des Dorfes. Ihre Bedeutung zeigt sich bereits an der Zahl der im Jahre 1912 bestehenden Vereine. Dazu gehörten der

Kriegerverein (Vors.: Joh. Peter Kessel III)
Soldatenverein (Vors.: Gustav Adolf Wolff)
Kirchengesangverein (Vors.: Adam Ludwig Leib)
MGV 1862 (Vors.: Jean Niebergall)
Turnverein (Vors.: Georg Grimm)
Kasino (Vors.: Kaspar Herberg)
Rinderzuchtverein (Vors.: Andreas Heidt, Bäcker)
Verschönerungsverein (Vors.: Jakob Heinrich Grub I).

Ihre soziale Bedeutung erhielten die Vereine vor allem durch die Tatsache, dass sie neben den Familienverbänden als wichtigste soziale Klammern für das Dorf als Ganzes wirkten. Die Teilnahme einzelner Vereine an Wettbewerben und besonders die Veranstaltung von Festen hatten daher auch die Funktion, die Mitglieder beisammen zu halten und den Verein nach außen darzustellen. Das Amt des Vereinsvorsitzenden (häufig "Präsident") war mit hohem Prestige besetzt und dementsprechend begehrt. Dazu wurden natürlich nur solche Personen gewählt, die über ein ausreichendes Ansehen im Dorf verfügten. Erfolge oder Misserfolge des Vereins wirkten daher unmittelbar auf das soziale Prestige der Vereinsvorsitzenden zurück, betrafen aber ebenfalls die Ehre der einzelnen Vereinsmitglieder. Insofern hatte jeder Verein auch ein bestimmtes Ansehen im Dorf, das von seiner Mitgliederzusammensetzung und seinen Leistungen her bestimmt war.

Charakteristisch für diesen Zusammenhang ist ein Vorstandsbeschluss des damals sehr einflussreichen "Männergesangverein 1862 Mommenheim" aus dem Jahre 1900, nach dem

> "von heute an keine auswärtigen Dienstboten, weder aktiv noch inaktiv in den Verein aufgenommen" werden sollten (Vereinsprotokoll vom 5.2.1900).

Auf diese Weise verhinderte man einerseits eine gleichberechtigte Stellung der sonst untergeordneten Knechte im Verein, andererseits wurde damit auch Ortsfremden der Zugang zu vereinsinternen Informationen verwehrt. Damit erklärt sich auch der verhältnismäßig hohe Identifikationsgrad der einzelnen Mitglieder mit "ihrem" Verein. Gleichzeitig barg das mit der Vereinsarbeit verbundene hohe Sozialprestige aber auch die ständige Gefahr in sich, dass innerörtliche Konflikte die Vereinsarbeit beeinträchtigen oder den Verein sogar spalten konnten. Insofern hatten die Vereinsvorstände in der Regel ein starkes Interesse daran, solche Konflikte aus dem Vereinsleben herauszuhalten, was jedoch nicht immer gelang.

Die besondere Bedeutung der Vereine für die Dorfkultur ergab sich aus ihrer doppelten Funktion als Träger der traditionellen Dorfkultur (z 13. bei der Gestaltung von feierlichen Anlässen oder Festen) einerseits und als Vermittlungsinstanz zwischen dörflicher und städtischer Kultur andererseits. Die Krieger-, Sport-, Gesang- und Verschönerungsvereine, die um die Jahrhundertwende in den rheinhessischen Dörfern existierten, waren von ihren Inhalten her überwiegend städtisch orientiert. Die Krieger- und Soldatenvereine gedachten ihrer Heldentaten in der Fremde, die Sportarten und -geräte der Sportvereine wurden in den Städten erfunden, die von den Gesangvereinen gesungenen Lieder von Städtern komponiert und getextet, und die Verschönerungsvereine bezogen ihre ästhetischen Ideale ebenfalls aus der Stadt. Diese Orientierung zur Stadt zeigt sich insbesondere an dem Gedankengut, das durch die Gesangvereine in den Liedertexten vermittelt wurde. So überwiegen z.B. in den Liedern, die anlässlich des 50-jährigen Jubiläums des Mommenheimer Männergesangvereins im Jahre 1912 gesungen wurden, solche Motive, die in verklärender Form Heimatgefühl, Naturerlebnisse, Soldatenschicksale, Liebe und Abschiedssituationen beschreiben (vgl. Festschrift MGV Mommenheim von 1912). Diese Inhalte bezogen sich also auf Lebenssituationen, die kaum einen Bezug zu den konkreten Alltagserfahrungen der Menschen in Mommenheim hatten.

Interessanterweise wurden aber offenbar in den Mommenheimer Gesangvereinen um die Jahrhundertwende keine Lieder mit nationalen oder militaristischen Inhalten gesungen (zumindest nicht bei offiziellen Anlässen wie Sängerfesten), obwohl das Wahlverhalten der Mommenheimer klare politische Optionen erkennen lässt. Dies erklärt sich dadurch, dass unter den Mitgliedern und auch im Vorstand beide Konfessionen vertreten waren, die in ihrem Verhältnis zu Preußen und zum Reich unterschiedliche Positionen vertraten. Da die gute Zusammenarbeit im Verein offenbar höher bewertet wurde als die jeweiligen politischen Überzeugungen, wurde die Politik nach

Möglichkeit aus dem Vereinsleben ausgeklammert. Die dörflichen Werte (Einigkeit. Gemeinsinn) waren damit in ihrer Bedeutung für das Zusammenleben der Menschen in Mommenheim anderen Einstellungen und Haltungen gegenüber deutlich überlegen.

Eine weitere wichtige Funktion der Vereine war die Verhaltenskontrolle der Vereinsmitglieder. Vor allem Pünktlichkeit und gesittetes Verhalten wurden genau kontrolliert. Wie aus den erhaltenen Vereinsprotokollen ersichtlich ist, beschäftigte sich der Vorstand des Männergesangvereins seit seiner Gründung im Jahre 1862 mehrfach mit solchen Disziplinfragen und ahndete eventuelles Fehlverhalten mit kleinen, aber fühlbaren "Geldstrafen". Welche Bedeutung diesem Bereich des Vereinslebens beigemessen wurde, ergibt sich z.B. aus der Tatsache, dass dafür eigens das Amt eines "Strafmeisters" geschaffen wurde. In einer bäuerlichen Gesellschaft, die von einem hohen Maß an Selbständigkeit und Eigenverantwortung der einzelnen Haushalte geprägt war, war eine solche Disziplinierung sicher auch in gewisser Weise notwendig, um die gemeinsamen Vorhaben bewältigen zu können. Der hohe Stellenwert aber, der diesem Problem beigemessen wurde, deutet darauf hin, dass man sich hierbei in erster Linie an städtischen Maßstäben orientierte. Pünktlichkeit z.B. spielte in den Büros und Fabriken der Stadt eine weit größere Rolle als in den sehr viel weniger straff organisierten Arbeitszusammenhängen eines Dorfes. Insofern hatte der Verein auch in dieser Hinsicht eine Vermittlungsfunktion zwischen städtischen und ländlichen sozialen Normen.

Kirche im Dorf

Eine außerordentlich wichtige Bedeutung für die Dorfkultur hatte die Kirche im Ort. Wenn der Volksmund behauptet, man solle "die Kirche im Dorf lassen", dann ist damit ausgesagt, dass die Kirche einerseits selbstverständlich zum

Dorf dazugehört, ihr aber anderseits nur eine geringe Bewegungsfreiheit zugemessen wird. Unabhängig von den religiösen Einstellungen der einzelnen Dorfbewohner waren Kirche und Pfarrer in Mommenheim wichtige, ja unverzichtbare Institutionen.

Die Bedeutung der Institution Kirche für das Leben im Dorf ergab sich nicht allein aus der öffentlichen Darstellung des religiösen Lebens (z.B. bei Festgottesdiensten, Auftreten des Pfarrers usw.), sondern ebenso aus den kirchlich vermittelten Wertvorstellungen und den daraus folgenden gewünschten oder abgelehnten Verhaltensweisen. Religiöse Inhalte bestimmten bereits die Kindererziehung in den Familien. Der durch den Pfarrer erteilte kirchliche Unterricht war ein weiterer wichtiger Faktor in der religiösen Sozialisation der Kinder und Jugendlichen. Die früher praktizierte Kirchenzucht, die häufig sogar Bestandteil der Gemeindeordnungen war, bildete ein wirksames Instrument zur Kontrolle des kirchlichen und moralischen Verhaltens der Dorfbewohner. So wurde z.B. mit Geldstrafe belegt, wer zu spät zum Gottesdienst erschien oder sein Kind nicht innerhalb von 3 Tagen taufen ließ. Jahrhunderte lange Erfahrungen mit der Institution Kirche prägten somit zentrale Bereiche des dörflichen Lebens und Denkens. Die Traditionen und kulturellen Ausdrucksformen, die daraus erwuchsen, hatten sich im Laufe der Zeit weitgehend verselbständigt und wurden auch unabhängig von der Person des jeweiligen Pfarrers bewahrt und gelegentlich auch gegen neue Pfarrer verteidigt. Religion und Kirche bildeten daher einen wichtigen Teilbereich der Dorfkultur, wobei jedoch der tatsächliche Einfluss der Kirche bzw. des Pfarrers auf die anderen Bereiche des dörflichen Lebens durchaus nicht feststand, sondern sich je nach Situation verändern konnte.

Aus diesen Gründen kam der Person des Pfarrers und seiner Fähigkeit, auf die besonderen innerörtlichen Verhältnisse angemessen zu reagieren, besondere Bedeutung zu. Zwar war der Pfarrer von seinem Amt und seiner Ausbildung her in einer herausgehobenen Position, sein tatsächlicher Einfluss hing aber wesentlich von seiner Persönlichkeit und seiner Bereitschaft ab, sich für die Belange des Dorfes einzusetzen. Eine solche Bereitschaft wurde durchaus akzeptiert und war auch erwünscht, selbst wenn sie über den engeren Bereich der kirchlichen Arbeit hinausging. Die Beteiligung des evangelischen Pfarrers Beck an den Verhandlungen über den Bau der Eisenbahnstrecke in den 80er Jahren und die Aktivitäten des Pfarrers Weimar in den 90er Jahren des 19. Jahrhunderts, die zur Gründung der Spar- und Darlehenskasse und zum Bau eines gemeindeeigenen Kindergartens führten, sind dafür Beispiele. Bei solchen Beteiligungen an Vorhaben der Ortsgemeinde waren die Pfarrer vor allem als Vertreter des gebildeten Bürgertums gefragt, die sich im Schriftverkehr und im Umgang mit den Behörden auskannten und dies nicht gegen, sondern für die Menschen im Dorf einsetzte.

Auch der umgekehrte Fall, nämlich die Begegnung mit dem Pfarrer als privilegiertem Vertreter des staatlichen Herrschaftsapparates, war Teil des dörflichen Erfahrungsschatzes mit der Institution Kirche. Insbesondere die protestantischen Pfarrer waren von ihrer Herkunft her meist städtisch-bürgerlich geprägt und unterstanden bis zum Jahre 1918 mittelbar der staatlichen Verwaltung. Im Bewusstsein der Menschen im Dorf waren sie daher zunächst einmal "von draußen" kommende Vertreter der Staatskirche. Dagegen verstanden sich die katholischen Pfarrer eher als "Funktionäre" ihrer Kirche, deren Rechte und Interessen sie zu wahren und durchzusetzen hatten. Hinzu kam, dass die Pfarrer nicht nur für die Kirchenzucht und die Fragen der öffentlichen Moral zuständig waren, sondern zugleich als Verwalter der Kirchengüter, Vorsteher der Konfessionsschule und damit als Vorgesetzter der Dorflehrer (bis 1895) und als Arbeitgeber für die, die auf dem Pfarreiland und im Pfarrhaushalt arbeiteten, fungierten. Sie hatten damit durchaus Machtmittel in der Hand, die sie zur Stärkung ihrer Position nutzen konnten.

Von diesen Voraussetzungen her hatte auch die unterschiedliche konfessionelle Zusammensetzung Mommenheims eine erhebliche Bedeutung für das soziale und politische Leben des Dorfes. Mommenheim war seit Jahrhunderten ein gemischt-konfessionelles Dorf, wobei etwa zwei Drittel der Bevölkerung evangelischen und ein Drittel katholischen Bekenntnisses war (s. u. Statistischer Anhang 12). Die katholische Gemeinde befand sich dabei in einer doppelt benachteiligten Situation: zum einen war sie zahlenmäßig in der Minderheit, zum anderen wohnte der katholische Pfarrer im Nachbarort Lörzweiler und war deshalb mit den Mommenheimer Verhältnissen nicht so gut vertraut wie der evangelische.

Die verschiedene Kirchenzugehörigkeit mit ihren je eigenen Frömmigkeitsformen, Traditionen bewirkte auch eine Zweiteilung der kirchlich-religiösen Kultur des Dorfes. Bei Gottesdiensten, Prozessionen, Feierstunden usw. wurde immer aufs Neue deutlich, dass die katholischen und die evangelischen Einwohner Mommenheims nicht nur verschiedenen Glaubensrichtungen, sondern auch zwei Kirchen angehörten, die sich zudem deutlich voneinander absetzten. Das Konfessionsproblem wurde im Dorf zusätzlich immer dann verschärft, wenn die bestehenden Spannungen zwischen beiden Kirchen mit dem Interessenspiel der jeweiligen politischen Mächte verquickt wurden. Aufgrund der geopolitischen Lage Rheinhessens war dies im Laufe der Geschichte seit der Reformation fast immer der Fall. Daher bestimmte die Konfessionszugehörigkeit in Mommenheim zugleich auch die - meist gegensätzlichen -

Einstellungen zu den in der Region konkurrierenden politischen Mächten.

Die Verschiedenheit der Konfessionen wirkte sich somit im Alltagsleben des Dorfes als ständig präsentes, wenn auch nicht immer akutes Problem aus. Obwohl bereits die Kinder zwischen "katholischen Kreuzköpfen" und "lutherischen Dickköpfen" zu unterscheiden lernten, versuchte man jedoch in der Regel, die unterschiedliche Konfessionszugehörigkeit im Alltag nicht zu stark zu betonen. Solange beide Konfessionen ihren "Besitzstand" gewahrt sahen, bemühte man sich meist um ein einvernehmliches Miteinander. So wurde das Verhältnis der Konfessionen zueinander bestimmt von dem Zwang zum gedeihlichen Zusammenleben im Dorf einerseits und der Konkurrenz zwischen beiden Kirchen andererseits. Insofern bestand auch hier ein sehr labiles Gleichgewicht, das jederzeit außer Kontrolle geraten und zum aktuellen Konflikt werden konnte.

Dorfpolitik

Von besonderer Bedeutung für den gesamten Ort waren die Arbeit und die Zusammensetzung des Gemeinderates, der die mitunter durchaus schwierige Aufgabe hatte, die im Dorf vorhandenen Partikularinteressen gegen die des dörflichen Gemeinwohls abzuwägen. Daher war die Mitgliedschaft im Gemeinderat mit hohem Prestige verbunden und entsprechend begehrt. Der Gemeinderat wurde um 1910 von dem Bürgermeister, einem Beigeordneten (Adjunkt) und 9 weiteren Ratsmitgliedern gebildet. Er hatte neben der Geschäftsführung des Standesamtes und des Ortgerichtes die Aufgabe, über alle die Gemeinde betreffenden Fragen zu beschließen bzw. Stellungnahmen abzugeben. Da insbesondere die öffentlichen Baumaßnahmen (Straßen- und Eisenbahnbau, zentrale Wasserversorgung, Elektrizitätsanschluss etc.) mit z.T. erheblichen finanziellen Belastungen für die Gemeinde verbunden waren (so entfielen z.B. für den Bau der Eisenbahnstrecke anteilige Kosten für Mommenheim in Höhe von 40.000 Mk.), hatten die Entscheidungen des Gemeinderates für alle Bewohner Mommenheims ein erhebliches Gewicht.

Angesichts der oben dargestellten Unterschiede in den Besitz- und Einkommensverhältnissen waren die Interessen der einzelnen Haushalte in Mommenheim dementsprechend unterschiedlich. Deshalb bedeutete die Wahl eines neuen Bürgermeisters stets einen kritischen Punkt im Leben der Gemeinde, an dem auch der persönliche Ehrgeiz einzelner Kandidaten und die Solidarität in den Familienverbänden zur Geltung kamen. Die massiven Konflikte um die Bürgermeisterwahl im Jahre 1912, die u. a. auch die Spaltung des Männergesangvereins zur Folge hatten, lassen sehr deutlich erkennen, von welcher Tragweite eine solche Wahl für das Leben aller Familien in Mommenheim gewesen sein muss. Dieser Konflikt ist aber auch ein Beispiel dafür, wie eng die verschiedenen Bereiche des dörflichen Lebens miteinander verwoben waren, so dass das Dorf über längere Zeit hinweg geradezu paralysiert wurde, als die Beilegung dieses Konfliktes nicht gelang. Aus diesen Gründen sollen die Bedingungen und der Verlauf dieses Konfliktes an dieser Stelle etwas ausführlicher dargestellt werden.

Nachdem im Februar 1912 der seitherige Bürgermeister Grub verstorben war, nahm dessen Stellvertreter, der Adjunkt (Beigeordneter) H. Wortmann, die Aufgaben des Bürgermeisters kommissarisch wahr. Aufgrund seiner bisherigen Stellung als stellvertretender Bürgermeister und seiner neuen Funktion als kommissarischer Verwalter des Bürgermeisteramtes machte er sich berechtigte Hoffnungen, bei der folgenden Gemeindewahl in dieses Amt gewählt zu werden. Offenbar wegen der bevorstehenden Feierlichkeiten zum 50-jährigen Bestehen des Männergesangvereines Ende Juni fand die Neuwahl des Bürgermeisters erst nach der Ernte im September statt. Als zweiter Kandidat für das Bürgermeisteramt trat jedoch bald Ludwig Bitz auf, der zwar bisher im Gemeinderat keine hervorgehobene Stellung bekleidet hatte, aber durch Verwandtschaftsbeziehungen drei größere Familienverbände hinter sich hatte. H. Wortmann kam dagegen aus einer kleinen Familie, bekleidete allerdings das Amt des stellvertretenden Vorsitzenden des evangelischen Kirchenvorstandes und war "gut evangelisch", was damals zugleich "antikatholisch" bedeutete. L. Bitz war zwar ebenfalls evangelisch, hatte jedoch ein eher distanziertes Verhältnis zu seiner Kirche. Hinzukam, dass seine Kandidatur aus unterschiedlichen Gründen von den meisten katholischen Wählern in Mommenheim unterstützt wurde.

Der erst seit 3 Jahren in Mommenheim wirkende evangelische Pfarrer Landmann hat in dieser Situation offenbar sein Kirchenvorstandsmitglied Wortmann gefördert, was Wortmann in die Lage versetzte, seine fehlende "Familien-Hausmacht" durch seinen Einfluss in der ev. Kirchengemeinde auszugleichen. Allerdings waren auch die L. Bitz unterstützenden Familien sämtlich evangelisch, wodurch der Kampf um die Bürgermeisterwahl auch innerhalb der evangelischen Kirchengemeinde zu erheblichen Spannungen führte. Die Parteinahme des noch neuen Pfarrers für einen der beiden Kandidaten veranlasste dann auch einige Sänger, vor dem Pfarrhaus das Lied "Muss I denn, muss I denn zum Städtele hinaus..." anzustimmen. Daraufhin soll der Pfarrer das Fenster geöffnet und die Musikanten mit der Erklärung beschieden haben: "Und mit dem Schatz, der hier bleibt, bin wohl ich gemeint!" Trotz aller anekdotischen Heiterkeit, die diese Episode in sich birgt, zeigt sie doch zugleich die Schärfe, mit der dieser Konflikt ausgetragen wurde.

Gewählt wurde schließlich mit der knappen Mehrheit von nur einer Stimme L. Bitz. Damit waren die Auseinandersetzungen um die Bürgermeisterwahl zunächst entschieden. Gleichwohl hatte dieser Konflikt das Zusammenleben im Dorf derartig tiefgreifend gestört, dass seine Folgen noch längere Zeit spürbar blieben. Insbesondere die konfessionellen Spannungen, die während des Wahlkampfes neu geschürt worden waren, wirkten weiter und beeinträchtigten vor allem das Mommenheimer Vereinsleben.

Dies betraf insbesondere den einflussreichen gemischtkonfessionellen Männergesangverein, der seit 1909 von J. Niebergall als Vorsitzendem geleitet wurde. Anlässlich der Jahresversammlung des MGV am 30. Januar 1914 brachen die Konflikte in aller Schärfe wieder auf, was dazu führte, dass die Parteigänger des unterlegenen Kandidaten Wortmann einschließlich des Vorsitzenden Niebergall nicht wieder in den Vorstand des MGV gewählt wurden. Niebergall, der, wie ein alter Mommenheimer schmunzelnd bemerkte, "eher Protestant als evangelisch" war, betrieb nun die Gründung eines neuen Gesangvereins. Aus den Resten des zwar noch bestehenden, aber nicht mehr aktiven "Ev. Choralvereins" und Teilen des MGV 1862 bildete Niebergall nun den (evangelischen) MGV Liederkranz, "welcher sich auch zum Zweck setzte, im ev. Gottesdienst an Festtagen und bei Beerdigungen zu singen" (Pfarrchronik, S. 84). Dadurch schloss man die katholischen Sänger von vornherein aus. Die Gründungsversammlung des neuen MGV Liederkranz fand unmittelbar darauf, am 1. Februar 1914, statt, bei der 50 Mitglieder dem neuen Verein beitraten und J. Niebergall zum Präsidenten gewählt wurde. Die Familie des neuen Bürgermeisters Bitz sowie die Familie seiner Frau und einige Mitglieder des aufgelösten Choralvereins unterstützten dagegen den alten MGV 1862, dem natürlich auch die katholischen Mitglieder des Vereins weiterhin angehörten.

Der Verlauf dieses Konfliktes zeigt sehr eindrücklich, wie persönlicher Ehrgeiz Einzelner, familiäre Verpflichtungen und Konkurrenzen, konfessionelle Gegensätze und das Fehlen einer anerkannten Vermittlungsinstanz ein ganzes Dorf kurzfristig aus den Fugen geraten und langfristig durchaus verfestigte Gegensätze entstehen lassen kann. Interessanterweise erinnern die meisten evangelischen Mommenheimer heute noch diesen Streit um das Bürgermeisteramt im Jahre 1912 als Konflikt zwischen Evangelischen und Katholiken, obwohl die "katholischen" Stimmen für Bitz bei der Wahl zwar ausschlaggebend, aber nicht das Hauptproblem dieser Auseinandersetzung gewesen sind. Dies wurde wohl deshalb so wahrgenommen, weil der Gegensatz zwischen "evangelisch" und "katholisch" ein bekanntes und damit "erlaubtes" Konfliktmuster war, während der Streit zwischen den evangelischen Familien und innerhalb der evangelischen Kirchengemeinde im Interesse des "evangelischen Gemeinsinns" beigelegt werden musste. Bis heute gilt der MGV 1862 als "katholischer" und der Liederkranz als "evangelischer" Gesangverein, obwohl dies von der Zusammensetzung der Mitglieder des MGV 1862 her nie gestimmt hatte. Die Interpretation bestimmter Tatsachen in einem Dorf muss sich daher nicht unbedingt an den Realitäten orientieren, sondern kann ebenso vorgefertigten Konfliktmustern folgen.

2. KAPITEL: DIE HISTORISCHEN VORAUSSETZUNGEN

Die Anfänge

Die Eigenart der rheinhessischen Dörfer, offen zu sein für Einflüsse von außen und sich gleichzeitig vor Bedrohungen zu schützen, basiert auf der immer wieder gemachten Erfahrung wechselnder Herrschaften und neu eindringender Siedler. Die heute bekannte Siedlungsgeschichte Rheinhessens beginnt im 4. Jahrtausend v. Chr., aus dem keltische Niederlassungen bezeugt sind. Im 1. Jahrhundert v. Chr. wanderten Germanen von Norden her in dieses Gebiet ein und vermischten sich mit den dort ansässigen Kelten. Gleichzeitig marschierten Cäsars Truppen nach Norden und eroberten Gallien für das römische Weltreich. Seit 51 v. Chr. gehörte Rheinhessen damit zur Provinz Gallien und war mehr als 400 Jahre lang Teil des Römischen Reiches. Römische Offiziere ließen sich Landsitze in der Nähe der Garnisonsstädte bauen, und so mancher Sklave, Legionär oder Händler wird sich in einem der umliegenden Dörfer niedergelassen haben. Als im 5. Jahrhundert das Römische Reich endgültig zerfiel, wanderten Franken von Westen her nach Rheinhessen ein und gründeten eigene Siedlungen. Spätestens seit fränkischer Zeit muss Mommenheim als eigene Siedlung existiert haben, wie Grabungsfunde aus dem 6. bis 7. Jahrhundert belegen. Fränkischen Ursprungs ist vermutlich auch der Ortsname von Mommenheim, der sich aus "Muomoheim" (Heim des Muomo) entwickelt haben kann (vgl. dazu Kramschuster 1967: 39).

Schriftlich erwähnt wurde Mommenheim zum ersten Mal in einer Schenkungsurkunde des Klosters Lorsch etwa aus dem Jahre 764 (die genaue Datierung ist noch umstritten. Vgl. ebd.). In jener Zeit wurden die Bewohner Rheinhessens durch britannische und irische Missionare, unter denen Bonifatius der bedeutendste war, christianisiert. Aufgrund von zahlreichen Schenkungen verfügte das Kloster Lorsch in der Folgezeit über einen bedeutenden Grundbesitz in Mommenheim und hatte dementsprechend großen Einfluss auf die Geschicke des Dorfes.

Die Ganerben

Im Laufe des Mittelalters kam Mommenheim in den Besitz von Reichsrittern, die niedere Adelsfamilien mit Land in der Gemarkung belehnten. Diese Familien bildeten Erbengemeinschaften (Ganerben), die neben der Bewirtschaftung ihrer Güter die Verantwortung für die Gerichtsbarkeit im Ort, die Erhebung von Steuern und Abgaben und die allgemeinen sozialen und kirchlichen Belange wahrnahmen. Durch den sog. "Freiheitsbrief" von 1276, in dem der frühere Lehnsherr Mommenheims, Philipp von Hohenfels, auf seine unmittelbaren Lehenrechte verzichtete, wurden die Ganerben auch rechtlich zu Besitzern und Herrschern des Dorfes. Auf diese Weise wurde Mommenheim zu einer selbständigen politischen Einheit, die keiner anderen herrschaftlichen Instanz direkt untergeordnet war.

Der politische Spielraum, über den die Mommenheimer Ganerben verfügten, war jedoch nicht sehr groß, da Mommenheim in der "Pufferzone" zwischen dem Gebiet von Kurmainz im Norden und der Kurpfalz im Süden lag. Beide Kurfürsten verdankten ihren politischen Einfluss nicht der Bedeutung ihrer Länder als Territorialmächte, sondern ihren Ämtern im Reich. Dennoch versuchten sie, ihre Herrschaftsbereiche nach Möglichkeit auch territorial zu erweitern. So nahm z.B. die Kurpfalz aufgrund alter Rechte (Wildfangrecht) Herrschaftsbefugnisse in Anspruch, die über ihre eigentlichen Territorialgrenzen hinausgingen. Die Einwohner Mommenheims waren auf diese Weise nicht nur den Ganerben als den Herrschern des Ortes, sondern auch dem Beauftragten (Ausfaut) der Kurpfalz zu Abgaben und Arbeitsleistungen verpflichtet. Übergriffe seitens der Kurpfälzer Beamten empfanden jedoch die Ganerben wie die Bevölkerung Mommenheims gleichermaßen als Einschränkung ihrer Rechte, weshalb sie sich gelegentlich beim Kurfürstentum Mainz um Unterstützung gegen die Kurpfälzer Ansprüche bemühten. Diese Interessenkonstellation wurde nach der Reformation durch die neu entstandenen konfessionellen Gegensätze noch problematischer.

Konfession und Politik

Im Zuge der Reformation wurden die meisten Mommenheimer lutherisch. Nachdem die Kurpfalz im Jahre 1546 lutherisch geworden war, führte die Kurpfalz über ihre Fauteirechte (Prätext der Fauteilichkeit) auch in Mommenheim das neue Bekenntnis ein (vgl. Zimmermann 1957:111). Damit wurde auch die Mommenheimer Pfarrkirche, deren gotischer Chor und Sakristei erst 1468-72 neu erbaut worden war, zu einer evangelischen Kirche. Die heftigen konfessionellen Auseinandersetzungen zwischen Lutheranern, Reformierten (Calvinisten) und Katholiken haben auch in Mommenheim für Unruhe gesorgt. So schreibt Diehl (1928:521), dass der Mommenheimer Pfarrer Vincentius Huber "wegen des eindringenden Calvinismus" im Jahre 1567 aus seinem Amt entlassen wurde. Für die folgenden 32 Jahre ist kein Pfarrer in Mommenheim bekannt. Erst 1599 wurde die Pfarrstelle wieder dauerhaft mit dem evangelischen Pfarrer Johannes Gerlich besetzt, der sie bis zu seinem Tod im Jahre 1621 innehatte.

Im Zusammenhang mit diesen Konfessionsstreitigkeiten brannten Reformierte die katholische Kirche auf dem Nazarienberg gegen Ende des 16. Jahrhunderts nieder. Der katholische Dekan Markus Bausmann, der von 1601 bis 1616 zugleich Vikar der Nazarienkirche war, ließ die Kirche zwar notdürftig wieder herrichten, doch wurde sie offenbar nicht wieder geweiht.

Die politischen und konfessionellen Gegensätze, die fast das gesamte 17. Jahrhundert in Rheinhessen zu Krieg und Verwüstungen führten, blieben für Mommenheim eine dauernde Belastung. Hierbei wirkte sich die Lage Mommenheims in der "Pufferzone" zwischen der nunmehr evangelischen Kurpfalz und dem katholischen Kurmainz besonders ungünstig aus. Nach den sog. "lothringischen Kriegstroubeln" in den Jahren 1666-1675 begann 1688 der pfälzische Erbfolgekrieg. Mehrfach floh die Bevölkerung Mommenheims vor den anrückenden Soldaten und kam durch Abgaben und Plünderungen in große materielle Not. Die Pest und andere Seuchen forderten ebenfalls ihre Opfer. Auch die evangelische Kirche wurde um 1640 niedergebrannt. Besonders betroffen waren die rheinhessischen Dörfer von den Auseinandersetzungen über die Gebiets- und Herrschaftsansprüche Frankreichs unter dem "Sonnenkönig" Ludwig XIV. auf Teile der linksrheinischen Gebiete. 1679 wurde im Rahmen der "Reunionen" auch Mommenheim von Frankreich annektiert. Die Ganerben unterwarfen sich dem französischen Herrschaftsanspruch und konnten so ihre Rechte zumindest teilweise erhalten.

Die Franzosen mischten sich insbesondere in kirchlicher Hinsicht in die inneren Angelegenheiten Mommenheims ein, indem sie die Belange der katholischen Gemeinde nach Kräften unterstützten. Die französische Verwaltung setzte z.B. die simultane Nutzung der evangelischen Kirche durch die katholische Gemeinde durch. Der damalige ev. Pfarrers Molther erwähnt in einer Eintragung im Kirchenregister die erste katholische Taufe in der evangelischen Kirche im Jahre 1687. Von besonderer Bedeutung war die Verfügung der Franzosen, wonach im Fall von konfessionsverschiedenen Ehen allein die katholischen Pfarrer die Taufen. Trauungen und Beerdigungen auch bei den evangelischen Familienmitglieder vornehmen sollten. Da der für Mommenheim zuständige katholische Pfarrer in Lörzweiler wohnte, bedeutete diese Regelung nicht nur einen tiefen Eingriff in die kirchlichen Verhältnisse der Bevölkerung, sondern auch sehr praktische Unannehmlichkeiten. Dem evangelischen Pfarrer drohte bei Missachtung dieser Vorschriften eine Strafe von 100 Reichstalern, und so konnte er sich kaum darüber hinwegsetzen, selbst wenn er von katholischen Gemeindegliedern darum gebeten wurde (vgl. dazu Wörner 1876:268f). Die politischen und konfessionellen Gegensätze in jener Zeit waren somit eng miteinander verknüpft und bestimmten daher ganz unmittelbar das Leben der Mommenheimer - auch wenn die Menschen, im Dorf diese Gegensätze als schwere Last empfanden und sich darüber hinwegzusetzen bereit waren. Der pfälzische Erbfolgekrieg wurde 1697 mit dem Frieden von Rijswyk beendet, und die Franzosen zogen sich danach wieder aus Rheinhessen zurück. Damit traten die Ganerben wieder in ihre alten Rechte ein.

Zu Beginn des 18. Jahrhunderts wurde endlich auch das Verhältnis zwischen den Konfessionen in Mommenheim neu geregelt. Im Jahre 1717 trat die evangelische Gemeinde der katholischen ein Drittel ihres Besitzes und ein neben der Kirche stehendes Altaristenhaus ab, das die katholische Gemeinde im Jahre 1720 zu einer eigenen Kirche ausbaute (vgl. Diehl 1932:770). Etwa ab 1720 wurde auch die evangelische Kirche wieder aufgebaut. Dabei wurde der Dachstuhl neu errichtet und die barocken Fenster in das frühgotische Kirchenschiff eingefügt. Die Kirche ist heute in ihrem Charakter noch weitgehend so erhalten wie zur Zeit dieses Wiederaufbaus. Die enge räumliche Nähe zwischen beiden Kirchen führte im Laufe des 18. Jahrhunderts immer wieder zu Streitigkeiten, da sich jede Kirchengemeinde bei Gottesdiensten von der anderen belästigt fühlte. Zur Beilegung dieser Konflikte bildete man eine eigene Kommission, die erst nach sechsjährigen Verhandlungen im Jahre 1781 eine gütliche Einigung erwirkte (vgl. Zimmermann 1957:111).

Die adligen Ganerben waren in Mommenheim nunmehr wieder allein zuständig für die Verwaltung, die Gerichtsbarkeit, das Eintreiben von Steuern und für die Wahrnehmung der kirchlichen Belange im Ort. Da sowohl evangelische wie katholische Familien zu den Ganerben gehörten, sorgten diese dafür, dass die Rechte beider Konfessionen im Ort gewahrt blieben. Dennoch gab es immer wieder Grund zu Auseinandersetzungen, die das Verhältnis zwischen beiden Kirchen belastete. Was dies im Alltag des Dorfes bedeutete, illustriert ein Streit um die Besetzung der evangelischen Pfarrstelle in den Jahren ab 1777 (vgl. dazu: Actenmäßige Geschichtserzählung in Sachen der Gemeinde Mommernheim wider die adligen Herrn Ganerben daselbst. Unveröff. Flugblatt 1779).

Da die Mehrzahl der Mommenheimer dem lutherischen Bekenntnis angehörte, war die Besetzung der Pfarrstelle stets von besonderer Bedeutung für den Ort. Aufgrund des eigenen politischen Status Mommenheims lag das Recht zur Anstellung eines evangelischen Pfarrers bei den Ganerben, die gemeinsam darüber zu beschließen hatten. Das Recht zum Vorschlag geeigneter Kandidaten (jus praesentandi) besaß zu jener Zeit interessanterweise die katholische Ganerbenfamilie v. Greifenklau. Nachdem im Jahre 1777 die Pfarrstelle vakant geworden war, hatte der Domkapitular v. Greifenklau als Vormund seiner Neffen, die im Besitz der Ganerbenrechte waren, ohne Absprache mit den anderen Ganerben und der Gemeinde mehrfach ungeeignete Kandidaten vorgeschlagen. Der aktuelle Streitpunkt entzündete sich vor allem daran, dass die vorgeschlagenen Kandidaten kein Examen einer evangelischen Kirchenbehörde vorweisen konnten. Als v. Greifenklau dann aber auf seinem Vorschlag bestand, protestierte die Gemeinde förmlich und schriftlich bei den übrigen Ganerben und blieb demonstrativ den Gottesdiensten des zuletzt vorgeschlagenen Pfarrers Wagner fern. Als dennoch keine Einigung erzielt wurde, strengte die Gemeinde einen Prozess beim Reichskammergericht in Wetzlar an. Das Verfahren zog sich offensichtlich über längere Zeit hin. Schließlich legte der Kandidat im Jahre 1782 sein Amt in Mommenheim "aus Krankheitsgründen" nieder und lebte danach als Privatmann in Wörrstadt (vgl. dazu Diehl 1928:398).

An diesem Streitfall werden zwei Elemente des dörflichen Verhaltens erkennbar, die auch für die Folgezeit durchaus typisch waren. Einerseits wird daran deutlich, dass die Mommenheimer sehr wohl die Tatsache unterschiedlicher Konfessionszugehörigkeit respektierten, solange ihnen ihre eigenen Rechte nicht beschnitten wurden. Andererseits zeigt sich aber auch, dass sie im Konfliktfall diese Rechte gegenüber den jeweiligen politischen Autoritäten verteidigten, sofern sie dazu die Möglichkeiten hatten.

Die französische Herrschaft unter Napoleon

Von den Kriegen des 18. Jahrhunderts blieben die Dörfer Rheinhessens weitgehend verschont, so dass sich die wirtschaftlichen Verhältnisse in Mommenheim wieder verbesserten und sogar ein gewisser Wohlstand eintrat. Erst durch die Eroberungsfeldzüge Napoleons wurde Rheinhessen erneut direkt von kriegerischen Auseinandersetzungen betroffen. Im Jahre 1792 nahmen französische Truppen Rheinhessen ein, wenn auch die französische Herrschaft erst nach 1801 rechtlich anerkannt wurde. In der Zwischenzeit kämpften französische, preußische und österreichische Truppen um das Gebiet - mit den entsprechenden negativen Folgen für die Menschen in den rheinhessischen Dörfern.

Mit dem Beginn der französischen Herrschaft endeten in Mommenheim zugleich die jahrhundertelange Herrschaftsform der Ganerbschaft und damit die relative politische

Selbständigkeit des Dorfes. Die von den Franzosen durchgeführte Neuordnung des Rechts- und Wirtschaftslebens sowie der Verwaltung bedeutete in verschiedenster Hinsicht eine radikale Veränderung der gesellschaftlichen Verhältnisse in den Dörfern Rheinhessens. Die Franzosen fassten die verschiedenen kleinen Herrschaftsgebiete in der Verwaltungseinheit des Departements Donnersberg zusammen, und damit wurde Mommenheim zum ersten Mal seit langer Zeit wieder Teil eines größeren Herrschaftsgebietes. Mit der Einführung eines dreistufigen Behördenaufbaus (Departement-Arrondissement-Commune) wurde eine Trennung von Verwaltung und Justiz vollzogen. Die langwierige und teure schriftliche Verhandlungsführung in Rechtsfällen ersetzte man durch öffentliche und mündliche Verhandlungen vor Schwurgerichten. Für die Behandlung von Bagatellfällen waren nun Friedensrichter in den Dörfern zuständig.

In wirtschaftlicher Hinsicht bedeutete die Abschaffung des Zunftzwanges und die gleichzeitige Einführung der Gewerbefreiheit eine entscheidende Neuerung. Der Ausbau des Wegenetzes und der Anschluss Rheinhessens an das große französische Wirtschaftsgebiet wirkten sich ebenfalls belebend auf die Wirtschaft der Region aus. Dafür wurde allerdings der Rhein die neue Zollgrenze, was die wirtschaftlichen Verbindungen zu den rechtsrheinischen deutschen Gebieten stark beeinträchtigte. Die Abschaffung der früheren Feudalabgaben und -dienste brachte zwar eine gewisse Erleichterung, die allerdings durch die neu festgelegten Steuern wieder aufgehoben wurde. Mit diesen Steuern finanzierten die Franzosen die steigenden Kriegskosten für die napoleonischen Feldzüge. Mit der Ausschaltung des Adels als Herrschaftsträger wurden die Bauern jetzt zu Eigentümern ihrer Bestandsgüter, die frei vererbbar und teilbar waren. Diese Neuordnung der politischen Verhältnisse umfasste auch eine grundsätzliche Trennung von Kirche und Staat, wobei man von einer Gleichberechtigung der Konfessionen ausging. Eine Folge dieser Trennung war auch die Einführung der Ziviltrauung und der staatlichen Schulaufsicht über die konfessionell geführten Schulen.

Als nachteilige Folgen der französischen Besetzung wirkten sich vor allem die ständigen Rekrutierungen für den Militärdienst aus, die den bäuerlichen Betrieben immer wieder Arbeitskräfte entzogen. Ebenso ließ' die Aufhebung der Universitäten und die Vernachlässigung der Schulen das Bildungsniveau in den annektierten Gebieten deutlich absinken. Im Verkehr mit den Behörden war die Einführung des Französischen als Amtssprache ein erhebliches Hindernis. Gleichzeitig erklärt sich aber daraus auch die Vielzahl französischer Wörter, die in die Umgangssprache in Rheinhessen eingegangen sind (vgl. Martin 1914). Trotz dieser Nachteile bedeuteten jedoch die meisten der von den Franzosen eingeführten Neuerungen einen unbestreitbaren Fortschritt, so dass diese französischen "Institutionen" auch noch lange nach dem Zusammenbruch des napoleonischen Reiches zäh als rheinhessische Sonderrechte verteidigt und ab 1821 sogar von rheinhessischen Landtagsabgeordneten als Modell für die politische Neuordnung des Großherzogtums Hessen-Darmstadt propagiert wurden.

Rheinhessen wird "darmstädtisch"

Auf dem Wiener Kongress wurden die Verhältnisse in Europa nach der Auflösung des napoleonischen Reiches neu geregelt. Als Folge dieser Verhandlungen gehörte Rheinhessen nun zum Großherzogtum Hessen-Darmstadt, das dieses Gebiet am 12. 7. 1816 förmlich in Besitz nahm. Seit dieser Zeit bürgerte sich die Bezeichnung "Rheinhessen" für den linksrheinischen Teil Hessens zunehmend ein. Die politische Einbindung Rheinhessens in das Großherzogtum Hessen-Darmstadt verstärkte auch die wirtschaftlichen Aktivitäten. Aufgrund der Bodenfruchtbarkeit und des günstigen Klimas hatte Rheinhessen bald die Funktion einer "Kornkammer" für das Großherzogtum. Da die beginnende Industrialisierung und das Anwachsen der Städte um die Mitte des 19. Jahrhunderts die Nachfrage nach Brotgetreide und Fleisch erhöhte, führte dies ab 1855 zu einem Ansteigen der landwirtschaftlichen Erzeugerpreise. Diese Entwicklung bedeutete daher eine Verbesserung der Einkommensverhältnisse der Bauern, die sich in Mommenheim unmittelbar auswirkte. Über den relativen Wohlstand der Mommenheimer Bauern zu jener Zeit schreibt der damalige evangelische Pfarrer Helferich im Jahre 1858:

> "Der Bauer lebt gut, kleidet sich nach Vermögen, nur das Frauengeschlecht kleidet sich über Stand und Vermögen mit Modesucht in edle Stoffe, nicht selten in Seide, und ziert sich gern mit Gold, Haarflechten und hutähnlichen Hauben. Hohe Fruchtpreise begünstigen dieses." (Ev. Pfarrchronik, S. 5).

In kirchlicher Hinsicht bedeutete der Anschluss Rheinhessens an das Großherzogtum Hessen-Darmstadt für die evangelischen Kirchengemeinden, dass sie nun Teil der hessischen Landeskirche wurden. Dies hatte für die evangelische Gemeinde in Mommenheim zur Folge, dass die früheren Rechte und Pflichten der Ganerben (Pfarrstellenbesetzung, Unterhaltung der kirchlichen Gebäude usw.) zunächst auf den Oberkirchenrat in Mainz und ab 1832 auf das Oberkonsistorium in Darmstadt übergingen, das dem Ministerium für Inneres und Justiz unterstand.

Revolution, Nationalismus und die Entstehung der Vereine

Die Befreiungskriege gegen die napoleonische Herrschaft bewirkten in Deutschland eine allgemeine Politisierung, die vor allem von dem aufstrebenden Bürgertum getragen

wurde. Zunehmend breitete sich der Gedanke eines demokratischen deutschen Nationalstaates aus. Die beiden Pfälzer Siebenpfeiffer und Wirth kämpften um größere bürgerliche Freiheiten und gaben damit den Anstoß für das Ham-
bacher Fest von 1832, durch das diese neue Bewegung ihren
ersten direkten politischen Ausdruck fand. Die darauf
folgenden Unterdrückungsmaßnahmen führten ab 1848
schließlich zu revolutionären Bewegungen in den meisten
der deutschen Staaten.

Im Jahre 1849 versuchten Aufständische in der Pfalz und
in Baden eine Rheinischen Republik nach französischem
Vorbild zu errichten. Die bestehenden Herrschaftsverhält-
nisse wurden jedoch mit Hilfe größerer Kontingente preu-
ßischer Truppen verteidigt und die Aufstände niedergeschlagen. Die Politik im angrenzenden Großherzogtum
Hessen-Darmstadt gestaltete sich nach diesen Ereignissen
zunehmend reaktionär, antiliberal und antipreußisch. Im
Verwaltungsbereich wurden demokratische Einrichtungen
nach und nach wieder abgebaut, die politischen Parteien
verboten und die Pressefreiheit eingeschränkt. Die weiterhin existierende bürgerliche Opposition gründete daraufhin "unpolitische" Zirkel und Vereine, in denen man sich
treffen und diskutieren konnte. Diese Vereine entstanden
zunächst in den Städten; ihre Idee breitete sich jedoch bald
auch in den Dörfern aus, wo sie in kurzer Zeit zu einem
festen Bestandteil des sozialen Lebens wurden.

Anlass für die Gründung der Turn- und Gesangvereine
in den Dörfern war häufig das Bestreben, auf diese Weise
die neuen Ideen des Nationalismus und der deutschen
Einigung außerhalb der staatlichen oder kirchlichen Aufsicht unters Volk zu bringen. Bechtolsheimer (1916:139f.)
schreibt dazu:

"In den 60er Jahren erwärmte man sich in Rheinhessen mehr
und mehr für den Gedanken eines einigen deutschen Vaterlandes. Das war die Zeit, da in der Provinz viele Gesang- und

Turnvereine entstanden, die auf ihren Festen den Einheits-
gedanken lebhaft verbreiteten... Sie haben (damit).. den Ein-
heitsgedanken in die breite Öffentlichkeit getragen und die
Herzen dafür begeistert..."

Häufig waren Lehrer oder Pfarrer, die mit diesen Ideen
sympathisierten, die Initiatoren bei der Gründung solcher
Vereine. In Mommenheim war es der junge Lehrer Köster,
der 1862 die Gründung eines Turnvereins betrieb, und bald
12 junge Mommenheimer zu regelmäßigen Turnstunden
versammeln konnte. Der damalige Mommenheimer evangelische Pfarrer Helferich betrachtete jedoch das sich entwickelnde Vereinswesen mit unverkennbarer Missbilli-
gung. Im Jahre 1863 notierte er:

"Turnervereine mit ihren Turner- und Fahnenweihfesten;
Gesangsvereine mit ihren Sängerfesten, Schützenvereine mit
ihren Schießfesten, National- und Reformvereine mit ihren
Versammlungen und Zweckarten, alle im eigenen Costüm,
der von Wohlstand zeugt; darunter der Fürsten- und Juris-
tentag, jener in Frankfurt a.M., dieser in Mainz, erregen alle
Welt und machen den Sonntag vergessen." (Pfarrchronik, S.
11).

Dennoch konnte der neu gegründete Turnverein in
Mommenheim Fuß fassen, so dass sich die Zahl der
Vereinsmitglieder bald vergrößerte. Nach zwei Jahren hatte
sich der Turnverein soweit gefestigt, dass eine Vereinsfahne
gekauft werden konnte. Die Fahne wurde 1864 eingeweiht
und zeigte demonstrativ die Farben "schwarz-rot-gold".
Diese Farben symbolisierten in der Zeit nach 1848 das
Bekenntnis für einen geeinten und demokratischen deutschen Nationalstaat und gegen die vorherrschende Klein-
staaterei. Die politischen Ideen, die der Lehrer offenbar in
dem neuen Mommenheimer Verein verbreitet hatte, waren
demnach von den Vereinsmitgliedern aufgenommen und
geteilt worden.

Unabhängig von den politischen Absichten, die
ursprünglich mit den Vereinsgründungen verfolgt worden

waren, erwies sich die Vereinsidee in den meisten rheinhessischen Dörfern besonders in sozialer Hinsicht als außerordentlich erfolgreich. Die Vereine boten nämlich die Möglichkeit zur organisierten Freizeitgestaltung im Dorf, die es zuvor nicht gegeben hatte. Zugleich waren sie eine soziale Organisationsform, die unabhängig von den Familienverbänden existierte und die über Wettstreite, Vereinsfeste usw. auch den Kontakt zu anderen Dörfern der Umgebung ermöglichte. Diese soziale Funktion der Vereine für das Leben im Dorf wurde schließlich wichtiger als die politischen Inhalte, die anfänglich hinter der Vereinsidee gestanden hatten. Politische Themen wurden später auch bewusst aus der Vereinsarbeit ausgeklammert, um das Vereinsleben nicht durch kontroverse Diskussionen zu beeinträchtigen.

In Mommenheim stellte sich das gemeinsame Turnen schon bald als wenig geeigneter Vereinszweck heraus. Einerseits war die Anschaffung von Turngeräten eine kostspielige Angelegenheit, andererseits hatten die Bauern bei ihrer täglichen Arbeit genügend Gelegenheit zu körperlicher Ertüchtigung. Als eine Gesangsabteilung die Vereinstätigkeit erweiterte, trat die Idee des Turnens schnell in den Hintergrund. Auf einer außerordentlichen Generalversammlung beschlossen die Vereinsmitglieder daher bereits im Jahre 1867, nur noch "die notwendigsten Reparaturen" an den Turnanlagen vorzunehmen. Im folgenden Jahr 1868 löste sich der Turnverein endgültig auf, während die Gesangsabteilung unter dem Namen "Männer-Gesangverein Mommenheim" weitergeführt wurde. Der Verein hatte sich damit unabhängig von seinen ursprünglichen Zwecken als neue soziale Institution in Mommenheim etabliert.

Neben seiner Funktion als neue soziale Einrichtung im Dorf nahm der Verein jedoch noch weitere Aufgaben wahr, die für das Leben im Dorf von Bedeutung waren. Durch die sich langsam entwickelnde Zusammenarbeit von Evangelischen und Katholiken im Verein ergab sich jetzt erstmals eine Gelegenheit. dass Mitglieder beider Konfessionen regelmäßig miteinander verkehrten und gemeinsame Interessen verfolgten. Diese neue interkonfessionelle Gemeinsamkeit war allerdings ständig bedroht durch die existierenden Spannungen zwischen beiden Kirchen und die allgemeinen politischen Entwicklungen, die sich in der Regel auch auf das Verhältnis zwischen den Konfessionen auswirkten. Die Konfessionsfrage war daher stets ein heikles Thema in der Vereinsarbeit und konnte daher sehr leicht zu einem aktuellen Konflikt werden. Die Vereinsspaltung nach dem Streit um die Bürgermeisterwahl im Jahre 1912 ist dafür ein eindrückliches Beispiel.

Auswanderung

Die politischen Unruhen in der Zeit nach 1848 und die darauf einsetzenden Verfolgungen waren für einzelne Mommenheimer der Anlass, ihre Heimat zu verlassen und nach Amerika oder Australien auszuwandern. Ebenso versuchten in wirtschaftlichen Krisenzeiten (z.B. um 1855) insbesondere junge Leute aus den ärmeren Familien, durch Auswanderung in die "Neue Welt" den kümmerlichen Lebensverhältnissen zu entkommen. Daher stieg in Notzeiten die Zahl der Auswanderer stets an, bei wirtschaftlicher Besserung nahm sie ab. Zu diesen Auswanderungsbewegungen schrieb der Mommenheimer Pfarrer Helferich im Jahre 1858:

> "Die Auswanderung der verheiratheten und ledigen Leute beider Confessionen nach Amerika und Neuholland (d.h. Australien, Anm. U. Luig) war vor 3 Jahren stärker als jetzt." (Pfarrchronik, S. 6).

Die Wirren des amerikanischen Bürgerkrieges in den Jahren ab 1861 und die inzwischen eingetretene Verbesserung der wirtschaftlichen Verhältnisse in Mommenheim waren dagegen die Ursache für eine starke Rückwanderung. Pfarrer Helferich notierte 1863 dazu:

"Krieg. Teuerung und Krankheiten treiben aus Amerika wieder heim, die als Bursch uns vor 8 - 9 Jahren verließen; sie kommen und haben Weib und Kinder in dem Farmerlande gelassen." (a.a.0. S. 11).

Einige Mommenheimer machten jedoch auch ihr Glück in der Fremde. Diese Ausgewanderten hielten aber häufig den Kontakt zu ihren Familien und ihrem Heimatdorf aufrecht. So war z.B. Johann Adam Happel um 1900 in New York zu Vermögen gekommen und bedachte Mommenheim verschiedentlich mit großzügigen Spenden. Er stiftete für die Renovierung der evangelischen Kirche den damals bedeutenden Betrag von 660 Mark, mit dem das Auferstehungsfenster im Chor der Kirche finanziert wurde. Ebenso überwies er zweimal jährlich größere Geldbeträge, die dann an bedürftige Mommenheimer Familien durch einen Vertrauensmann im Ort verteilt wurden. Gerade in den wirtschaftlich schwierigen Zeiten nach dem 1. Weltkrieg waren solche Zahlungen eine große Hilfe. Die Überweisung dieser Gelder wurde erst gegen Ende der dreißiger Jahre eingestellt. Da aber im Laufe der Zeit eine ganze Reihe von Mommenheimern insbesondere in die USA ausgewandert war, spielte die materielle Unterstützung durch diese Auswanderer in wirtschaftlichen Krisenzeiten eine wichtige Rolle für viele Familien im Dorf.

Konfession, Nationalismus und die Anfänge des Kaiserreiches

Die politischen Einstellungen der Bevölkerung orientierten sich in der zweiten Hälfte des 19. Jahrhunderts vor allem an den beiden Mächten Preußen und Österreich, die vor der Reichsgründung im Jahre 1871 um die Vormachtstellung in Deutschland konkurrierten. Ein wesentliches Element in diesem Machtkampf war die Tatsache, dass Preußen als

Schutzmacht der Protestanten und Österreich als Bollwerk des Katholizismus galt. Diese Verquickung von politischen und konfessionellen Bindungen bestimmte auch die politischen Diskussionen in Mommenheim. Daher schrieb der ev. Pfarrer Ohly im Rückblick auf den preußischösterreichischen Krieg von 1866:

> "Vor Beginn des Krieges hofften die Katholiken auf den Sieg Österreichs und eine in Folge desselben zu veranstaltenden Protestantenverfolgung. Auch hier in Mommenheim wurden schon sehr ernste Drohungen laut. Desto kleinlauter wurden die Katholiken, als sich das Kriegsglück auf die andere Seite neigte." (Pfarrchronik, S. 15).

Diese Darstellung ist insofern interessant, da das Großherzogtum Hessen-Darmstadt, zu dem Rheinhessen seit 1816 gehörte, in dem Krieg auf der Seite Österreichs gestanden hatte. Für den Pfarrer waren offensichtlich die konfessionellen Bindungen an das protestantische Preußen wichtiger als die Verpflichtung dem eigenen Landesherrn gegenüber. Die hier erkennbare Verbindung der politischen Einstellungen mit der Konfessionszugehörigkeit beeinflusste auch in den folgenden Jahrzehnten die politischen und konfessionellen Verhältnisse Mommenheims in entscheidender Weise.

Mit dem Sieg des Norddeutschen Bundes über Frankreich im Jahre 1871 konnte Preußen seine führende Position in Deutschland endgültig sichern. Die Wahl des preußischen Königs zum Deutschen Kaiser im Spiegelsaal von Versailles brachte die preußische Vormachtstellung sichtbar zum Ausdruck. Als im Jahre 1870 der preußisch-französische Krieg begann, war Mommenheim durch Einquartierung von Soldaten im Ort direkt betroffen. Auch wurden 14 junge Männer aus Mommenheim zum Wehrdienst eingezogen, die in erster Linie Fuhrdienste zu verrichten hatten. Unter den Kriegsfolgen litt das Dorf insbesondere dadurch, dass heimkehrenden Soldaten Typhus und Blattern einschleppten, die sich bald im Ort ausbreiteten. Zur Erinnerung an diesen Krieg wurde vor dem Mommenheimer Rathaus das erste Kriegerdenkmal errichtet, das am 10. Mai 1874 durch Pfarrer Ohly eingeweiht wurde. Auf diesem Stein waren die Namen der Mommenheimer Kriegsteilnehmer der Kriege von 1866 und 1870/71 verzeichnet. Die katholischen Mommenheimer werden dieses Denkmal sicher nicht mit großer Begeisterung aufgenommen haben, da es ein ständig sichtbares Zeichen der Überlegenheit des von ihnen wenig geschätzten protestantischen Preußens darstellte.

Frankreich war nun als besonders für die linksrheinischen Gebiete immer wieder bedrohlicher Nachbarstaat besiegt. Das Deutsche Reich war als neuer Nationalstaat geschaffen worden, und das protestantische Preußen gab dabei politisch den Ton an. Vor allem die Protestanten hatten jetzt allen Grund, mit den Entwicklungen der letzten Jahre zufrieden zu sein. Die Stimmung der damaligen Zeit spiegelt sich auf sehr anschauliche Weise in einer Darstellung des Krieges mit Frankreich, die der Mommenheimer Pfarrer Emil Ohly nach 1871 verfasste:

"Nun zogen die deutschen Heere vor Paris, und Bismarck begleitete seinen König in das Hauptquartier zu Versailles. Wohl wehrte die stolze Hauptstadt sich lange, aber sie wehrte sich doch vergeblich. Ein Stärkerer war ja über die Starke gekommen. Fürchterlich war der Eisengürtel, der von der deutschen Belagerungsarmee um die starke, befestigte Stadt Paris gezogen worden und in gewaltigen Tönen sangen ihr die Kinder das 'Vater Krupp zu Essen' das traurige Neujahrslied. Da fing nun auch, das Elend voll zu machen, in den Mauern von Paris die Furie der Revolution ihr entsetzliches Wüthen an, und in Strömen floß Franzosenblut von Frankreichs eigenen Kindern vergossen. Männer waren zu Tigern und 'Weiber zu blutdürstigen Hyänen' geworden. Aber des 'modernen Babel' Stunde hatte endlich geschlagen. Lange genug hatte es den Ton angegeben in der Welt, lange genug mit dem Weine der Abgötterei alle Lande und Völker getränkt. Der Pariser Advokat Jules Favre, der Mann, der anfangs nicht eine Handbreit französischer Erde, nicht ein Steinchen einer französischen Festung an die Deutschen herauszugeben gewillt war, wie billig mußte er's endlich geben! Als ein Bittender mußte er im großen Hauptquartiere zu Versailles erscheinen und um Waffenstillstand zuerst und dann um Frieden betteln. Nachdem der greise Heldenkönig Wilhelm auf des einigen Deutschlands Wunsch und Bitten die deutsche Kaiserkrone angenommen hatte und so die Herrlichkeit des deutschen Reichs erneuert war, wurde nach langen Unterredungen zwischen Bismarck und Favre am 26. Februar 1871 zuerst ein Waffenstillstand geschlossen, dem am 1. und 2. März sofort die Friedenspräliminarien folgten. Hart waren die Bedingungen für das tief gedemütigte und in den Staub getretene Frankreich - einen Ausweg und eine Wahl gab's nicht für dasselbe. Als Favre mit Thränen im Auge gegen den deutschen Kanzler äußerte, die 5 Milliarden Kriegskosten seien ja gar nicht zu zählen, da deutete Bismarck lächelnd auf den neben ihm sitzenden Banquier Bleichröder aus Berlin hin, mit den Worten: 'Beruhigen Sie sich, mein Herr, darum habe ich diesen Herrn hier mitgebracht; der zählt Ihnen von der Erschaffung der Welt an.' Die Besatzung der Stadt und der Forts von Paris war kriegsgefangen und am 1. und 2. März im Jahre 1871 zogen Deutschlands sieg- und ruhmgekrönte Truppen durch die Thore der französischen Hauptstadt ein." (E. Ohly, Das Buch vom großen deutschen Kanzler Bismarck, S. 128ff.).

Diese von deutschem Nationalismus, Kaisertreue und untergründigem Militarismus geprägte Darstellung des preußischen Sieges über Frankreich offenbart hier sehr klar eine jener Grundlinien im deutschen Protestantismus, die sich über die Kaiserzeit, die Weimarer Republik bis ins sog. Dritte Reich hinein verfolgen lässt. Auch Ohlys Nachfolger im Mommenheimer Pfarramt haben sich - wie sich unten erweisen wird - auf eben dieser Linie bewegt.

Die enge Beziehung zwischen Politik und Konfession drückte sich auch im Wahlverhalten der Mommenheimer Bevölkerung aus. So wählten die protestantischen Einwohner Mommenheims seit der Reichsgründung im Jahre 1871 bis zum 1. Weltkrieg konstant die Preußen-orientierte und protestantische Nationalliberale Partei, die bis 1918 auch die stärkste politische Kraft im Großherzogtum Hessen war. Dagegen waren die Mommenheimer Katholiken in dieser Zeit verlässliche Wähler der katholischen Ultramontanen Partei.

Der Wahlkreis Mainz-Oppenheim, zu dem Mommenheim gehörte, wurde allerdings zwischen 1884 und 1914 durch sozialdemokratische Landtagsabgeordnete vertreten. Infolge der fortschreitenden Industrialisierung gegen Ende des vorigen Jahrhunderts hatte nämlich der Anteil der Arbeiter im Mainzer Raum soweit zugenommen, dass die sozialdemokratischen Wähler hier mittlerweile in der Mehrheit waren. Zwischen Bauern und Arbeitern existierte jedoch ein ständiger Gegensatz, da die Arbeiter an einer Senkung der Lebensmittelpreise, die Bauern dagegen an einer Erhöhung der Erzeugerpreise interessiert waren. Die Forderungen der SPD nach Verbesserung der materiellen Lebensverhältnisse der Lohnarbeiter, Abschaffung des Privateigentums an Produktionsmitteln usw. konnten die Bauern daher nur als Bedrohung ihrer eigenen Existenz verstehen.

Während der in jener Zeit erstarkende politische Katholizismus den katholischen Wählern Mommenheims eine politische Heimat bot, ergab sich für die evangelischen Bauern in Mommenheim damals erstmals ein Problem, das auch in den folgenden Jahrzehnten von entscheidender politischer Bedeutung war. Da für sie weder die Arbeiterbewegung noch der politische Katholizismus als Interessenvertretung infrage kamen, blieb der protestantisch geprägte Liberalismus ihre einzige Alternative. Fiel der Liberalismus als politische Kraft aus, verloren sie damit auch ihre politische Heimat. Das Wahlverhalten der evangelischen Wähler in Mommenheim spiegelte dieses Grundproblem auch deutlich wider. Als z.B. im Jahre 1903 eine Stichwahl zwischen dem sozialdemokratischen und dem ultramontanen

Kandidaten stattfand, ging die Mehrzahl der Mommenheimer Protestanten gar nicht erst zur Wahl. Der nationalliberale Kandidat, dem sie ihre Stimme gegeben hätten, war bereits im ersten Wahlgang ausgeschieden.

Obwohl sich die unterschiedliche Konfessionszugehörigkeit der Mommenheimer Bevölkerung in den allgemeinen politischen Einstellungen sehr deutlich auswirkte, wurden bei dorfinternen Problemen die Konfessionsunterschiede durchaus zweitrangig, wenn die Gesamtinteressen des Ortes auf dem Spiel standen. Ein Beispiel dafür ist die Vereinigung der beiden Konfessionsschulen zu einer gemischtkonfessionellen Gemeindeschule im Jahre 1895. Die evangelische Schule bestand seit ihrer Teilung im Jahre 1859 aus der 1. und 2. Schule (d.h. Schulklasse) mit je einem Lehrer, während die katholische Schule eine Schulklasse mit einem Lehrer hatte. Eine Zusammenlegung der Schulen zu einer gemischtkonfessionellen Gemeindeschule hätte die Einsparung einer Schulklasse samt Lehrer und damit eine finanzielle Entlastung der Gemeinde bedeutet. Als sich im Jahre 1875 durch eine Agrarkrise die Einkommensverhältnisse im Dorf verschlechterten, stellte der Gemeinderat erstmals einen Antrag auf Zusammenlegung der Schulen, der vom Schulvorstand jedoch abgelehnt wurde. Mehrere erneute Anträge auf Zusammenlegung der Schulen, die in den folgenden Jahren eingebracht wurden, fanden ebenfalls keine Mehrheit. Als wegen der Beteiligung der Gemeinde an den Kosten für den Bau einer Eisenbahnlinie erhebliche Belastungen auf die Ortsverwaltung zukamen, wurde im Jahr 1895 die Abstimmung über die Zusammenlegung der Schulen ohne Wissen des Pfarrers als Vorsitzender des Schulvorstands vorbereitet und so eine - wenn auch knappe - Mehrheit erreicht (vgl. dazu Pfarrchronik. S. 49f.).

Die allgemein anerkannten Dorfinteressen behielten also auch in diesem Fall den Vorrang vor anderen Bindungen und Verpflichtungen, die außerhalb des Dorfes begründet waren und zu denen letztlich auch diejenigen gegenüber der Kirche gehörten. Gleichwohl hat es immerhin 20 Jahre gedauert, bis die Zusammenlegung der Konfessionsschulen mit knapper Mehrheit beschlossen werden konnte.

Krisenjahre - Feuer und Selbstmord

Nach der Gründung des Deutschen Reiches im Jahre 1871 veränderten sich bald die allgemeinen wirtschaftlichen Bedingungen, durch die insbesondere die deutsche Landwirtschaft ab 1875 in eine tiefe Krise geriet. Nachdem die Erzeugerpreise über Jahrzehnte stets angestiegen waren und nach 1870 noch kurze Zeit weiter stiegen, sanken die Getreidepreise bald auf drei Viertel beim Weizen und auf fünf Sechstel beim Roggen. Die Ursache für diesen Preisverfall lag in den Masseneinfuhren von billig erzeugtem Getreide aus Amerika und dem ständigen Sinken der Transportkosten aufgrund der technischen Entwicklung im Transportwesen (Schiffe, Eisenbahn).

In Mommenheim machte sich dieser Preisverfall sehr deutlich bemerkbar. So fielen die Preise von 1876 bis 1878 für das Malter (200 Pfund) Weizen von 24 auf 19 Mk, für Roggen von 17 auf 14 - 15 Mk, für Gerste von 17 - 18, auf 15 - 17 Mk. Eine völlige Missernte beim Wein im Jahre 1877 verschlimmerte noch die Situation (vgl. Pfarrchronik, S. 27ff.). Da 1876 die allgemeine Kirchensteuer eingeführt worden war und 1877 der Bau der Chaussee nach Schwabsburg die Gemeinde mit 30.000 Mk belastete, kamen auf viele Mommenheimer Familien erhebliche finanzielle Verpflichtungen zu.

In dieser Situation versuchte eine Reihe von Mommenheimer Bauern, mit Hilfe von Brandstiftungen und der anschließenden Schadensregulierung durch die Versicherung ihre wirtschaftlichen Verhältnisse zu verbessern. Jakob Grimm berichtete darüber in seiner Ortschronik:

"1877 und 78 brannten in kurzen Zwischenräumen, immer Sonntags nachts, mehrere Scheunen und Hofraiten ab, so daß Mommenheim damals rote Brandkassensteuerzettel erhielt und bei den Nachbargemeinden als 'Neubrandenburg' in Verruf kam. Die Untersuchungen verliefen resultatlos." (Grimm 1912:71).

Auch die Pfarrscheune wurde im Jahre 1878 durch Brandstiftung zerstört. Der damalige evangelische Pfarrer Pfannmüller beschrieb die Umstände dieses Brandes sehr detailliert und stellte auch Überlegungen zu den Motiven der vermuteten Brandstifter an:

"Am 21. März - dem Vorabend von Kaiser's Geburtstag - wurde ein unerkläriches Verbrechen begangen. Am Abend dieses Tages, kurz vor 9 Uhr, ging die Pfarrscheuer, ein 92' langes und 38' breites Gebäude, eine ehemalige Zehntscheuer, der Stolz des Dorfes, plötzlich in hellen Flammen auf.

Ich saß, wie allabendlich, im Wohnzimmer mit dem Lesen von Kirchenzeitungen beschäftigt, welche der Dekanatsbote des Mittags gebracht hatte, neben mir meine, durch die Pflege von drei an Halsentzündung nicht unbedeutend erkrankten Kindern leidende Frau. Auf das Bellen des an der Kette liegenden Hundes, der treuen Lea, legte ich kein Gewicht, weil derselbe jede durch den Hof laufende Katze wüthend anbellt. Als das Lärmen immer ärger wurde, fragte ich die Magd, ob er sein Fressen noch nicht erhalten habe, worauf dieselbe erwiderte, sie habe es ihm vor kurzem gegeben. Einige Minuten später wollte die Magd das bereits verriegelte Hoftor zuschließen; als sie die Hausthüre öffnete, sieht sie bereits den auf NO zugehenden Theil der Scheuer in hellen Flammen stehen. Vor Schrecken fast ohnmächtig, kommt sie ins Wohnzimmer mit dem Ruf, 'ach, Herr Pfarrer, die Scheune brennt: Ich stürze hinaus und finde, daß dieselbe unrettbar verloren ist. In aller Eile schreien wir auf der Straße 'Feuer, Feuer', eilen in den Hof, retten die darin hängende Wäsche und nur mit Mühe konnte ich den Hund von der Kette befreien, als uns schon die durch die Flammen in die Luft geschleuderten Ziegel um die Köpfe flogen. Im Nu stand auch das Kelterhaus in Flammen, so daß nicht das geringste daraus gerettet werden konnte.

Es unterliegt keinem Zweifel, daß die Scheuer nebst Kelterhaus von Frevelhänden angezündet worden ist, obwohl die

Beweggründe zu einem solchen Verbrechen rätselhaft bleiben. Niemand war mit einem Licht oder einer Zigarre im Kelterhaus oder in der Scheune gewesen; auch würde dann das Feuer sich nicht mit solch entsetzlicher Schnelligkeit verbreitet haben. Manche vermuthen, das Feuer sei von tückisch gesinnten Arbeitsboten angelegt worden, um später Verdienst zu erhalten durch den Neubau; Andere besagten, Einer oder Einige hätten es zu Beschwichtigung ihres Gewissens angelegt, um sagen zu können, 'so wenig der Pfarrer die Scheune angesteckt hat, so wenig ist es von uns bei dem uns betroffenen Brandunglück geschehen', noch Andere sind der Ansicht, ein ganz verkommener Stromer, F. B., aus Ebersheim, der allerdings an der Brandstätte zugegen war und sich noch mehrere Tage hier herumtrieb, habe das Verbrechen begangen. (Der aber, sage ich hierzu, sicherlich nicht aus eigenem Antrieb, sondern auf Anregung Anderer; noch besaß dieser Mensch nicht die orthige Kenntniß wie der Brandtäter, um das Verbrechen so schnell und so sicher und in seiner ganzen Ausdehnung vollbringen zu können. Wie gewöhnlich wurde eine Untersuchung gehalten, die aber zu keinem Anhaltsgrunde führte.

Während ich die Möbel in dem Wohnhause bei meiner Hierherversetzung aufs neue in der "Providentia" versichert hatte, hatte ich in einer Aufnahme der im Stall und Scheuer befindlichen Gegenstände in der Feuerversicherungskasse später nicht im entferntesten gedacht, war auch von Niemand darauf aufmerksam gemacht worden, gerade da die frei gelegene Pfarrscheuer im ganzen Ort für unantastbar galt. Wider Erwarten erhielt ich von obiger Gesellschaft eine Vergütung von etlichen 80 Mk, da mehrere versicherte Gegenstände als nicht im Haus, sondern in Scheuer und Stall aufzubewahren angeführt worden waren; auch die obere Kirchenbehörde suchte durch Vermittelung des evgl. Dekanats Oppenheim meinen nicht unbedeutenden Schaden einigermaßen zu mildern, indem es mir eine Sonderration von 150 Mk bewilligte. Außer dem Pfarrer hatten zwei hiesige Bürger, der Kaufmann Kessel u. der Schulvorsteher Schnell großen Schaden erlitten, indem sie alles in der Pfarrscheuer setzende Stroh und Heu verloren. Aus der Brandkasse wurden mir 4.962 Mk Brandentschädigungsgelder ausbezahlt; bis auf 500 Mk werden dieselben zum Neubau in der früheren Länge und Breite verausgabt, ausnahmsweise wurde es gestattet, diese Restsumme zum Aufbau einer Waschküche im Pfarrhofe verwenden zu dürfen, was aber, der fortgeschrittenen Jahreszeit halber, erst im folgenden Frühjahr geschehen kann.

Diese in unserer Gemeinde, wie überhaupt in der Provinz, so häufig vorkommenden Brände von Scheunen, sind ein trauriger Beweis von Gewissenlosigkeit wie habgieriger Gesinnung und eine strengere Gesetzgebung betreffs der Versicherung gegen Feuerschäden sind ein dringendes Bedürfnis." (Pfarrchronik, S. 28f.)

Die von dem Pfarrer angeprangerte "Gewissenlosigkeit und habgierige Gesinnung" waren jedoch keineswegs die einzigen Beweggründe für Brandstiftungen im Dorf. Vor der Einführung der Feuerversicherung war ebenfalls in anderen bäuerlichen Gegenden die Brandstiftung ein überaus wirksames Mittel, einen Bauern in seiner Existenz zu treffen. Dabei spielte das Motiv der Rache in Fällen von heftigen Konflikten im Dorf eine wichtige Rolle. Aber auch abhängig Beschäftigte (Knechte, Saisonarbeiter usw.) konnten durch die unausgesprochene Drohung mit Brandstiftung ihre Arbeitgeber unter Druck setzen bzw. sich gegen eine ungerechte Behandlung wehren.

Nachdem sich die Feuerversicherungen in den Dörfern eingebürgert hatten, wurden diese Risiken für die Bauern erheblich vermindert. Der Hinweis, dass "zwei hiesige Bürger... großen Schaden erlitten" hätten, da ihr in der Pfarrscheune gelagertes Heu und Stroh offenbar nicht mitversichert gewesen war, belegt jedoch, dass durchaus nicht alle Schadensfälle durch die Versicherungen abgedeckt waren. Insofern konnte bei genügender Kenntnis der innerörtlichen Verhältnisse die Brandstiftung auch weiterhin als Mittel eingesetzt werden, um anderen bewusst zu schaden.

Auch die Vermutung, "das Feuer sei von tückisch gesinnten Arbeitsboten angelegt worden, um später Verdienst zu erhalten durch den Neubau", hatte wohl ebenfalls eine reale Grundlage. Da der Bericht des Pfarrers diese Möglichkeit an erster Stelle erwähnt, traute man den im

Dorf beschäftigten Knechten und Landarbeitern eine solche Tat offenbar auch zu. Dies bedeutet, dass Knechte und Landarbeiter weiterhin in dem Verdacht standen, das Mittel der Brandstiftung für ihre Zwecke einzusetzen. Da sie die einzige Gruppe im Dorf waren, die über freie Arbeitskapazitäten verfügten, konnten sie sich auf diese Weise zusätzliche Verdienstmöglichkeiten verschaffen.

Die Verdächtigung der "Arbeitsboten" in diesem besonderen Fall des Brandes der Pfarrscheune ist wohl hauptsächlich als Ablenkungsmanöver von dem Verdacht des Versicherungsbetruges durch einzelne Bauern des Ortes zu verstehen. Gleichzeitig drücken sich darin aber auch sehr deutlich Spannungen zwischen den Bauern und den "Arbeitsboten" aus. Brandstiftungen waren daher offensichtlich nicht allein das Mittel zur Durchsetzung eigener materieller Interessen durch Einzelpersonen oder Gruppen, sondern zugleich auch ein sichtbarer Ausdruck für bestehende Konflikte im Dorf.

Während Brandstiftungen häufig ein Anzeichen für die vorhandenen sozialen Spannungen im Dorf waren, deuteten Selbstmorde meist auf massive Konflikte innerhalb der Familien hin. Mitunter wurden Selbstmordabsichten ebenfalls durch Brandstiftungen im eigenen Anwesen in die Tat umgesetzt. Sehr eindrücklich belegt sind die Zusammenhänge zwischen Selbstmord und Brandstiftung durch eine Schilderung des Ortspfarrers Weimar aus dem Jahre 1898:

"Am 18. Januar stand plötzlich die Scheune des Landwirts X in Flammen. Wie sich bald herausstellte, hatte der geistesgestörte Sohn des Hauses, der sich selber verbrennen wollte, wie er sagt, das Feuer angelegt, weil er in dem Wahn lebte, sein Vater sei gänzlich verschuldet, die große Hofraite sei nicht mehr sein Eigentum und ein Fremder sollte hier nicht Besitzer werden. ...Der geisteskranke Sohn kam später in die Anstalt nach Hofheim.

Merkwürdigerweise ereignete sich in der Nacht vom 7. auf den 8. September ein ganz ähnlicher Fall. Eine von hier stammende, nach auswärts verheiratete Frau, die ebenfalls geistig gestört war und an Verfolgungswahn litt, hielt sich seit einigen Wochen hier bei ihrer verwitweten Mutter auf. Es waren Verhandlungen im Gange, sie in einer Irrenanstalt unterzubringen. Da zündete sie plötzlich in der Nacht ihre Scheune an, ebenfalls um, wie sie nachher sagte. sich selbst zu verbrennen, da sie so verfolgt werde. Es fielen dem Brand noch drei weitere Scheunen zum Opfer, unglücklicherweise solche, in denen geringe Leute ihre kleine Ernte mietweise sitzen hatten, meist ohne versichert zu sein." (Pfarrchronik, S. 53f.).

Im ersten Fall bestand die (zumindest subjektiv so empfundene) Konfliktsituation darin, dass der Sohn des Bauern für sich persönlich keine Zukunftsperspektive mehr sah, da die Verschuldung des Hofes nicht nur sein zukünftiges Erbe, sondern auch seine Identität als selbständiger Bauer massiv bedrohte. Daher sah er den einzigen Ausweg darin, nicht nur sich selbst, sondern auch den Hof zu vernichten. Mit dieser Zerstörung des väterlichen Anwesens demonstrierte er zugleich seine Besitzansprüche darauf, denn "ein Fremder sollte hier nicht Besitzer werden." Im zweiten Fall hatte die Frau offenbar erhebliche Probleme in ihrer Ehe, da sie bereits seit einigen Wochen wieder bei ihrer Mutter wohnte und sogar Bestrebungen im Gange waren, sie in eine "Irrenanstalt" einzuliefern. Ihr "Verfolgungswahn" war wahrscheinlich lediglich darin begründet, dass sie mit dieser Einweisung auch tatsächlich rechnen musste, ohne sich dagegen wehren zu können. Ihre Zukunftsaussichten empfand sie offenbar als so bedrückend, dass sie den Selbstmord diesem drohenden Schicksal vorzog. Sie versuchte ebenfalls, gleichzeitig mit ihrem Tod "ihre Scheune" (d.h. offenbar das ihr zustehende Erbe) zu zerstören und damit anderen den Zugang zu diesem Besitz zu verwehren.

Beide Selbstmordversuche wurden allerdings nicht mit der subjektiven Verzweiflung der Betroffenen erklärt, die in dem Bericht durchaus zur Sprache kommt, sondern als

Folge von deren "Geistesgestörtheit" interpretiert. Die Tatsache, dass der Pfarrer trotz seiner Ausbildung und seines persönlichen Abstandes zu den Vorgängen diese Deutung offensichtlich unhinterfragt übernahm, legt die Vermutung nahe, dass er damit einem allgemein anerkannten Interpretationsmuster folgte. Dies wird daran erkennbar, dass der Pfarrer die (durchaus plausiblen) Motive der beiden Betroffenen als "Wahnvorstellungen", d.h. als falsche Erklärung der Ursachen für diese Taten bewertete. Als richtig nahm er dagegen die Deutung der Familie bzw. der übrigen Dorfbewohner an, nach der es sich dabei um die Folgen von "Geistesgestörtheit" gehandelt habe. Die soziale Interpretation wurde also gegen die individuelle durchgesetzt, was sich auch praktisch durch die Einweisung in die "Irrenanstalt" auswirkte. Es stellt sich somit die Frage, warum in beiden Fällen die Ursache für die Selbstmordversuche und die Brandstiftungen eher in der "Geistesgestörtheit" als in der verzweifelten Situation der jeweiligen Personen gesehen wurde.

Die Gründe dafür waren vielfältig. Die Einstufung als "Geistesgestörte" ermöglichte es vor allem, solche offenkundigen Verstöße gegen die bestehenden Normen (Selbstmord, unberechtigte Zerstörung von Besitz), in den Bereich des Unbegreiflichen und Anomalen abzudrängen. Gleichzeitig schützte und bestätigte man damit dieses Normensystem, das derartige Verhaltensweisen notwendigerweise ausschloss. Ebenso konnte die betroffene Familie die Konfliktursachen auf das unerklärliche Versagen des einzelnen Familienmitgliedes zurückführen, ohne sich selbst damit näher auseinandersetzen zu müssen. Daher brauchte auch die Frage der Mitverantwortung bzw. Schuld einer Familie oder eines Gemeinwesens nicht reflektiert zu werden, die für mittellos gewordene Bauern oder unangepasste Ehefrauen eben keine akzeptablen Lebensmöglichkeiten boten. Aufs Ganze gesehen bedeutete die Interpretation des

Selbstmordes als "Geistesgestörtheit" also, dass man nicht bereit oder in der Lage war, die sozialen Kosten dieses dörflichen Wertesystems zu bedenken oder nach neuen Handlungsmöglichkeiten zur Bewältigung von auftretenden Konflikten zu suchen.

Selbstmorde häuften sich in Mommenheim bezeichnenderweise immer in wirtschaftlichen Krisenzeiten. Dies hatte seine Ursache wohl hauptsächlich darin, dass die in solchen Zeiten auftretenden materiellen Belastungen einerseits die untergründig vorhandenen Konflikte in den Familien verschärften, andererseits aber auch die Möglichkeiten einschränkten, die die materiellen Ansprüche schwächeren Familienmitglieder zu befriedigen.

Schlechte Preise, schlechte Ernten - das Kreditwesen

Nachdem 1879 vom deutschen Reichstag Schutzzölle auch für Getreideimporte beschlossen wurden, stiegen die Erzeugerpreise wieder an und erreichten 1880 in Mommenheim wieder fast die Höhe der Preise von 1876: das Malter Weizen erbrachte 22 - 23 Mk. Roggen 20 - 21 Mk, Gerste 18 - 19 Mk. Die sehr gute Getreideernte dieses Jahres bei gleichzeitig gestiegenen Preisen trug zur Stabilisierung der wirtschaftlichen Verhältnisse in Mommenheim bei. Allerdings wurde im darauffolgenden Jahr fast die gesamte Ernte durch ein schweres Hagelunwetter im Juli vernichtet, was einen geschätzten Gesamtverlust von 150.000 Mk für die Mommenheimer Landwirte bedeutete. Trotz mehrerer Anträge erhielten die Bauern weder eine Entschädigung, noch wurde ihnen ein Steuererlass zugebilligt. Nachdem auch die sehr geringe Weinernte kaum Käufer fand, beschloss der Gemeinderat,

"daß in diesem Jahr keine Tanzbelustigung und keine sonstigen Lustbarkeiten stattfinden durften." (Pfarrchronik, S. 32)

Diese Entwicklungen zeigen sehr deutlich, in welch starkem Maße die materiellen Lebensbedingungen in Mommenheim sowohl von den allgemeinen politischen Verhältnissen als auch von den Witterungsbedingungen abhingen. Da die Bauern in der Regel nur über sehr geringe Bargeldreserven verfügten, verursachten starke Preisschwankungen oder Ernteausfälle meist akute Notsituationen in den Familien. In solchen Fällen waren sie häufig gezwungen, Betriebskredite aufzunehmen, um die Unkosten bis zum Verkauf der nächsten Ernte abdecken zu können.

Obwohl es in Rheinhessen bereits seit Mitte des 19. Jahrhunderts staatliche Landeskreditkassen gab, wandten sich die meisten Bauern lieber an private Kreditgeber (meist jüdische Händler), vor denen sie ihre Vermögensverhältnisse nicht offen legen mussten. Diese Händler kamen auch ins Haus und ersparten ihnen so den ungewohnten Verkehr mit den Bankinstituten in der Stadt. Von diesen Voraussetzungen her war die Gründung der Spar- und Darlehenskasse, die 1892 auf Anregung des damaligen ev. Pfarrers Th. Weimar in Mommenheim entstanden und genossenschaftlich organisiert war, eine außerordentlich wichtige Einrichtung. Die günstigen Zinsen und die den bäuerlichen Verhältnissen angemessenen Kreditbedingungen führten dazu, dass bereits im Gründungsjahr 91 Mommenheimer der Genossenschaft beitraten und die Mitgliederzahl bis zum Jahre 1911 auf 197 anwuchs.

Ab 1893 verschlechterten sich die Ertragsverhältnisse in Mommenheim erneut. Während im Jahre 1893 eine extreme Trockenheit die Ernteerträge insbesondere bei den Futtermitteln sehr gering ausfallen ließ, begannen 1894 die Erzeugerpreise wieder zu sinken. Bismarcks Nachfolger Caprivi hatte nämlich die Schutzzölle wieder gesenkt, um die Lebenshaltungskosten für die aufbegehrenden Fabrikarbeiter in den Städten niedrig zu halten. Außenpolitisch bedingte Handelsverträge mit Russland und Osterreich-Ungarn führten außerdem zur Erhöhung der Importe von billigem Getreide und verstärkten den Preissturz der landwirtschaftlichen Erzeugerpreise. Die Folgen, die sich aus all diesen Entwicklungen für die Mommenheimer Bauern ergaben, beschrieb Pfarrer Weimar 1894 in folgender Weise:

"Es geht eine tiefe Entmutigung und eine nicht selten sich Ausdruck verschaffenden Verbitterung durch das Volk. Letztere wird dadurch genährt, daß man sagt, die Lasten, die dem Bauersmann auferlegt werden durch Steuern und Abgaben, wachsen ständig, aber von einer Besserung der ländlichen und namentlich der landwirtschaftlichen Verhältnisse, insbesondere von einer durchgreifenden Fürsorge des Staates für den Bauernstand ist nichts zu merken". (Pfarrchronik, S. 48f.)

Wie eng Agrarpolitik, Innen- bzw. Sozialpolitik und Außenpolitik miteinander zusammenhängen, wird hier ebenso deutlich wie jener materielle Interessengegensatz zwischen den Bauern als Erzeugern von Agrarprodukten und der Stadtbevölkerung als Verbrauchern dieser Produkte. Dieser Gegensatz sollte sich auch künftig in Zeiten wirtschaftlicher Krisen als Konflikt von erheblicher politischer Sprengkraft erweisen.

Technischer Fortschritt

Gegen Ende des 19. Jahrhunderts wurde Mommenheim von jener Welle der technischen Neuerungen erfasst, die das Ergebnis der Industrialisierung und der naturwissenschaftlichen Forschung in Deutschland war. Eine wichtige Voraussetzung für die Verbreitung dieser neuen Entwicklungen stellte die Verbesserung der Verkehrswege dar. Im Jahre 1883 wurde mit dem Bau der Chaussee von Mommenheim nach Lörzweiler das Wegenetz weiter ausgebaut, das den Verkehr nach Nackenheim und damit zum Rhein als Verkehrsader erleichterte und beschleunigte.

Vor allem aber verbesserte der Bau der Nebenbahnlinie Bodenheim-Alzey, an der Mommenheim mit einem eigenen Bahnhof beteiligt war, den Personen- und Güterverkehr nach Mainz und in die umliegenden Orte. Was die Eröffnung der Bahnlinie im Jahre 1896 für das Alltagsleben in Mommenheim bedeutete, beschrieb Jakob Grimm in der Mommenheimer Ortschronik:

> "Welche Mühe und Zeitversäumnis kostete es doch, als früher an Markttagen ganze Scharen von Frauen, Mädchen und Männern mit dem Marktkorb zu Fuß nach Mainz und zurück wanderten, oder mit dem Wagen dorthin fuhren; als man später nach Bodenheim zur Bahn ging und nach Mainz fuhr: als man die Kohlen noch zu Nackenheim am Schiff holte und der Bauer die verkauften Produkte nach Nierstein an das Schiff oder an die Bahn fuhr!" (Grimm 1912:72f.).

Von dieser neuen technischen Möglichkeit profitierten jedoch längst nicht alle Mommenheimer, da es auch nach der Eröffnung der Bahnlinie noch genügend Dorfbewohner gab, die zu Fuß nach Mainz oder Bodenheim gingen, weil sie das Fahrgeld nicht aufbringen konnten.

Insgesamt setzten sich die technischen Fortschritte um die Jahrhundertwende mit großer Schnelligkeit durch, was insbesondere durch die Nähe Mommenheims zu den städtischen Zentren des Rhein-Main-Gebietes bedingt war. So wurde ab Dezember 1885 mit der Einführung eines zweiten täglichen Postganges von Nackenheim nach Mommenheim der Postverkehr intensiviert. Ab 1887 bestand bereits eine ständige Poststelle in Mommenheim, die seit 1890 auch über einen Telefonanschluss verfügte.

Die Errichtung eines Elektrizitätsanschlusses im Jahre 1912 bedeutete für Mommenheim den Beginn einer neuen Ära, da damit nicht nur die Voraussetzungen für eine bessere Beleuchtung, sondern vor allen Dingen für den Betrieb von Elektromotoren geschaffen wurden. Bereits kurze Zeit später erwarb eine Mommenheimer Genossenschaft ihre erste elektrisch betriebene Dreschmaschine.

Von großer Bedeutung für die Lebensverhältnisse in Mommenheim war auch die Anlage einer zentralen Wasserversorgung im Jahre 1905, was nicht nur eine Erleichterung in der privaten Haushaltsführung, sondern vor allem bei der Versorgung des Viehs darstellte. Nachdem seit den 90er Jahren aufgrund extremer Trockenheiten der Grundwasserspiegel mehrfach stark abgesunken war und manche Brunnen versiegten, sicherte der Bau der Wasserleitung nun die Wasserversorgung sehr viel verlässlicher.

Die medizinische Versorgung der Mommenheimer Bevölkerung war bereits durch die Niederlassung des Arztes Hans Berg im Jahre 1891 verbessert worden. Da jedoch viele ärmere Familien selbst bei ernsthaften Erkrankungen aus Kostengründen die Hilfe des Arztes nicht in Anspruch nahmen, bedeutete die Einrichtung einer Gemeinde-Krankenschwesternstation im Jahre 1909 eine wesentliche Hilfe gerade für solche Familien.

Durch diese vielfältigen neuen Entwicklungen wurde Mommenheim seit dem Ende des vorigen Jahrhunderts mehr und mehr mit der "Außenwelt" verbunden, wodurch sich zwar einerseits neue Möglichkeiten für das Dorf eröffneten, andererseits aber auch größere Abhängigkeiten von den städtischen Zentren entstanden. Dieser Prozess setzte sich im Lauf des 1. Weltkrieges nicht nur weiter fort, sondern beschleunigte sich sogar erheblich.

3. KAPITEL: DER ERSTE WELTKRIEG

Krieg

Mit dem 1. Weltkrieg begann für das Deutsche Reich eine
Entwicklung, die die inneren und äußeren Verhältnisse des
Landes tiefgreifend veränderte. Von diesen politischen und
wirtschaftlichen Prozessen wurde auch Mommenheim sehr
direkt beeinflusst und verändert. Welche Folgen dieser
Krieg für das Land und für das Dorf haben würde, war in
jenen Augusttagen des Jahres 1914 für die Mommenheimer
natürlich nicht voraussehbar. Die Atmosphäre und die
Umstände in Mommenheim zu Beginn des Krieges
beschrieb der damalige evangelische Pfarrer Landmann:

"Der Doppelmord des österreichischen Thronfolgerpaares
am 28. Juni in Sarajewo ließ noch nicht ahnen, was daraus
hervorgehen sollte, so sehr es auch die Gemüter bewegte.
Wenn auch diplomatische Schwierigkeiten daraus entstanden, so dachte man doch, daß dieselben, wie schon so oft, wieder durch Verhandlungen beseitigt werden würden. Aber
diesmal sollte es nicht sein. Dunkler und dunkler ballten sich
die Wolken und endlich kam das Wetter zum Ausbruch. Am
frühen Morgen des 1. August erklangen am Pfarrtor Ham-
merschläge u. es wurde wie an anderen Stellen so auch hier
der Mobilmachungsbefehl und die Erklärung des Kriegszu-
standes angeschlagen.
Groß war die Erregung der Gemüter, besonders in den
Familien, aus denen Angehörige ins Feld ziehen mußten. Die
Einberufenen rückten nach und nach gemäß dem ihnen
bestimmten Tag ohne besonderes Aufhebens ab. Letzteres
wurde auch dadurch verhindert, daß auch Mommenheim wie
die ganze Umgebung von Mainz alsbald eine starke Einquartierung erhielt. Bereits am 3. und 4. August rückten Arbei-
terkompagnien und Fuhrparkkolonnen ein. Das Pfarrhaus
erhielt eine Einquartierung von 20 Mann .... Die erste Einquartierung von 20 Mann (einschließlich Verpflegung) blieb
5 Wochen. Man kann sich denken, welche Arbeitslast dies bei
der geringen Hilfe für die Pfarrfrau und Pfarrtochter bedeutete. Eine entsprechende Einquartierung erhielten auch die

anderen Häuser, so daß unser Ort eine zeitlang eine Belegung von mehr als 2000 Mann hatte, die also mehr betrug als das doppelte der Einwohnerzahl.

Ein reges militärisches Leben erfüllte die ganze Gegend. Die Mannschaften zogen des Morgens auf die Höhen um Mainz, um Befestigungen anzulegen oder sie machten Übungsmärsche oder sie putzten die Pferde, wovon in der Pfarrscheuer längere Zeit 6–8 standen, u. ihre Sachen, oder sie wurden ausgemustert u. es gingen Transporte an die Front. Durch die starke militärische Belegung wurde das öffentliche Eigenleben in unserer Gemeinde geradezu unterdrückt. Infolge der starken Inanspruchnahme durch die Verpflegung der Mannschaften waren die Ortseinwohner nicht an ihr Haus gebunden und auch der Besuch des Gottesdienstes litt darunter.

Nachdem bereits am 2. August im Gottesdienst auf den Ernst der Lage unter Zugrundelegung des 46. Psalms hingewiesen worden war, wurde am 9. August gemäß Anordnung des Großherzogs ein allgemeiner Kriegsbettag wie in ganz Deutschland gehalten. Der Predigt lag der 91. Psalm zugrunde. Die starke Einquartierung wehrte leider einem großen Teil der Gemeinde die Teilnahme. Doch lag ein tiefer Ernst und starke Bewegung über der Gemeinde. Von Ausbruch des Krieges bis Weihnachten wurden an den Mittwochabenden anfangs wöchentlich, später 14täglich Kriegsbetstunden gehalten, die aus bereits dargelegten Gründen eine kleine, wenn auch sehr andächtige Gemeinde vereinigten.

Die starke Belegung des Ortes brachte auch einen immer mehr wachsenden starken Verkehr, indem die Angehörigen der hier liegenden Mannschaften soweit diese nicht in Urlaub durften, sie zu besuchen kamen. Es waren oft Scharen von mehreren Hunderten, die besonders am Sonntag um die Mittagstunde mit der Bahn kamen." (Pfarrchronik, S. 84ff.).

Von den einberufenen Mommenheimern kamen zunächst nur wenige an die Front. Die meisten von ihnen wurden in der Etappe bei Fahrkolonnen eingesetzt. Im September 1914 kam jedoch bereits die Nachricht, dass 2 junge Mommenheimer Soldaten in Frankreich gefallen waren.

Der Ausfall der eingezogenen jungen Männer als Arbeitskräfte schuf für die meisten bäuerliche Betriebe erhebliche Schwierigkeiten. Die damit entstehenden Belastungen waren für die verbliebenen Familienangehörigen in einzelnen Fällen offenbar so groß, dass im ersten Kriegsjahr zwei Mommenheimer Bauern Selbstmord verübten. In vielen Familien mussten zunächst die Frauen und Mädchen auch Männerarbeiten (Pflügen, Arbeiten mit den Geräten usw.) übernehmen, später wurden den Betrieben russische Kriegsgefangene als Arbeitskräfte zugeteilt. Diese Kriegsgefangenen schliefen in einem Massenquartier, das in dem Saal einer Gastwirtschaft eingerichtet worden war, und wurden von zwei Soldaten bewacht. Sie kamen morgens um 6 Uhr in die Betriebe und gingen abends in ihr Quartier zurück.

Da die prekäre Arbeitskräftesituation in der Landwirtschaft und die sich häufenden Todesmeldungen von Familienangehörigen die Kriegsbegeisterung in Mommenheim mit Sicherheit in Grenzen hielten, wurde die nationale Gesinnung durch organisierte Lazarettbesuche gestärkt. So berichtete Pfarrer Landmann über einen Lazarettbesuch im Jahre 1916:

"Dem Beispiel anderer Orte folgend rüsteten sich auch die Frauen und Mädchen von Mommenheim, um den im Mainzer Lazarett liegenden, im Dienste des Vaterlandes Verwundeten durch der Erquickung und Stärkung dienenden Gaben eine Freude zu bereiten. Es wurde ihnen dazu das Lazarett in der Stadthalle zugewiesen, in welchem etwa 400 Leicht- und Schwerverwundete lagen. Körbe, die mit schmackhaften belegten Broten, Kuchen, Gebäck, Eier, Wein u. Milch gefüllt waren, tragend fuhren sie nach Mainz und zogen in die Stadthalle. Der Zug, der etwa 70 Frauen und Mädchen mit ihren mit Efeu, Buchs- und Papierschmuck in den Reichsfarben verzierten Körben erregte allgemeines Wohlgefallen, und als sie in die Säle wo die Verwundeten lagen, einzogen, war deren Freude groß. Der Schreiber dieses (Berichts = Pfr. Landmann, Anm. U. Luig), Lehrer Koch und Lehrer Roth begleiteten die Schar. Der Erstere hielt eine kurze Ansprache an die Verwundeten, in welcher er sie bat, die mitgebrachten

Gaben als ein Zeichen der Dankbarkeit der Heimat anzuneh-
men. Dann trugen die Mädchen Gedichte und Lieder vor.
Mit neu erregtem Mitgefühl mit dem Leiden der Verwundeten u. mit der Freude im Herzen, diesen Tapferen eine Erquickung haben bereiten zu können, kehrten die Teilnehmerin-
nen von der Fahrt nach Hause zurück." (Pfarrchronik, S.
90f.).

Staatliche Wirtschaftslenkung im Krieg

In dem Maße, in dem der Krieg andauerte, veränderten sich
auch die Bedingungen für die landwirtschaftliche Produktion. Da die politische und militärische Führung im Deutschen Reich zunächst von einem "Blitzkrieg" ausgegangen
war, hatte man bei Beginn des Krieges der Sicherung der
Ernährungslage in der Kriegsplanung zu wenig Bedeutung
beigemessen. Da jedoch das Deutsche Reich im Jahre 1914
beim Nahrungs- und Futtermittelverbrauch bereits zu 20 %
von Importen aus dem Ausland abhängig war, bedeutete
der Zusammenbruch der Handelsbeziehungen mit dem
Ausland im Krieg eine schwere Belastung der Ernährungssituation in Deutschland. Der weitgehende Ausfall von
Betriebsmitteln für die Landwirtschaft (Dünger, landwirtschaftliche Geräte) verschlechterte die Lage zusätzlich.
Nach dem weitgehenden Ausfall der dringend benötigten
Importe musste jetzt die Ernährung der Bevölkerung überwiegend aus eigener Kraft gesichert werden. Die kriegsbe-
dingte Störung der Außenhandelsbeziehungen führte
daher zu einer Politik der Ernährungsautarkie.

Um das zunehmende Misstrauen der Landbevölkerung
in die Führungsqualitäten der politischen Eliten aufzufangen, wurde 1916 ein Gesetz erlassen, das Kriegsverletzten
eine Ansiedlung auf eigenem Boden im Baltikum (d.h. auf
erobertem russischem Gebiet) in Aussicht stellte. Ebenso
setzte man die Erzeugerpreise schon Ende 1914 verhältnismäßig hoch an, um der landwirtschaftlichen Produktion
unter den erschwerten Bedingungen genügend Anreize zu

bieten. Die schrittweise Einführung von Lebensmittelrationierungen für die Verbraucher (ab 1915) führte dazu, dass der Staat in steigendem Maße steuernd in die landwirtschaftliche Produktion und Vermarktung eingriff. Dennoch verhinderten all diese Maßnahmen nicht den Rückgang der landwirtschaftlichen Produktion, da die fehlenden Arbeitskräfte (im Jahre 1916 kamen 5.5 Millionen Soldaten aus der Landbevölkerung), die Düngemittel- und Saatgutknappheit und der Abzug von Arbeitstieren (insbesondere der Pferde) für militärische Transportaufgaben die Landwirtschaft nachhaltig schwächten. Schlechte Witterungsverhältnisse in den Jahren 1915. 1917 und 1918 verminderten zusätzlich die Erträge, so dass insbesondere im Winter 1917 z.T. katastrophale Ernährungsprobleme in den Städten auftraten.

In Mommenheim waren diese Entwicklungen deutlich zu spüren. Die mit der Dauer des Krieges zunehmende staatliche Kontrolle bedeutete für die Bauern im Ort vor allem, dass die erzeugten Agrarprodukte (vor allem Getreide, Kartoffeln und Schweine) möglichst genau erfasst wurden. Ab 1916 führten Kommissionen Hofbegehungen durch, schätzen die Menge der in den einzelnen Betrieben gelagerten Kartoffeln und stellten das Gewicht der Schweine fest. Die erzeugten Getreidemengen wurden unmittelbar nach dem Dreschen genau erfasst, damit nichts für den privaten Verbrauch zurückgehalten werden konnte. Nach diesen Erhebungen wurden dann die Lebensmittelrationen für die einzelnen Haushalte festgesetzt. Zwar versuchten die Bauern gelegentlich, diese Kontrollen zu umgehen, jedoch war die Ernährungssituation auch in den Bauernhaushalten so prekär, dass selbst Kinder mitunter an Unterernährung litten.

Umso mehr musste es die Bauern verbittern, wenn sie bei Besuchen in der Stadt oder bei Eisenbahnfahrten von den Städtern vorgeworfen bekamen, sie hätten auf dem

Land mehr als genug zu essen und würden dazu noch vom Kriegsdienst befreit, während in der Stadt gehungert würde. Die psychologischen Auswirkungen dieser kriegsbedingten Verschärfung des Stadt-Land-Gegensatzes auf Seiten der ländlichen Bevölkerung waren erheblich.

Die Kriegstoten aus Mommenheim

Als der 1. Weltkrieg im November 1918 zu Ende ging, hatte Mommenheim den Verlust von insgesamt 29 jungen Männern zu beklagen, die als Soldaten in diesem Krieg gestorben waren. Ihre Namen und ihre Todesdaten sind:

Jakob HALBMASS	+ 2. 9. 14
Heinrich NIEBERGALL	+ 2. 10. 16
Johann GRIMM	+ 24. 9. 14
Heinrich KROST	+ 5.11.16
Jakob JÄGER	+ 26. 9. 14
Friedrich WOLFF	+ 2.2.17
Anton MICHEL	+ 4. 10. 14
Adam GRUB	+ 13.3.1T
Friedrich WINDISCH	+ 24. 1. 15
Friedrich MÜLLER	+ 28. 4.17
Heinrich BITZ	+ 5. 4. 15
Karl WINDISCH	+ 2. 9.17
Josef WUCHER	+ 26. 5.15
Jakob KRAFFERT	+ 15. 9.17
Wendelin SCHOLLES	+ 12. 6. 15
Emil WINDISCH	+ 4. 10. 17
Heinrich SCHNEIDER	+ 14. 6. 15
Karl ROSSBACH	+ 21.3.18
Andreas KROST	+ 27. 8. 15
Otto LEIDORF	+ 10. 4. 18
Hans NIEBERGALL	+ 22. 10. 15
Georg Ludwig BITZ	+ 11. 4. 18
Adam NIEBERGALL	+ 24. 10. 15
Heinrich KROST	+ 16. 4. 18

Adam SCHNELL	+ 29. 1. 16
Heinrich SCHÖNHALS	+ 1. 8. 18
Heinrich FUNK	+ 24. 6. 16
Johann SCHNITZER	+ 12. 9.18
Jakob FUNK	+ 3. 7. 16

4. KAPITEL: FRANZÖSISCHE BESATZUNG UND WEIMARER REPUBLIK

Ende des Krieges, der Versailler Vertrag und die neue Republik

Als der 1. Weltkrieg im Herbst 1918 zu Ende ging, waren die wenigsten Deutschen darauf gefasst. Die Oberste Heeresleitung unter General Ludendorff hatte noch im Sommer den unmittelbar bevorstehenden "Endsieg" ankündigen lassen, obwohl für die Militärs die Niederlage bereits absehbar war. Im September wurde insgeheim die Kapitulation vorbereitet. In diesem Zusammenhang betrieb Ludendorff die Bildung einer Mitte-Links-Regierung, die anstelle von Generalität und Kaiser die militärische Niederlage politisch vertreten sollte. Am Abend des 4. Oktober 1918 trat unter dem gemäßigt liberalen Prinz Max von Baden als Reichskanzler erstmals die neue Reichsregierung zusammen, die aus bürgerlichen Demokraten, katholischen Zentrumspolitikern und dem stellvertretenden SPD-Vorsitzenden Scheidemann bestand. Am folgenden Tag meldeten die Zeitungen sowohl die Regierungsübernahme durch diese Koalition als auch die Tatsache, dass in Kürze mit einem deutschen Waffenstillstandsersuchen zu rechnen sei, da der Krieg nicht mehr gewonnen werden könne.

Als dann Anfang November 1918 Kieler Matrosen den Befehl zum erneuten Ausrücken verweigerten, griff der Widerstand am 9. November auf Berlin über, der sich in Großdemonstrationen der Berliner Industriearbeiter für eine sofortige Beendigung des Krieges ausdrückte. Obwohl der Kaiser noch keineswegs abgedankt hatte, wurde von Scheidemann die neue deutsche Republik und damit das Ende des Kaiserreichs ausgerufen. Der Kaiser siedelte mit sämtlichem Eigentum nach Holland über und unterzeichnete erst drei Wochen später die Abdankungsurkunde. Die alte politische Führung, die den Weltkrieg zu verantworten gehabt hatte, war damit in aller Stille abgetreten, wenn sie auch ihre Privilegien weithin bewahren konnte.

Am 18. Januar 1919 wurde im Schloss von Versailles die Friedenskonferenz der Kriegsgegner Deutschlands unter Führung des amerikanischen Präsidenten W. Wilson eröffnet. Im Mai war der "Versailler Vertrag" unterschriftsreif. Er sah neben der Abtretung der deutschen Kolonien, der Rückgabe (des 1871 annektierten) Elsaß-Lothringens an Frankreich und einiger Grenzgebietsregelungen vor allem die Zahlung von erst später festzusetzenden Kriegsentschädigungen (Reparationen) durch das Deutsche Reich vor. Das kohlenreiche Saargebiet wurde für 15 Jahre der wirtschaftlichen Kontrolle Frankreichs unterstellt. Die linksrheinischen Gebiete einschließlich sogenannter rechtsrheinischer "Brückenköpfe" im Radius von 30 km um die Städte Mainz, Koblenz und Köln und eines kleineren Gebietes östlich von Straßburg sollten dauerhaft entmilitarisiert und für unterschiedlich lange Zeiträume unter französischer Besatzung bleiben. Dazu wurden die linksrheinischen Gebiete in 3 Zonen eingeteilt, wobei Rheinhessen zur 3. Zone gehörte, für die eine Besatzungszeit bis zum Jahr 1935 vorgesehen war. Die deutschen Parlamentäre, die an den Verhandlungen nicht teilnehmen durften, wurden mit der Drohung der Alliierten, die Kriegshandlungen wieder aufzunehmen, zur Unterzeichnung des unveränderten Vertragsentwurfs gezwungen. Der Friedensvertrag wurde am 26. Juni 1919 unterschrieben und trat am 10. Januar 1920 in Kraft.

Diese Entwicklungen waren in Deutschland begleitet durch revolutionäre Bewegungen, die von Arbeiter- und Soldatenräten getragen wurden und zur Absetzung aller 22 deutschen Territorialherrscher (Fürsten bzw. Könige) führten. Der Sozialdemokrat Friedrich Ebert, der in aller Eile von dem nun als Reichsverweser fungierenden Prinz Max von Baden zum Reichskanzler ernannt worden war, suchte in dieser Situation die Unterstützung regierungstreuer Reichswehrverbände, mit deren Hilfe die Revolution niedergeschlagen und die Räteregierungen in den einzelnen Ländern des Reiches nach und nach entmachtet wurden.

Am 19. Januar 1919 fanden die ersten Wahlen zur neuen Nationalversammlung statt, bei der die SPD 163, die (katholische) Zentrumspartei 90 und die (liberale) Deutsche Demokratische Partei 75 Sitze errangen, die als spätere Regierungskoalition somit über mehr als drei Viertel • aller Mandate verfügten. Die rechte Deutschnationale Partei erhielt 42 Sitze, während die in der Tradition der Nationalliberalen stehende Deutsche Volkspartei 22 Mandate bekam. Die neu gegründete KPD hatte sich an den Wahlen nicht beteiligt.

In Hessen wurde am 9. November 1918 ebenfalls der Großherzog Ernst-Ludwig durch revolutionäre Truppen abgesetzt. Der Arbeiter- und Soldatenrat übertrug den Sozialdemokraten die Aufgabe der Regierungsbildung für den neuen "Volksstaat Hessen". Bei der darauffolgenden Wahl errang die SPD 31 Sitze, das Zentrum 13, die Deutsche Demokratische Partei 13, die Deutsche Volkspartei 7, die Deutschnationalen 5 und die Unabhängigen Sozialisten (USPD) 1 Sitz.

Die Situation auf dem Land

All diese Entwicklungen stellten für weite Teile der bäuerlichen Bevölkerung in Deutschland einen totalen Zusammenbruch all jener gesellschaftlichen Institutionen und Werte dar, die bis dahin ihr Selbstverständnis und ihre Stellung im Staat ausgemacht hatten. Bis zum 1. Weltkrieg war die politische Führungsschicht durch ihren Großgrundbesitz im Wesentlichen agrarisch orientiert und die Landbevölkerung das staatstragende Massenelement gewesen. Im Verlauf des Krieges war die Landbevölkerung durch die

Teilnahme an den Kriegshandlungen mobilisiert, gleichzeitig aber durch hohe Verluste an Menschenleben in ihrer politischen Bedeutung geschwächt worden. Mit der Übernahme der Regierung durch die SPD als Arbeiterpartei und die mit ihr koalierenden bürgerlichen Parteien waren die Möglichkeiten der bäuerlichen Bevölkerung, sich mit diesem neuen Staat und den ihn tragenden Kräften zu identifizieren, drastisch verringert worden.

Desillusionierung und geistige Führerlosigkeit bei der Landbevölkerung war die Folge. Die Probleme in den Familien, die rückkehrenden jungen Soldaten wieder in die normalen Lebens- und Arbeitszusammenhänge einzugliedern, schufen zusätzliche Schwierigkeiten. Ferner bedeutete die Rückkehr zu einer marktwirtschaftlich orientierten Agrarpolitik nach einer langen Phase der staatlich gelenkten Landwirtschaft mit festgesetzten und verhältnismäßig hohen Erzeugerpreisen häufig auch eine Verschlechterung der Einkommensverhältnisse in den bäuerlichen Haushalten. Hinzukam, dass die Bauern von der öffentlichen Meinung obendrein noch für die schlechte Ernährungslage zum Ende des Krieges verantwortlich gemacht wurden. All diese Umstände führten zu einer erheblichen Verunsicherung unter der Landbevölkerung und ließ das Gefühl in den Dörfern wachsen, trotz der von ihr gebrachten Opfer völlig im Stich gelassen und betrogen worden zu sein.

Insbesondere in den von Frankreich besetzten Rheinlandgebieten herrschte die Meinung vor, Deutschland sei von den Siegermächten über Gebühr und weitgehend zu Unrecht bestraft worden, und sie, die Rheinländer, hätten durch ihre Trennung vom Reich die Hauptlast dieser Entwicklungen zu tragen. Die Schuld daran wurde jedoch weniger der inzwischen abgetretenen politischen Führung gegeben, sondern vielmehr der neuen Regierung und den Siegermächten, die nun das Schicksal Deutschlands nach der militärischen Niederlage bestimmten. Daher fiel die

"Dolchstoß-Legende", nach der die deutsche Niederlage und der Zusammenbruch des Kaiserreiches nur das Werk linker Aufrührer und Verräter gewesen sei, auch bei der bäuerlichen Bevölkerung in Rheinhessen auf fruchtbaren Boden.

Wie sich die oben skizzierten Ereignisse aus der Perspektive Mommenheims darstellten, geht aus einer Eintragung Pfarrer Landmanns hervor, der das Kriegsende wie folgt kommentierte:

> "Der Herbst brachte den Zusammenbruch. Kieler Matrosen, Ebert, Scheidemann, Erzberger u. Genossen bestimmten das Schicksal des Reiches. Der Waffenstillstand war unterzeichnet. Es kamen die Leute. (die) W. Wilson gesetzt hatte, denn ohne ihn hätten sie nichts machen können (gemeint sind die Franzosen, Anmerkung U. Luig). Betrugen sich im Übrigen mit wenigen Ausnahmen anständig. Man hoffte wohl auch die Herzen der Rheinländer im Sturme zu erobern. Im Pfarrhof wurde eine Feldschmiede aufgestellt und die Pfarrscheuer (wurde) ein Lazarett für räudige Pferde. Anders schloß das Jahr als es begonnen." (Pfarrchronik, S. 96).

Französische Besatzung

Nachdem sich im November 1918 die deutschen Truppen über den Rhein zurückgezogen hatten, begannen französische Einheiten ab Dezember mit der Besetzung der linksrheinischen Gebiete. Für die Unterbringung der Soldaten wurden Wohnräume beschlagnahmt und die unfreiwilligen "Gastfamilien" hatten z. T. auch für die Verpflegung der fremden Soldaten zu sorgen, in den meisten Fällen aber das Kochen zu übernehmen. Diese Einquartierungen setzten sich auch im Jahre 1919 fort, was Pfarrer Landmann folgendermaßen beschrieb:

> "Das Jahr brachte wechselnde franz. Einquartierung, darunter auch Alpenjäger, die am meisten zu Ausstellungen Anlaß gaben, weil sie an der Intaktheit von Tischen und Stühlen Anstoß nahmen und eine lebhafte Vorliebe für Geflügel und Kaninchen bezeigten." (Pfarrchronik, S. 97).

Besonderen Eindruck auf die Mommenheimer machten auch die Soldaten im französischen Dienst, die aus den afrikanischen Kolonien stammten (Berber, Rif-Kabylen und Schwarzafrikaner). Da die deutsche Kriegspropaganda zuvor besonders betont hatte, dass gerade von diesen Einheiten Gräueltaten an der Zivilbevölkerung zu erwarten seien, waren die Mommenheimer umso erstaunter, dass die afrikanischen Soldaten sich mitunter disziplinierter und rücksichtsvoller verhielten als die französischen.

Insgesamt kam es jedoch zu keinen ernsthaften Zwischenfällen. Zwar wurde an dem Mommenheimer Kriegerdenkmal, das an den deutschfranzösischen Krieg von 1870/71 erinnerte, der Helm abgeschlagen und zertrümmert. Ebenso wurde von den französischen Soldaten die Entfernung von Bildern verlangt, die Hindenburg oder andere deutsche Militärs zeigten. Junge Mommenheimer Männer, die eben erst aus dem Krieg zurückgekehrt waren, mussten nun die französischen Armeepferde putzen. Zweifellos fühlten sich die Mommenheimer durch diese Aktionen der Besatzungstruppen in ihrer "nationalen Ehre" gekränkt, jedoch war all dies aus der Sicht der Franzosen nur zu verständlich. Die Demütigungen und die materiellen Verluste nach der Niederlage von 1871 durch die Deutschen waren nicht vergessen und die Erinnerung an die Opfer dieses gerade zu Ende gegangenen Krieges noch frisch.

Die französische Besatzungsmacht bemühte sich aber auch deshalb darum, Ausschreitungen zu vermeiden und die ansässige Bevölkerung nicht unnötig zu provozieren, weil sie hoffte, die neu besetzten Gebiete des Rheinlands dauerhaft an sich binden zu können. Nachdem der amerikanische Präsident W. Wilson die französische Regierung bei den Versailler Verhandlungen davon hatte abbringen können, die linksrheinischen Gebiete förmlich zu annektieren, verfolgte der französische Besatzungsgeneral Mangin die Politik, diese Eingliederung auf politischem Wege zu erreichen. Vor diesem Hintergrund ist auch die Bemerkung Landmanns zu verstehen: "Man hoffte wohl auch die Herzen der Rheinländer im Sturme zu erobern."

Tatsächlich glaubte die französische Regierung, dass die Erinnerungen an die "Mainzer Republik" von 1792/93 und die positiven Erfahrungen mit den "französischen Institutionen" aus der napoleonischen Besatzungszeit in Rheinhessen noch lebendig und die Rheinländer für eine Angliederung an Frankreich zu gewinnen seien. Dabei stellten sie jedoch nicht in Rechnung, dass sich die Rheinländer sprachlich und kulturell selbstverständlich als Deutsche verstanden und seit Napoleons Zeiten die politische Idee des Nationalismus gerade im Rheinland als Grenzgebiet zu Frankreich stark verbreitet war. Wie sehr sich die Franzosen mit ihrer Einschätzung geirrt hatten, zeigte sich bereits Anfang Juni 1919, als eine separatistische Gruppe um Dr. Dorten mit Unterstützung der französischen Besatzungsmacht eine selbständige rheinische Republik ausrief und dabei an dem entschiedenen Widerstand der Bevölkerung in Rheinhessen schon im Ansatz scheiterte.

Wirtschaftlich und verkehrsmäßig bedeutete die französische Besetzung für Rheinhessen auch eine gewisse Isolierung vom Deutschen Reich, da die Grenze des Besatzungsgebietes den Kontakt zu den rechtsrheinischen Gebieten erschwerte. Obwohl diese Grenze nur von Mai bis September 1921 und während des "passiven Widerstands" von 1923 zugleich auch Zollgrenze war und damit den Warenverkehr ernsthaft behinderte, wurde der Personenverkehr über längere Zeit reglementiert. So musste der Grenzübertritt auch bei privaten Anlässen (z.B. Verwandtenbesuche) eigens beantragt werden, und die Zahl der genehmigten Grenzübertritte wurde in den Pass eingetragen. Erst ab 1924 wurden diese Bestimmungen gelockert. Gleichwohl lernten einige Mommenheimer sehr schnell, mit diesen neuen

Bedingungen umzugehen und sie für ihre Interessen zu nutzen. Dazu schrieb Pfr. Landmann im Rückblick auf das Jahr 1919:

"Die Ernte war durchgehend gut, aber es war die Zeit der Schiebungen, wo die einen ihre Vorräte zurückhielten, um später höheren Gewinn herauszuziehen und andere die Nahrungsmittel ins Ausland (d.h. nach Frankreich, Anm. U. Luig) verschoben u. so ihrem Volke das Notwendigste entzogen oder verteuerten." (Pfarrchronik, S. 97).

Reparationen und Währungsverfall

Obwohl die Verbindungen zum Deutschen Reich durch die neuen Bedingungen teilweise behindert waren, bestimmte die Orientierung nach Deutschland die politische Haltung der meisten Rheinhessen. Zwar kontrollierte Frankreich die Verwaltung in den besetzten Gebieten, doch blieb Rheinhessen sowohl wirtschaftlich wie über die Währung nach wie vor mit den Entwicklungen im Reich verbunden. Auf diese Weise wurde auch Mommenheim in den Strudel der immer stärker fortschreitenden Inflation in Deutschland hineingezogen.

Die neue Reichsregierung hatte nach dem Ende des Krieges eine desolate wirtschaftliche Situation vorgefunden. Der Krieg war ab 1916 weitgehend durch Anleihen (ca. 70 % der Kriegsausgaben) finanziert und das vorhandene Kapital durch die hohen Kriegsverluste zum großen Teil vernichtet worden. Gleichwohl hatte die Reichsregierung es von Anfang an zum Ziel ihrer Politik erklärt, zusätzlich zu der Tilgung der Kriegsschulden die sich aus dem Versailler Vertrag ergebenden Reparationsforderungen der Siegermächte zu erfüllen. Da sie jedoch aus innenpolitischen Gründen nicht wagte, die gewaltigen Summen über Steuererhöhungen zu finanzieren und andererseits nach dem langen Krieg keine frei verfügbaren Werte mehr vorhanden waren, nahm sie neue Anleihen auf und ließ Geld drucken. Dies führte zu einem Vertrauensverlust in die Reichsmark und zu deren Kursverfall auf dem internationalen Devisen-markt. Die Preise begannen zu steigen, da die Besitzer von Waren zögerten, diese gegen zunehmend wertloser wer-dendes Geld einzutauschen. Gleichzeitig nahm die Umlauf-geschwindigkeit des Geldes mit dem Wertverlust der Wäh-rung ständig zu, d.h. die Menschen versuchten, das erwor-bene Geld möglichst schnell wieder in Warenwerte umzu-setzen.

In seiner Silvesterpredigt des Jahres 1921, die deutlich vom damaligen Zeitgeist inspiriert zu sein schien, beschrieb Pfarrer Landmann die Umstände in jener Zeit aus seiner Sicht:

"Dieses Jahr war kein Jahr, in dem man hätte sagen können: Es ist eine Lust zu leben, es war ein Jahr der Qual, dass das deutsche Volk unters Joch gebogen war u. an Hand u. Fuß rasselnde Ketten trug, dass es seufzend u. stöhnend gequält sich wand unter den Anforderungen, den Mißhandlungen, den Nadelstichen u. den Sanktionen der übermütigen Sieger von Mi. Wilsons Gnaden. Ungeheure Lasten aller erdenklichen Art packt man auf den Rücken eines Volkes, das durch die ungeheuerlichen Anstrengungen der letzten Jahre zur Erde gebeugt ist, nicht weil es das verdient hätte, sondern weil man seine Arbeitskraft, seine Tüchtigkeit, seine Mannhaftigkeit fürchtet, weil man es niederhalten will. Man unterbindet die Freiheit des Handels und des Verkehrs, fesselt die deutsche Industrie, zerschlägt und zertrümmert Werte von vielen Millionen, die friedlichen Zwecken dienen könnten. Der Wert des deutschen Geldes sinkt bald schneller, bald langsamer. Die Preise der Lebensmittel und Bedürfnisse steigen unablässig und infolgedessen auch die Löhne und Gehälter. Es sieht so aus, als sollten wir russischen Zuständen (d.h. den Folgen der russischen Revolution von 1917, Anm. U. Luig) entgegen gehen, wenn nicht die Gegenseite, wo nicht den Erwägungen der Gerechtigkeit, so doch der Rücksichten der Vernunft und des eigenen Vorteils Raum gibt." (Pfarrchronik, S. 99f.).

Der "passive Widerstand"

Dieser abschließende Appell an die "Rücksichten der Ver-nunft" der Gegenseite – d.h. Frankreichs - war nicht ohne

Berechtigung, wie sich bald zeigen sollte. Frankreich nämlich bestand mit einer ähnlichen Härte auf der Erfüllung seiner Forderungen an Deutschland, wie sie der Mommenheimer Pfarrer Ohly 50 Jahre zuvor bei Bismarck bejubelt hatte. Als sich die Reichsregierung aufgrund der prekären wirtschaftlichen Entwicklungen Ende 1922 nicht mehr in der Lage sah, ihren Zahlungsverpflichtungen gegenüber den Siegermächten nachzukommen, reagierte Frankreich im Januar 1923 mit der Besetzung der deutschen Industriezentren im Ruhrgebiet als "produktives Pfand". Die Reichsregierung rief daraufhin die Bevölkerung zum "passiven Widerstand" auf, der weithin befolgt wurde.

Auch in Rheinhessen verweigerte die Bevölkerung die Kooperation mit der französischen Besatzungsmacht. Deutlichstes Zeichen des "passiven Widerstandes" war der Eisenbahnerstreik, der am 31. Januar 1923 begann und bis Ende September desselben Jahres durchgehalten wurde. Bahnbeamte, die sich an diesem Streik beteiligten, entließ die französische Verwaltung und wies sie aus dem Besatzungsgebiet aus. Sie fanden jenseits der Grenze im Darmstädter Raum neue Anstellungen und Wohnungen. Einige Mommenheimer Eisenbahner, die sich am passiven Widerstand beteiligt hatten, mussten ebenfalls mit ihren Familien den Ort verlassen. Ein Mommenheimer Eisenbahner, der dennoch weiterhin seinen Dienst versah, stieß bei den meisten Dorfbewohnern auf eine derartige Ablehnung, dass er später seinen Wohnsitz nach Mainz verlegte.

Während der Zeit des passiven Widerstandes erhielten diejenigen Arbeiter Unterstützungsgelder, die wegen des Eisenbahnerstreiks beschäftigungslos geworden waren oder ihre Arbeitsstelle nicht mehr erreichen konnten. Diese Gelder mussten jedoch heimlich beschafft und ausgezahlt werden. Da die französische Besatzungsmacht in dieser Zeit die Grenze zum Reich geschlossen und alle Behördenkontakte verboten hatte, beschlagnahmte die französische

Polizei in den besetzten Gebieten solche Gelder, um den 'passiven Widerstand" zu brechen. Ein älterer Mommenheimer erinnerte sich, dass er zusammen mit einem anderen mit Rucksäcken (wegen der großen Geldmengen während der Inflationszeit) nach Oppenheim geschickt wurde, um die Unterstützungsgelder dort zu holen. Damit sie nicht gemeinsam von der französischen Polizei aufgegriffen werden konnten, nahmen sie jedoch verschiedene Wege. Auf diese Weise wurde erstmals die Praxis des "Stempelns", d.h. die mit einem Stempel bestätigte Auszahlung von Unterstützungsgeldern, in Mommenheim eingeführt.

Die Ruhrbesetzung und der passive Widerstand verschlechterten die ohnehin schwierige wirtschaftliche Lage zusätzlich. Produktionsausfälle und die zahlreichen Entschädigungszahlungen an Personen, die sich an dem Widerstand beteiligten oder davon betroffen waren, belasteten die Reichsfinanzen täglich mit 50 Millionen Goldmark. Politisch aber bewirkte der passive Widerstand eine erhebliche Mobilisierung der Bevölkerung. Zum ersten Mal seit Kriegsende hatte man das Gefühl, sich gegen die als ungerecht empfundene Behandlung durch die Siegermächte wehren zu können und war dafür durchaus bereit, auch persönliche Nachteile wie Entlassung und Ausweisung in Kauf zu nehmen. Zum ersten Mal seit Bestehen der neuen Republik gab es in dieser Sache eine breite Übereinstimmung zwischen Reichsregierung und Bevölkerung.

Umso größer war dann die Enttäuschung, als der neue Reichskanzler Stresemann am 26. September 1923 vor allem aus wirtschaftlichen Erwägungen heraus zur Beendigung des "passiven Widerstandes" aufrief. Gerade für die Bevölkerung in den besetzten Gebieten musste dieser Schritt eine tiefe Verbitterung auslösen. So erinnerte sich eine ältere Mommenheimerin:

"Der Name Stresemann hatte für uns immer einen bitteren Nachgeschmack, weil er die linksrheinischen Gebiete allein gelassen hat. Stresemann und die Reichsregierung in der Weimarer Zeit war für uns eins – und zwar nichts Gutes."

Stresemann wurde noch im gleichen Jahr von der eigenen SPD-Fraktion als Reichkanzler durch ein Misstrauensvotum gestürzt.

Die wenigen Mommenheimer Arbeiter dagegen hatten den Namen Stresemann vor allem wegen der Unterstützungsgelder in guter Erinnerung. Sie sangen deshalb in den Jahren 1924-26: "Stresemann, ach Stresemann, was warst du doch so gut; morgens geh'n wir stempelen und mittags wird geruht." Und: "Wer die Arbeit hat erfunden, hat ans Stempeln nie gedacht, sonst hätt' er die schönsten Stunden auf dem Rathaus zugebracht."

Die wirtschaftlichen Verluste, die dem Reich durch den passiven Widerstand entstanden waren, hatte das Tempo der Inflation erheblich beschleunigt und damit die allgemeinen Verhältnisse weiter verschlechtert. Zusätzlich hatte sich die Stimmung nach dem plötzlichen Abbruch des passiven Widerstands gegen die Regierung gewandt. Unruhen und Putschversuche kennzeichneten daher das Spätjahr 1923. Im Oktober organisierte die KPD Arbeiterunruhen in Hamburg; im gleichen Monat bildeten KPD und Links-Sozialisten eine "Einheitsfront" in Sachsen und Thüringen, gegen die Reichswehreinheiten rigoros vorgingen. Am 8. November unternahmen Hitler und Ludendorff in München einen Putschversuch, der - wenn auch nach einigem Zögern - gleichfalls von der Reichswehr niedergeschlagen wurde. Ende Oktober 1923 versuchten separatistische Gruppen im Rheinland erneut, eine vom Deutschen Reich unabhängige "Rheinland-Republik" zu errichten. Da Frankreich diese Bewegung offenkundig unterstützte, wurden sie von dem Großteil der Bevölkerung in den besetzten Gebieten erbittert bekämpft. Zu Beginn des folgenden Jahres 1924 kam es zu blutigen Zusammenstößen, politischen Morden und schließlich zum endgültigen Zusammenbruch der separatistischen Bewegung im Rheinland.

Inflationszeit und Währungsreform

Die Folgen dieser politisch und wirtschaftlich äußerst instabilen Zeit wirkten sich in Mommenheim unmittelbar aus. Sparguthaben wurden innerhalb kürzester Zeit wertlos. Auch die übliche Praxis, bei Landverkäufen den Kaufpreis in 4 Jahresraten zu entrichten, wobei die erste Jahresrate zinsfrei blieb, hatte oftmals bei den Verkäufern erhebliche finanzielle Einbußen zur Folge. Ebenso bedeuteten verspätete Zahlungen nach dem Verkauf von landwirtschaftlichen Erzeugnissen Geldverluste. So erzählte ein älterer Mommenheimer, er habe für den gesamten Erlös von einem Stück Wein (1200 l) später nur noch eine Sense kaufen können. Deshalb wurde nach Möglichkeit versucht, das Geld als Zahlungsmittel völlig auszuschalten und Waren gegen Waren zu tauschen.

Wer findig war und über die nötigen Verbindungen verfügte, konnte auf diese Weise durchaus interessante Geschäfte abschließen. Ein Beispiel dafür war ein Dreiecksgeschäft, bei dem ein Mommenheimer Bauer Kartoffeln an eine Motorenfabrik lieferte und dafür Weinfässer erhielt. Die Motorenfabrik hatte einen Auftrag von einer Wagnerei erhalten, die Fässer herstellte. Aufgrund eines persönlichen Kontaktes zu einem Mitarbeiter dieser Fabrik erfuhr der Bauer von dem Auftrag der Wagnerei. Da Weinfässer sehr teuer waren und auch dringend benötigt wurden, kam das folgende Dreiecksgeschäft zustande: Der Bauer lieferte Kartoffeln an die Motorenfabrik, die damit ihre Arbeiter entlohnte. Die Motorenfabrik tauschte die Motoren bei der Wagnerei gegen Weinfässer, die schließlich der Bauer als Gegenwert für seine Kartoffeln bekam.

Diese Rückkehr zum Warentausch als anerkannter Form der Austauschbeziehungen war vor allem in der Endphase der Inflationszeit in Deutschland durchaus üblich. Häufig wurden Geschäftsabschlüsse auf der Basis des jeweiligen Roggenpreises getätigt, da Roggen das wichtigste Brotgetreide war. Man erwog sogar die Idee, eine Zwischenwährung auf Roggenbasis in Deutschland einzuführen, und gründete 1922 die Roggenrentenbank, die mit Roggen-Gewichtsmengen als Zahlungseinheit arbeitete. Auf dieser Idee basierte dann auch die Gründung der Deutschen Rentenbank am 15. November 1923, die mit der Aufgabe der Einführung der Rentenmark als neuer Währung im Deutschen Reich betraut wurde.

Die neuen Erfahrungen mit der Inflation und die dadurch ausgelösten Verunsicherungen hatten eine Reihe negativer Folgen, die noch lange nachwirkten. Gesamtgesellschaftlich gesehen verschärfte die Inflationszeit erneut den ohnehin vorhandenen Gegensatz zwischen Stadt und Land. Die Städter sahen in jener Zeit vor allem die krisenfesten Immobilienbestände (Häuser, Grundstücke) sowie die Warenwerte in den landwirtschaftlichen Betrieben. Geschäfte wie das oben beschriebene Dreiecksgeschäft erzeugten Neid und Verärgerung bei den städtischen Arbeitern, auch wenn sie selbst unmittelbar davon profitierten. Allerdings wurde dabei völlig übersehen, dass das gesamte Spargeld bzw. Betriebskapital meisten bäuerlichen Betriebe ebenso vernichtet worden war wie in anderen Bereichen der Wirtschaft und den privaten Haushalten.

Bei den Mommenheimer Bauern bewirkte dagegen das Wissen um den ständig sinkenden Geldwert eine Aufgabe des bis dahin streng geübten Sparverhaltens und daher eine mitunter völlig unbedachte Flucht in Sachwerte, d.h. den Kauf von Waren, die man eigentlich gar nicht brauchte. Es erlagen aber auch nicht wenige der Versuchung, schnell den eigenen Vorteil zum Nachteil anderer zu nutzen, so dass die guten Sitten im Geschäftsgebaren mitunter ernsten Schaden nahmen. Die Cleveren machten das Schnäppchen, und die weniger Wendigen hatten das Nachsehen. Wurden solche zweifelhaften Geschäfte innerhalb des Ortes getätigt, führte dies natürlich zu Spannungen, die das Zusammenleben im Ort insgesamt belasteten.

Diese veränderten wirtschaftlichen Rahmenbedingungen verstärkten aber auch das Konfliktpotential zwischen den reicheren und ärmeren Bauern im Ort. Da die Pferdebauern über wesentlich mehr und größere Sachwerte verfügten, waren sie in ihrer Existenz nicht so leicht zu gefährden wie die Kuhbauern und die Handwerker, deren Reserven geringer waren. Allerdings hatten sie auch größere Betriebsausgaben, und so konnte durch unkluge Wirtschaftsführung auch ein reicher Bauer verarmen, während ein weniger begüterter Bauer oder gar Tagelöhner durch ein geschicktes Ausnutzen der sich ihm bietenden Chancen zu mehr Besitz gelangen konnte. Die Inflation hatte damit das wirtschaftliche und soziale Gefüge des Dorfes zumindest erschüttert - die Grenze zwischen oben und unten war durchlässiger geworden.

Ein deutliches Anzeichen für die Belastungen und den sich daraus ergebenden Konflikten in den einzelnen Familien war die auffallende Häufung von Selbstmorden in jener Zeit, die vor allem von Frauen verübt wurden. Dies entsprach dem bereits in den Krisenjahren gegen Ende des vorigen Jahrhunderts beobachteten Verhalten und muss daher über die verzweifelte Lebenssituation der Einzelnen hinaus als trauriger Beweis für die im Dorf allgemein vorhandenen Spannungen angesehen werden. Auch die schon 1877/78 gehäuft aufgetretenen Brände gehörten wieder zum Erscheinungsbild jener Jahre, wobei die Entschädigungszahlungen in der neu geschaffenen Rentenmark die Betrübnis über den erlittenen Schaden bei einigen Betroffenen sichtlich minderte.

Mit der Währungsreform durch die Einführung der Rentenmark am 15. November 1923 endete die Inflation in

Deutschland. In Rheinhessen kam das neue Zahlungsmittel allerdings erst nach der Aufhebung des Notgeldverkehrs im Frühjahr 1924 allgemein in Umlauf. Damit kehrten nach Jahren der wirtschaftlichen Unsicherheit wieder geordnete Verhältnisse ein. Da jedoch in den meisten Mommenheimer Familien durch die Inflation die Ersparnisse fast restlos vernichtet worden waren, herrschte überall Geldmangel. Mitunter war nicht einmal das Geld vorhanden, um die Miete für die Dreschmaschine nach der Ernte zu bezahlen. Gleichzeitig bewirkten die allgemein geringe Kaufkraft und die dementsprechend begrenzte Nachfrage sowie die Importe von billigem Getreide, Mais und Rohrzucker (vor allem aus den USA, wo die Technisierung der Landwirtschaft schon erheblich fortgeschritten war) ein Absinken der Erzeugerpreise für die deutschen Landwirte. Parallel dazu stiegen die Preise für die landwirtschaftlichen Betriebsmittel wie Saatgut, Dünger und Geräte, wodurch die "Schere" zwischen Betriebsausgaben und Einnahmen immer weiter auseinander klaffte. So betrug das Verhältnis zwischen Agrarprodukten und industriellen Fertigwaren im Jahre 1926/27 100:104,4, im Jahre 1927/28 100:114,3, im Jahre 1928/29 100:119,8 und im Jahr 1929/30 100:127,0 (Quelle: Deutsche Rentenbank-Kreditanstalt 1931:8).

Ebenso stiegen natürlich auch die übrigen Lebenshaltungskosten. So erhöhte sich z.B. der Fahrpreis für eine Eisenbahnfahrt nach Mainz von 1925 bis 1928 von 30 auf 60 Pfennige (d.h. um 100 %). Steuerforderungen und andere finanzielle Verpflichtungen zwangen viele Bauern, ihre Ernteerträge so schnell wie möglich nach der Ernte zu verkaufen oder z.T. auch schon vorher zu verpfänden. Die ohnehin ärmlichen Lebensbedingungen und die unzureichende Kapitalausstattung der Betriebe verschlechterten sich daher in jenen Jahre noch weiter.

Schlechte Zeiten

Ungünstige Witterungsverhältnisse und dementsprechend geringe Ernteerträge in den Jahren nach der Währungsreform verschlimmerten die Verhältnisse zusätzlich. Für das Jahr 1924 notierte Pfarrer Landmann:

> "Den Übergang vom Jahre 1923 auf 24 bildete ein harter und langer Winter, der viel Schaden an der Saat, an Bäumen (d.h. Obstbäumen, Anm. U. Luig) und Weinbergen anrichtete. U. wie der Winter sich ungebärdig betrug, so dass auch der Lenz noch mit kalter Luft und Schneegestöber vielfach verschönt ward, so gebärdete sich auch das weitere Jahr recht unliebenswürdig. Ein Kampf mit der Ungunst der Witterung war die Ernte. Die Unbeständigkeit der Witterung hatte man schon in dem letzten Jahr unangenehm empfunden, in diesem Jahr trat sie in höchstem Maße zutage. Kaum dass von der Mitte des Jahres ab einmal 2 Tage hintereinander ohne Regen gewesen wären. Erst der Oktober brachte wieder einige trockene Tage, aber auch nur wenige, um bald wieder in den feuchten Charakter der vorhergehenden Monate zurückzufallen. So ward die Ernte zu einem Kampf, in dem der Ackersmann nicht ohne Wunden und Verlust davonkam. Die Ernte, die eine recht gesegnete hätte sein können, erlitt großen Schaden. Viel Heu, viel Frucht verdarb. Die Kartoffeln u. der Traubenherbst wurde durch starke Fäulnis beeinträchtigt. Obst gab es wohl in großer Menge, aber wie in diesem Falle immer wenig Nachfrage und geringe Preise." (Pfarrchronik, S. 103).

Im Jahr 1925 fiel die Ernte zwar besser aus, jedoch brachte das folgende Jahr 1926 wieder eine Missernte, von der Pfarrer Landmann schrieb:

> "Leider zeigte die Ernte dieses Jahres in 3 sehr ins Gewicht fallenden Stücken einen großen Ausfall: in der Frucht (d.h. Getreide, Anm. U. Luig), im Wein und im Obst. Es wäre in dieser geldarmen u. in unserer schwierigen wirtschaftlichen Lage als eine große Wohltat empfunden worden, wenn diejenigen Feldfrüchte, die hauptsächlich Geld einbringen, einen guten Ertrag gehabt hätten." (Pfarrchronik, S. 104).

Auch im nächsten Jahr 1927 fiel die Ernte nur mäßig aus, und die wirtschaftliche Lage der Mommenheimer Bauern blieb unverändert schlecht. Da die Landwirtschaft in Mommenheim die wirtschaftliche Grundlage des Ortes bildete, zog die Krise der Landwirtschaft auch alle anderen Bereiche im Dorf in Mitleidenschaft. Die ungünstigen wirtschaftlichen Verhältnisse trafen daher nicht nur die Bauern, sondern auch die Handwerker, kleinen Geschäftsleute und Tagelöhner. Die allgemeine Geldknappheit bei den Bauern bewirkte zum einen, dass sie möglichst wenig Dienste in Anspruch nahmen, die sie bezahlen mussten, andererseits konnten sie häufig ihren finanziellen Verpflichtungen nicht sofort nachkommen. Dies verschärfte auch die ohnehin im Ort vorhandenen Interessengegensätze.

So ergaben sich z.B. häufig Konflikte zwischen den Bauern und den von ihnen beschäftigten Arbeitskräften (Tagelöhner, Knechte). Üblicherweise wurde die Entlohnung wöchentlich vorgenommen, wobei ein Teil des Lohns in Naturalien, ein anderer Teil in Geld ausgezahlt wurde. Bedingt durch die Geldknappheit versuchten die Bauern nun, den Naturalanteil am Lohn zu erhöhen und den Geldanteil entsprechend zu verringern oder sogar ganz auf Geldzahlungen zu verzichten. Da die Beschäftigten aber ebenfalls auf Geld angewiesen waren, mussten solche Versuche der Bauern bei den Beschäftigten auf Widerstand stoßen. Obwohl beide Seiten normalerweise bemüht waren, durch ein quasifamiliäres Verhältnis zwischen Arbeitgeber und Arbeitnehmer die bestehenden Abhängigkeitsverhältnisse zu verdecken, traten in dieser Situation die Interessengegensätze offener zutage als bisher.

Die allgemeine Geldknappheit belastete auch das Verhältnis zwischen Bauern und Handwerkern. Da Handwerker wie Schmiede, Wagner oder Schneider wegen des notwendigen Materialeinkaufs sehr viel mehr als andere auf den Geldverkehr angewiesen waren, gerieten sie bei Zahlungsverzug seitens ihrer Auftraggeber in ernstliche Schwierigkeiten, was sich natürlich auch auf ihre sozialen

Beziehungen zu den säumigen Kunden im Ort auswirkte. Dagegen hatten die Metzger und Bäcker, die mit der Weiterverarbeitung der Agrarprodukte befasst waren, mehr Möglichkeiten, sich auf die Bedürfnisse der Bauern einzustellen. Der Lohn für das Schlachten und Brotbacken konnte daher auch leichter in Naturalien abgegolten werden oder auch einmal ganz entfallen. Aufgrund dieses unmittelbaren Bezugs zu den kulturell hoch bewerteten Nahrungsmitteln Brot und Fleisch waren Metzger und Bäcker im Dorf auch angesehene Berufe im Dorf.

Die im Ort untergründig vorhandenen Konflikte beeinflussten auch die Bürgermeisterwahl im Jahre 1926. Seit 1919 amtierte Bürgermeister Leib, der sich auch erneut zu Wahl stellte. Leib war Bäcker und insbesondere bei den "geringen Leuten" beliebt, weil er in Notsituationen das Brot anschreiben ließ oder auch einmal auf den Backlohn verzichtete. Gegen ihn kandidierte Jakob Brückbauer, der zu den wohlhabenderen Bauern im Ort gehörte und mit der damals noch unbedeutenden NSDAP sympathisierte. Brückbauers Vater hatte in den Ort eingeheiratet, und so galt Brückbauer bei den alten Mommenheimern als "ringerutscht". Auch war Jakob Brückbauer wegen seiner wenig umgänglichen Art nicht sehr beliebt und erhielt deshalb deutlich weniger Stimmen als der seitherige Bürgermeister Leib. Gleichwohl wurde die Wahl Leibs von einigen Mommenheimern als Sieg der "geringen Leut" über den wohlhabenden Gegenkandidaten Brückbauer gefeiert.

Ein Konflikt von ganz neuer Qualität entstand mit dem Anwachsen der Zahl der in Mommenheim ansässigen Fabrikarbeiter. Seit dem Bestehen der Bahnlinie Bodenheim-Alzey hatte es in Mommenheim immer einige Eisenbahnarbeiter gegeben. Mit Beginn des Wirtschaftsaufschwunges in der Industrie ab Mitte der zwanziger Jahre erhöhte sich jedoch der Anteil der Fabrikarbeiter im Ort. Viele der Tagelöhner, die im Dorf keine oder nur unzureichenden Beschäftigungsmöglichkeiten fanden, arbeiteten nun in den Fabriken des Rhein-Main-Gebietes (z.B. in der Zementfabrik in Mainz-Weisenau, der Waggon-Fabrik in Mainz-Mombach, bei Opel in Rüsselsheim oder bei MAN in Gustavsburg).

Diese Familien, die bis dahin zu den ärmsten im Ort gehört hatten, erhielten damit in dieser Zeit ein regelmäßiges Geldeinkommen, das in seiner Höhe meist über dem lag, was eine durchschnittliche Bauernfamilie an Bargeld zur Verfügung hatte. Gleichzeitig fühlten sich die Mommenheimer Arbeiter durch ihre neu gewonnene wirtschaftliche Unabhängigkeit auch "freier", wie es ein alter Mommenheimer ausdrückte, und stellten diese neue Unabhängigkeit mitunter auch in ihrem Verhalten demonstrativ zur Schau. Die oben zitierten Lieder vom "Stempeln" sind anschauliche Beispiele dafür. Dies vertiefte jedoch zugleich die Kluft zwischen Bauern und Arbeitern in Mommenheim und bestärkte gegenseitige Vorurteile und Abneigungen, die z.T. bis heute spürbar sind. Die Arbeitslosigkeit während der Weltwirtschaftskrise und das erneute "Stempeln" in jener Zeit, in der die Bauern kaum oder keine staatliche Unterstützung erhielten, trug zu einer weiteren Verschärfung dieser Konflikte bei.

Durch die neuen Erfahrungen und Kontakte in den Fabriken kamen diese Arbeiter auch mit dem Gedankengut von SPD und KPD in Berührung, so dass sich erstmals eine Gruppe von SPD- und KPD-Anhängern bzw. -Wählern im Ort bildete. Aufgrund des oben (S. 32) dargestellten Interessengegensatzes zwischen Bauern und Arbeiterbewegung waren diese Arbeiter im Dorf auch dementsprechend schlecht angesehen. Eine ältere Mommenheimerin brachte diesen ortinternen Gegensatz auf die Formel: "Die SPD war damals in Mommenheim einfach nicht gesellschaftsfähig."

Die Lasten dieser Emanzipation der Mommenheimer Arbeiter hatten vor allem deren Frauen zu tragen. Denn noch bestanden die alten Abhängigkeiten weiter. Die Frauen und Kinder aus diesen neuen Arbeiterfamilien arbeiteten nach wie vor bei "ihren" Bauern, weil die geringen Löhne in der Fabrik den Familienunterhalt allein nicht sichern konnten. Sie waren auch darauf angewiesen, dass ihnen ein Bauer das Pachtland umpflügte, auf dem ebenfalls ein Teil der benötigten Nahrungsmittel von ihnen angebaut wurde.

Die Konflikte, die durch das "freiere" Auftreten der Arbeiter im Dorf bei gleichzeitigem Fortbestehen der alten Abhängigkeiten entstanden, wirkten sich häufig unmittelbar als Auseinandersetzungen zwischen den Männern und Frauen in den Arbeiterfamilien aus. Da die Frauen weiterhin ständig im Dorf wohnten und um einen guten Kontakt zu den Bauern bemüht sein mussten, waren sie gezwungen, mäßigend auf ihre Männer einzuwirken, was mit Sicherheit diese Frauen häufig in eine schwierige Lage brachte.

Eine weitere Folge der misslichen Wirtschaftslage in der Zeit nach der Währungsreform von 1923 war die ständig steigende Verschuldung vieler Mommenheimer Bauern. Obwohl im süddeutschen Raum die Verschuldung der landwirtschaftlichen Betriebe aufgrund der kleinbäuerlichen Betriebsstruktur und den vergleichsweise geringen Betriebskosten sehr viel niedriger lag als im übrigen Reichsgebiet, stellten die Schulden für viele Bauern eine zusätzliche Belastung dar. Das hohe Zinsniveau, das durch die nach Inkrafttreten des Dawes-Plans im Jahre 1924 zahlreich nach Deutschland fließenden US-Kredite bedingt war, bewirkte langfristig ebenfalls eine Erhöhung der Verschuldung. Den Hauptanteil der Schulden bildeten unbezahlte Rechnungen. Warenschulden und Steuerrückstände.

In Mommenheim traten die häufigsten Engpässe in den bäuerlichen Betrieben bei der Beschaffung von Betriebsmitteln (Saatgut, Dünger usw.) oder von Milchkühen auf.

Daher waren die Bauern ab Mitte der zwanziger Jahre insbesondere bei den Händlern wesentlich stärker verschuldet als zuvor. Als Sicherheiten für ihre Sachkredite verlangten die Händler vor allem die teilweise Übereignung oder Verpfändung von erwarteten Ernteerträgen. Fiel die Ernte jedoch schlecht aus oder kamen andere finanzielle Belastungen dazu, konnten die Bauern ihren Verpflichtungen gegenüber den Händlern nicht nachkommen. In solchen Situationen mussten dann auch gelegentlich Vieh oder Acker verkauft werden, um die Schulden zu begleichen. Derartige wirtschaftliche Zwangslagen förderten natürlich auch den Groll der Bauern gegen die Händler, zu denen auch viele Juden gehörten. Daher verstärkten sich in jener Zeit auch die antisemitischen Ressentiments unter der Mommenheimer Bevölkerung.

Im Gegensatz zu den schwierigen Verhältnissen in der Landwirtschaft stand dagegen der Wirtschaftsaufschwung in der deutschen Industrie, der Mitte der zwanziger Jahre begann und bis 1929 anhielt. Ab 1924 waren US-amerikanische Kredite in größerem Umfang nach Deutschland geflossen, die den nach der Währungsreform eingetretenen Kapitalmangel in der deutschen Wirtschaft behoben. Dieses neu einfließende Kapital verwendete die Industrie vor allem zur Anschaffung moderner Maschinen, wodurch eine erste Rationalisierungswelle ausgelöst wurde. Diese Betriebsmodernisierungen hatten jedoch gleichzeitig eine Erhöhung der Arbeitslosenzahlen in den Jahren 1926/27 zur Folge, die sich auch in Mommenheim auswirkte. Dazu vermerkte Pfarrer Landmann (mit offenkundigem Unverständnis für die Situation der Betroffenen) im Jahre 1927:

"In diesem Jahre machte sich zum ersten Mal das Unwesen des Arbeitslosenheeres u. der Missbrauch des 'Stempelns' unangenehm bemerkbar." (Pfarrchronik, S. 105).

Obwohl sich in der Folgezeit die Arbeitslosenzahlen wieder verringerten, stand dieser Wirtschaftsaufschwung auf keiner soliden Basis. Da nämlich ein Großteil dieser Industrieerzeugnisse als deutsche Reparationsleistungen wieder ins Ausland abflossen und deshalb keine Gewinne erbrachten, konnte es zu keiner eigenen Kapitalbildung und damit auch zu keiner Rückzahlung der Kredite kommen. Die hohen Zinsen, zu denen diese Kredite gewährt wurden, stellten eine zusätzliche Belastung dar.

Die allgemeinen wirtschaftlichen Verhältnisse blieben daher weiterhin ein Grund zur ständigen Sorge. Auch profitierten durchaus nicht alle Bevölkerungsteile von dieser unverhofften Verbesserung der Wirtschaftslage. In der Sylvesterpredigt des zu Ende gehenden Jahres 1928 beschrieb Pfarrer Landmann die Stimmung zu jener Zeit auf folgende Weise:

"Wenn wir auf das Leben unseres Volkes sehen, so ist es ein beschwerliches sich Durchschlagen u. sich Durchkämpfen durch die Drangsale u. Nöte der Zeit, wobei wir immer wieder als den größten Schaden und das größte Unglück für unser Volk u. Vaterland beklagen müssen, dass sie in ihren Grenzen so viele einschließen, die für ihr Volk und für ihr Vaterland kein Herz haben. U. ein Anderes, was im Leben unseres Volkes nicht stimmen will, das ist der große Gegensatz zwischen der großen Not, dem Elend und dem gedrückten Leben auf der einen Seite u. der unbändigen Vergnügungssucht und dem leichtfertigen Leben auf der anderen Seite." (Pfarrchronik, S. 105).

Mit der letzteren Bemerkung waren wohl zum einen die festlichen Vergnügungen der begüterteren Mommenheimer gemeint, zum anderen aber sicher auch jene "Goldenen Zwanziger Jahre", die mit der ersten Drogenwelle, sexueller Freizügigkeit, dem Schlager "Sunny Boy", Sackmode, Bubikopf, Charleston und Revueauftritten der Josephine Baker bis heute in Erinnerung sind. Die Kehrseite dieser Zeit waren jedoch die weiterhin schwierigen wirtschaftlichen Verhältnisse auf dem Lande sowie die steigende Zahl von Arbeitslosen in den Städten, die im Winter 1928/29 auf 2.5 Millionen anstieg.

Gleichwohl bewirkte die quantitativ und qualitativ gute Ernte des Jahres 1928 in Mommenheim eine leichte Verbesserung der wirtschaftlichen Situation. Obwohl die Erzeugerpreise weiter fielen, glichen die guten Ernteerträge diese Verluste weitgehend aus. Auch im folgenden Jahr 1929 war eine gute Ernte zu verzeichnen, so dass sich in Mommenheim die allgemeine Notsituation etwas abzumildern begann.

Das Ende der Besatzungszeit

Das Jahr 1930 brachte für Rheinhessen eine entscheidende Veränderung der politischen Verhältnisse, da mit dem 30. Juni 1930 die französische Besetzung endete. Stresemann hatte auf der Haager Konferenz im Jahre 1929 eine vorzeitige Räumung der von Frankreich besetzten sog. 3. Zone erreicht, die nach dem Versailler Vertrag erst für das Jahr 1935 vorgesehen war. Die konsequente Entspannungspolitik, die Stresemann als Außenminister insbesondere gegenüber Frankreich verfolgte, zahlte sich jetzt auch für Rheinhessen unmittelbar aus.

Am 17. Mai 1930 erließ die französische Regierung den Befehl zur Räumung des Rheinlands, und gegen Ende Mai war die Mehrzahl der französischen Besatzungstruppen aus Rheinhessen abgezogen. Ab 1. Juli 1930 gehörte Rheinhessen mit dem übrigen Rheinland wieder zum Deutschen Reich, blieb aber vertragsgemäß weiterhin entmilitarisiert. Wie überall in den Dörfern Rheinhessens, wurde auch in Mommenheim das Ende der Besatzungszeit gebührend gefeiert:

"Am 30. Mai feierten wir unsere Befreiungsfeier. Es beteiligten sich Soldatenverein, Männergesangverein und Liederkranz, ev. Kirchenchor. Am Rathaus stellte sich ein Zug auf u. durchzog den Ort, um zum Rathaus zurückzukehren. Dort redete der Pfarrer von dem beglückenden Ereignis zur Menge. Der Bürgermeister u. A. schlossen sich an. Die

Gesangvereine sangen erhebende Lieder. Auch ein kleines Feuerwerk wurde abgebrannt." (Pfarrchronik, S. 107).

Ende Juli fuhr der Reichspräsident v. Hindenburg mit einem Schiff den Rhein entlang, um die Bevölkerung des Rheinlands wieder im Reich zu begrüßen. Diese Fahrt Hindenburgs auf dem 'befreiten" Rhein geriet durch den Jubel der Bevölkerung zu einer politischen Demonstration. Als er am 20. Juli 1930 mit dem Schiff in Mainz eintraf, wurde er hier ebenfalls begeistert begrüßt. Auch zahlreiche Mommenheimer fuhren eigens nach Mainz, um den Reichspräsidenten zu sehen und mitzuerleben, wie das Staatsoberhaupt des Deutschen Reiches nach der mehr als 10 Jahre langen Besetzung wieder rheinhessischen Boden betrat. Besonders seit dieser Zeit wurde Hindenburg von vielen Rheinhessen besonders geschätzt.

Unmittelbar nach dem Abzug der französischen Besatzung erteilte der Mommenheimer Krieger- und Soldatenverein einen Auftrag zur Herstellung eines Denkmals für die Toten des 1. Weltkrieges. Der in Mommenheim wohnende Maler und Bildhauer Willy Rahmstorff fertigte dieses Denkmal in Form eines deutschen Soldaten an, der auf einem Sockel steht. Auf dem Sockel wurden die Namen der im Krieg getöteten Mommenheimer Soldaten angebracht. Dieses Denkmal wurde 1931 fertig und am Eingang zum alten Friedhof aufgestellt:

"Am 1. Advent, den 29. November, geschah die Einweihung. Der Hersteller übergab das Denkmal dem Präsidenten des Krieger- und Soldatenvereins Adam Ludwig Leib als dem Vorsitzenden des auftraggebenden Kommittees. Von diesem übernahm es der Beigeordnete Jak. Brückbauer in Vertretung des erkrankten Bürgermeisters Joh. Phil. Leib in den Schutz der Gemeinde. Nachdem Pfarrer Usener von Dexheim als Vertreter des evang. Ortspfarrers, der kath. Pfarrer Schmidt von Lörzweiler u. ein Rabbiner von Worms über die Bedeutung des Denkmals geredet hatten, wurde von den verschiedenen Vereinen u. Körperschaften mit Ansprachen Kränze niedergelegt. Gesänge der beiden Männergesangvereine u. des evang. Kirchenchors sowie Darbietungen des

Musikvereins umrahmten die eindrucksvolle Feier."
(Pfarrchronik, S. 109).

Dem allgemeinen Jubel über das Ende der französischen Besatzungszeit folgte jedoch bald eine deutliche Ernüchterung. Der Wiederanschluss Rheinhessens an das Deutsche Reich geschah nämlich genau zu der Zeit, als die Weltwirtschaftskrise auf ihren Höhepunkt zusteuerte. Der Wirtschaftsaufschwung in den Jahren ab 1925 war hauptsächlich durch Kredite finanziert worden, zu deren Rückzahlung jedoch kaum Mittel zur Verfügung standen. Ab 1928 wurde daher die Kreditvergabe zunehmend verringert und im Jahre 1929 gänzlich eingestellt. Auch der Youngplan, der bei der Haager Konferenz 1929 im Zusammenhang mit der geplanten Räumung des Rheinlands beschlossen worden war und der die Zahlungsbedingungen für die deutschen Reparationsleistungen erleichterte, konnte die negativen Folgen der neuen restriktiven Kreditpolitik nicht auffangen. Als dann die amerikanischen Gläubigerbanken in größerem Umfang ihre Kredite zurückzufordern begannen, kam es zu jenem bekannten "schwarzen Freitag" am 24. 10. 1929, der den Zusammenbruch des internationalen Finanzsystems und den Beginn der Weltwirtschaftskrise markierte. Die Folge dieser Entwicklung waren immer häufigere Betriebsschließungen und Firmenzusammenbrüche und immer schneller steigende Arbeitslosenzahlen (1930 über 3 Millionen).

Von diesen Entwicklungen waren auch zahlreiche landwirtschaftliche Betriebe betroffen. Da auch hier immer häufiger Kredite zurückgefordert wurden, die von vielen hochverschuldeten Betrieben nicht aufgebracht werden konnten, wuchs die Zahl der Zwangsversteigerungen in einem solchen Umfang, dass die Reichsregierung zunächst verschiedene Umschuldungsprogramme entwickelte und 1931 einen Vollstreckungsschutz gegen Zwangsversteigerungen von landwirtschaftlichen Betrieben erließ.

Die Mommenheimer Betriebe waren zwar vergleichsweise gering verschuldet und daher kaum von Zwangsversteigerungen betroffen, jedoch wirkten sich auch hier die
niedrigen Erzeugerpreise nach wie vor ungünstig aus. Im
Jahre 1930 schrieb Pfarrer Landmann:

> "Wenn auch der Ackersmann sich im allgemeinen seiner
> Ernte freuen durfte, so waren doch 2 Umstände, die ihm diese
> Freude vergällten: Die Schwierigkeit, seine Erzeugnisse in
> bares Geld umzusetzen, der geringe Preis, der ihm für seine
> Erzeugnisse gezahlt wird, u. die hohen Leistungen an Steu-
> ern, die von ihm gefordert wurden." (Pfarrchronik. S. 107).

Auch in den folgenden Jahren sanken die Erzeugerpreise
weiter. Besonders der Preissturz in der Viehwirtschaft, der
die Fleisch- und Milchpreise zwischen 1930 und 32 auf die
Hälfte sinken ließ, bewirkte hohe Einkommensverluste bei
den Bauern. Die geringen Einkünfte und die hohen Steuer-
belastungen angesichts der zunehmenden politischen Instabilität in Deutschland verursachten daher wachsende
Unzufriedenheit und Radikalität unter der Landbevölkerung. So kam es bereits 1928 zu ersten Bauernunruhen in
Schleswig-Holstein und zum Sturm von Mosel-Winzern
auf ihre Finanzämter.

Diese angespannte Lage in der Landwirtschaft war einer
der wesentlichsten Gründe für den Zusammenschluss ver-
schiedener bis dahin rivalisierenden und daher politisch
schwachen landwirtschaftlichen Interessenvereinigungen
zur sog. "Grünen Front", um die Interessen der Landwirtschaft politisch wirkungsvoller vertreten zu können als bisher. Aufgrund des nun stärker werdenden Drucks der
Agrarlobby vollzog die Reichsregierung ab 1930 eine
Wende in der deutschen Agrarpolitik, indem die bis dahin
vorherrschende Orientierung an marktwirtschaftlichen
Grundsätzen zunehmend durch einen Agrar-Protektionis-
mus im Binnenmarkt- und Außenhandelsbereich abgelöst
wurde. Allerdings musste die von der "Grünen Front"
immer wieder erhobene Forderung nach einer Erhöhung

und Stabilisierung der landwirtschaftlichen Erzeugerpreise den Interessen der städtischen Bevölkerung in einer Zeit allgemeiner Arbeitslosigkeit und Armut und dementsprechend geringer Verbraucherkaufkraft notwendig widersprechen.

Diese stärkere Berücksichtigung der bäuerlichen Interessen in der Wirtschaftspolitik folgte auch einem allgemeinen Trend gegen Ende der 20er Jahre, die Probleme der Landwirtschaft und das bis dahin weitgehend vernachlässigte Wählerpotential auf dem Lande wieder stärker in die politischen Überlegungen einzubeziehen. Die rechts-konservative Deutschnationale Volkspartei (DNVP) hatte bereits ab 1925 agrarpolitische Forderungen der Bauernverbände aufgenommen. Die liberale Deutsche Demokratische Partei und die katholische Zentrumspartei öffneten sich ab Mitte der 20er Jahre ebenfalls für die Forderungen der landwirtschaftlichen Interessenverbände. Auch die SPD nahm 1927 einen agrarpolitischen Teil in ihr Parteiprogramm auf und tat damit einen ersten Schritt in Richtung einer Volkspartei. So wurde unter dem SPD-Reichskanzler Müller zu Beginn des Jahres 1930 eine Politik des Agrarprotektionismus eingeleitet, die auch die folgende Regierung Brüning (Zentrum) fortsetzte. Die NSDAP, die als Arbeiterpartei angetreten und von daher vorwiegend städtisch orientiert war, legte erst im März 1930 ein Agrarprogramm vor, das besonders die Erhaltung des bäuerlichen Besitzes betonte und eine Neuordnung des ländlichen Kreditwesens und des Großhandels forderte. Dieses Agrarprogramm der NSDAP räumte dem Genossenschaftsgedanken eine starke Stellung ein und war von seiner Ausrichtung her ausgesprochen antikapitalistisch.

Der Verfall der Republik und der Aufstieg der NSDAP

Da Rheinhessen während der französischen Besatzungszeit weitgehend von der "großen" Politik in Deutschland abgeschnitten war und die Besatzungsmacht auch jede politische Betätigung in der Bevölkerung mit Misstrauen beobachtet hatte, herrschte in dieser Hinsicht ein ungeheurer Nachholbedarf. Zwar fanden auch während der Besatzungszeit Wahlen statt, jedoch spielten diese Wahlen im Bewusstsein der Mommenheimer Bevölkerung offenbar eine so geringe Rolle, dass sich bei erstem Befragen kaum jemand daran erinnern konnte. Der geringe Stellenwert dieser Wahlen erklärt sich wohl aus den eingeschränkten Befugnissen des Provinzialtags unter den Bedingungen der Besatzungsherrschaft einerseits und den Beschränkungen der politischen Informations- bzw. Agitationsarbeit durch die Franzosen andererseits. Dennoch zeigen die Wahlergebnisse für den rheinhessischen Provinzialtag ein interessantes Bild:

Wahl vom 1.2.1920
Vereinigte Partei Rheinhessens
    69.796 Stimmen =   37 Sitze
Unabhängige Sozialdemokratische Partei. Liste Eifinger
    6.067 Stimmen =   3 Sitze
zusammen: 75.863 Stimme = 40 Sitze

Wahl vom 19.11.1922
Vereinigte Sozialdemokratische Partei
    43.589 Stimmen =   14 Sitze
Zentrum   34.419 Stimmen =   11 Sitze
Deutsche Volkspartei (DVP)
    21.227 Stimmen =   6 Sitze
Freie Bauernschaft
    14.744 Stimmen =   4 Sitze
Deutsche Demokratische Partei
    10.806 Stimmen =   3 Sitze
Deutschnationale Volkspartei
    5.044 Stimmen =   1 Sitz

Kommunistische Partei (KPD)
	4.190 Stimmen	=	1 Sitz
zusammen:	134.019 Stimmen =		40 Sitze

Wahl vom 15.11.1925

SPD	43.453 Stimmen	=	13 Sitze
Zentrum	35.548 Stimmen	=	11 Sitze
DVP	17.069 Stimmen	=	5 Sitze
Deutsche Demokratische Partei			
	12.765 Stimmen	=	4 Sitze
Vereinigte freie rheinhessische Bauernschaft			
	12.493 Stimmen	=	4 Sitze
KPD	5.949 Stimmen	=	1 Sitz
Deutschnationale Volkspartei			
	5.325 Stimmen	=	1 Sitz
Arbeitsgemeinschaft wirtschaftlicher Verbände			
(Parteilos)	3.751 Stimmen	=	1 Sitz
zusammen:	136.353 Stimmen =		40 Sitze

Wahl vom 17.11.1929

SPD	43.300 Stimmen	=	12 Sitze
Zentrum	35.593 Stimmen	=	11 Sitze
DVP	13.946 Stimmen	=	4 Sitze
Christlich Nationale Bauern- und Landvolkpartei			
	13.444 Stimmen	=	3 Sitze
Deutsche Demokratische Partei			
	10.386 Stimmen	=	3 Sitze
KPD	7.541 Stimmen	=	2 Sitze
NSDAP	7.107 Stimmen	=	2 Sitze
Evangelische Volksgemeinschaft			
	5.798 Stimmen	=	1 Sitz
Notgemeinschaft des Mainzer Mittelstandes			
	5.771 Stimmen	=	1 Sitz
Deutschnationale Partei			
	3.757 Stimmen	=	1 Sitz
Volksrechtspartei	1.709 Stimmen=		0 Sitze

Leninbund	665 Stimmen	=	0 Sitze
Rote Arbeiterliste	224 Stimmen	=	0 Sitze
zusammen:	*149.241 Stimmen*	=	*40 Sitze*

(Quelle: Hoffmann 1985:147)

Zunächst zeigt die kontinuierlich steigende Zahl der abgegebenen Stimmen und damit der Wahlbeteiligung, dass das Interesse an politischen Fragen in Rheinhessen offenbar ständig zunahm. SPD und Zentrum stellten danach die meisten Abgeordneten, während von den übrigen Parteien die in der Tradition der Nationalliberalen stehende Deutsche Volkspartei - wenn auch mit deutlichem Abstand zu SPD und Zentrum - die meisten Stimmen erhielt. Auffallend ist auch die mit jeder Wahl anwachsende Zahl der Parteien, die zu einer fortschreitenden Zersplitterung des Parteienspektrums führte. Insofern vollzog sich in Rheinhessen eine ähnliche Entwicklung wie im übrigen Reichsgebiet.

Aus der Perspektive Mommenheims ergab sich mit diesem Kräfteverhältnis der Parteien im Provinzialtag eine auffallend ähnliche Konstellation wie in der Zeit vor dem 1. Weltkrieg: Die Katholiken stimmten mehr oder weniger geschlossen für die (katholische) Zentrumspartei, während die evangelischen Bauern keine wirkliche politische Heimat mehr hatten. SPD und Zentrum waren für sie nicht wählbar, und die nationalliberale Tradition, die sie früher unterstützt hatten, war praktisch bedeutungslos geworden. Diese Situation änderte sich ab 1930 auf bemerkenswerte Weise. Bei den Reichstagswahlen am 14. September 1930 ergab sich nämlich für Mommenheim folgendes Wahlergebnis:

SPD	9
NSDAP	122
KPD	15
Zentrum	79
DNVP	5

Rad. Mittelstand   -
SozKampfbd.   -
Natsoz. Kleinrentner FFF -
Deutsche Volkspartei   14
Wirtschaftspartei   2
Staatspartei   15
Christl: Soziale P.   26
Volksz.P.   -
Soz.ArbP.   -
Kampfg.Arb.Bd.   -
Christi. rad. Volksfront
(Quelle: Pfarrchronik, S. 113)

Diese Aufstellung spiegelt nicht nur die verwirrende Vielfalt der Parteienlandschaft gegen Ende der Weimarer Republik wider, sondern lässt auch Rückschlüsse zu auf die verschiedenen politischen Positionen der Mommenheimer Wähler unmittelbar nach der Beendigung der französischen Besatzung und in der ersten Phase der Weltwirtschaftskrise. Interessanterweise war zu dieser Zeit die Wahlbeteiligung mit 287 Stimmen noch außerordentlich gering.

Im Blick auf das traditionsgemäß konfessionell geprägte Wahlverhalten in Mommenheim wird man davon ausgehen können, dass die katholischen Wähler wahrscheinlich ziemlich geschlossen die katholische Zentrums-Partei (79 Stimmen) gewählt haben werden. Demnach verteilen sich die übrigen Stimmen auf die Gruppe der evangelischen Wähler, die allerdings in ihrem Wahlverhalten weit weniger einheitlich war. Nur noch eine kleine Zahl von Wählern knüpfte an die Vorkriegstradition des Liberalismus durch die Wahl der Deutschen Volkspartei (DVP: 14 Stimmen) an. Eine fast ebenso große Zahl von Wählern (15 Stimmen) stimmte für die Staatspartei, die im hessischen Parlament die Regierungskoalition aus SPD und Zentrum unterstützte. Die pietistisch orientierte Gruppe in Mommenheim, die aus der Erweckungsarbeit des Mommenheimer Pfarrers

Helferich in der Mitte des vorigen Jahrhunderts erwachsen war, wählte die Christlich-Soziale Partei. Auf die rechts-konservative Deutschnationale Volkspartei entfielen lediglich 5 Stimmen, während eine kleine Gruppe der Mommenheimer Arbeiter KPD (15 Stimmen) und SPD (9 Stimmen) wählte. Der weitaus größte Stimmenanteil (122 Stimmen - 42.5 % der abgegebenen Stimmen) entfiel auf die NSDAP. Bei dieser Wahl hatte die NSDAP zwar auch im Reichstag ihren Anteil von 12 auf 107 Sitze steigern können, was jedoch bei 577 Abgeordneten nur einem Anteil von 18,5 % entsprach. Damit war der Anteil der NSDAP-Stimmen in Mommenheim mit 42,5 % der abgegebenen Stimmen fast dreimal so hoch wie im gesamten Reich.

Was verhalf der NSDAP, die bis dahin nur eine der vielen Splitterparteien am rechten Rand des Parteienspektrums in Deutschland gewesen war, zu einem derartigen Erfolg in Mommenheim (wie übrigens auch in vielen anderen Dörfern und Kleinstädten Rheinhessens)? Von sich reden gemacht hatte diese Partei unter ihrem "Führer" Adolf Hitler zuerst im Jahre 1923 durch den Putschversuch in München, nachdem Stresemann den "passiven Widerstand" abgebrochen hatte und die Inflation auf ihrem Höhepunkt gewesen war. Nach dem Tod Eberts im Jahre 1925 hatte die NSDAP bei der Reichspräsidentenwahl zuerst Ludendorff und im 2. Wahlgang den ehemaligen kaiserlichen Feldmarschall Hindenburg gegen den (katholischen) Kandidaten Dr. Marx und den (kommunistischen) Kandidaten Thälmann unterstützt. Die Unterstützung Hindenburgs als auch die Ablehnung der Katholiken wie der Kommunisten entsprach durchaus der politischen Position der meisten Mommenheimer Evangelischen. Die Tatsache, dass auch Prinz August Wilhelm von Hohenzollern, der Sohn des abgedankten Kaisers Wilhelm II., bei Wahlveranstaltungen der NSDAP im Rhein-Main-Gebiet auftrat, machte ebenfalls nicht nur bei den "Kaisertreuen" Eindruck.

Der Wirtschaftsaufschwung in den Jahren 1924 bis 29 und die außenpolitischen Erfolge Stresemann, die schrittweise eine Gleichstellung Deutschland mit den ehemaligen Siegermächten bewirkt hatten, konnten der nationalsozialistischen Propaganda im gesamten Reich zwar weitgehend den Boden entziehen, nicht aber in den meisten rheinhessischen Dörfern. Hier war von den Bauern weder von dem Wirtschaftsaufschwung etwas zu spüren gewesen noch angesichts der andauernden Besatzung etwas von einer politischen Aufwertung Deutschlands. Auch hatte es für die Bauern und Handwerker in den vergangenen Krisenjahren kaum staatliche Unterstützung gegeben, wie sie z.B. von den Arbeitern in Form des Arbeitslosengeldes ("Stempeln") in Anspruch genommen werden konnte. So waren bereits ab Mitte der zwanziger Jahre nationalsozialistische Einflüsse wirksam geworden, die sich jetzt, auf dem Höhepunkt der Wirtschaftskrise, in Stimmengewinne umsetzten.

Auch die Themen, mit denen die Nationalsozialisten warben, entsprachen überwiegend der politischen Grundhaltung der ländlichen und kleinstädtischen Bevölkerung in Rheinhessen. Die scharfe Ablehnung des Versailler Vertrages und damit auch der Besetzung des Rheinlandes und der Reparationszahlungen, die eine dauerhafte wirtschaftliche Gesundung verhinderten, konnte der Zustimmung fast aller Rheinhessen sicher sein. Die Kritik an der "Erfüllungspolitik" (in Bezug auf die Reparationszahlungen) der Reichsregierung und insbesondere an der Außenpolitik Stresemanns lag auf der gleichen Linie. Der militante Antikommunismus in der Propaganda der NSDAP konnte den ersten Schrecken über die roten Hakenkreuzfahnen und das Wort "sozialistisch" im Parteinamen überwinden. Gleichzeitig wurde aber auch gegen die Macht des großen Kapitals im Interesse des kleinen Mannes zu Felde gezogen. Die Polemik gegen die "jüdische Zinsknechtschaft" knüpfte an die Sorgen der Bauern wegen ihrer Schulden und an den latenten Antisemitismus im Rheinland mit seinem starken jüdischen Bevölkerungsanteil an. Zu alledem war diese neue Partei nicht klassen- oder konfessionsgebunden, sondern vertrat als "Arbeiterpartei" auch die mittelständischen Anliegen der Bauern und Handwerker und bekannte sich laut Parteiprogramm zu einem "positiven" Christentum, setzte aber gleichzeitig kritisch von beiden Kirchen ab. Angesichts der politischen Heimatlosigkeit der meisten evangelischen Mommenheimer wird so der hohe Stimmenanteil der NSDAP bei den Wahlen von 1930 erklärlich.

Hinzukam. dass erst ein Jahr zuvor, nämlich im September 1929, die NSDAP zusammen mit der Deutschnationalen Partei unter der Führung Hugenbergs eine Kampagne gegen den noch von Stresemann unterzeichneten Young-Plan mit großem publizistischem Aufwand durchgeführt hatte. Hitler und Hugenberg hatten den Entwurf zu einem "Gesetz gegen die Versklavung des deutschen Volkes" veröffentlicht, das als Gesetz im Reichstag eingebracht und per Volksentscheid beschlossen werden sollte. In diesem Entwurf wurde Deutschlands Kriegsschuld bestritten, die sofortige Beendigung aller Reparationszahlungen gefordert und die Bestrafung aller politisch Verantwortlichen vorgesehen, die weiteren Reparationszahlungen (d.h. dem Young-Plan) zustimmen wurden. Dieser Entwurf konnte zwar mit 10,02 % sehr knapp die notwendige Unterstützung von 10 % aller Stimmberechtigten erreichen, die zur Einbringung des Entwurfs als Gesetzesvorlage in den Reichstag erforderlich waren. Bei dem Volksentscheid im Dezember 1929 fand er jedoch nur die Hälfte der erforderlichen Ja-Stimmen (6 Millionen Stimmen). So wurde der Youngplan vom Reichstag verabschiedet und vom Reichspräsidenten v. Hindenburg trotz der weitergeführten nationalsozialistischen Agitation am 13. März 1930 unterzeichnet. Obwohl diese Aktion für die NSDAP und die Deutschnationalen mit einer schweren Niederlage endete, war es für Hitler dennoch ein riesiger Erfolg. Hugenberg, der durch seine Inflationsgewinne ein gewaltiges Presseimperium beherrschte, hatte Hitler nämlich für diese Kampagne nicht nur große Geldsummen, sondern auch seine vielen Zeitungen und sonstigen Pressemöglichkeiten zur Verfügung gestellt. Obwohl die vorgebrachten Parolen letztlich bei den meisten Wählern nicht verfingen, so waren doch Hitler und die NSDAP gleichsam über Nacht im gesamten Reich bis ins kleinste Dorf hinein bekannt geworden.

Ein weiterer Grund für die hohen Stimmengewinne der NSDAP in Mommenheim wie in den übrigen Dörfern lag in den agrarpolitischen Forderungen, mit denen die NSDAP ab 1930 in den ländlichen Gebieten warb: Staatskredite und Steuerermäßigung bzw. Steuererlass für die landwirtschaftlichen Betriebe, höhere Zölle für ausländische Agrarerzeugnisse, Preissenkungen für die landwirtschaftlichen Betriebsmittel wie Kunstdünger und Strom sowie eine Neuregelung des Erbrechts. Ebenso wichtig wie diese praktischen Vorschläge war die Hervorhebung der gesellschaftlichen Bedeutung des Bauernstandes in der NS-Propaganda. Nach der jahrelangen Vernachlässigung der Landwirtschaft und der deutlichen Verachtung, die den Bauern aus den Städten entgegenschlug, waren Sätze wie "Der Bauernstand ist der vornehmste im Volke" psychologisch von ungeheurer Wirkung.

Diese Versuche, das angeschlagene Selbstbewusstsein der Massen in Deutschland anzusprechen, bezogen sich jedoch nicht allein auf die ländliche Bevölkerung. Zusammengefasst lauteten die Wahlkampfparolen der NSDAP im Jahre 1930 etwa wie folgt:

"Wenn die Wirtschaftssachverständigen sagen, dies oder das sei unmöglich, dann möge sie der Teufel holen. Worauf es allein ankommt, ist der Wille, und wenn unser Wille hart und unbarmherzig genug ist, können wir alles. Die Deutschen sind das größte Volk auf der Welt. Es ist nicht euer Fehler, dass ihr den Krieg verloren habt und seitdem soviel leiden müßt. Ihr habt den Krieg verloren, weil ihr 1918 verraten worden seid und weil ihr seitdem von denen, die euch hassen und auf euch neidisch sind, ausgebeutet werdet und ihr zu ehrlich und zu geduldig seid. Sorgt dafür, dass Deutschland erwacht und seine Kraft erneuert, dass es sich auf seine Größe besinnt und sich wieder seine alte Stellung in der Welt erobert. Fangen wir zunächst einmal damit an, die Verbrecher aus Berlin hinauszujagen." (Bullock 1964a:156).

Damit hatte Hitler genau den Ton getroffen, mit dem auch in Mommenheim schon lange vorher gedacht und gepredigt worden war - wenn auch nicht in dieser Radikalität.

Was von einer NSDAP-geführten Regierung zu erwarten war, hatte Hitler in seinem Buch "Mein Kampf" ausführlich dargestellt. Aber auch die unteren Parteikader machten sich zunehmend Gedanken über eine mögliche Machtergreifung. Im November 1931 wurden von den hessischen Behörden die sog. "Boxheimer Dokumente" beschlagnahmt, die von dem Rechtsberater der NSDAP in Hessen, Dr. Werner Best (SS-Sturmführer und ab 10. 7. 1933 Landespolizeipräsident in Hessen), abgefasst worden waren. Diese Dokumente waren das Ergebnis einer geheimen Besprechung von hessischen NS-Führern, die im "Boxheimer Hof" bei Lampertheim Mitte September 1931 stattgefunden hatte. Bei dieser Besprechung war das Vorgehen der SA unter einer provisorischen NS-Regierung im Falle eines kommunistischen Aufstands festgelegt worden. Vorgesehen war dabei: Hinrichtung all jener, die Widerstand leisteten, Waffen besaßen oder die Mitarbeit verweigerten; Ermächtigung zur Vermögensverwaltung von staatlichen und privaten Guthaben; Verpflichtung zu entschädigungsloser Zwangsarbeit; Einführung von Lebensmittelkarten und Volksküchen; Errichtung von Militärgerichtshöfen unter Vorsitz von NSDAP-Aktivisten. Hier zeigte sich bereits das Grundkonzept der späteren NS-Herrschaft: Erbsensuppe für die Massen und brutale Verfolgung und Ausschaltung all jener, die sich nicht unter die nationalsozialistische Herrschaft beugten.

Als diese Dokumente in der Presse veröffentlicht wurden, gab es einen Skandal. Hitler beteuerte, davon nichts gewusst zu haben, und betonte seine Entschlossenheit, nur auf legalem Wege zur Macht kommen zu wollen. Die Reichsregierung unter Reichskanzler Brüning zögerte aber noch, gegen die SA vorzugehen. Als jedoch weitere ähnliche Dokumente bei anderen SA-Stellen gefunden wurden, die auf einen Umsturzversuch durch die SA hindeuteten, wurden am 14. April 1933 durch einen Erlass der Reichsregierung SA, SS und ihre Unterorganisationen aufgelöst. Die Organisationen blieben dennoch intakt. Ihre Führer wurden jetzt lediglich als normale NSDAP-Mitglieder ausgegeben. Nach dem Sturz Brünings wurde unter der Regierung Papen das SA-Verbot im Juni 1932 wieder aufgehoben. Es begann die Zeit der Straßen- und Saalschlachten, der politischen Morde und Gewalttaten.

Die Radikalität des politischen Alltags bestimmte in der folgenden Zeit mehr und mehr die allgemeine Lage. Die Ausmaße der Wirtschaftskrise wurden ständig größer und die Parteien der Mitte verloren zunehmend ihre Handlungsfähigkeit und damit auch an Bedeutung. Die radikalen Parteien KPD und NSDAP dagegen gewannen immer mehr Zulauf. Auch in Mommenheim waren heftige politische Aktivitäten im Gange. So schrieb der Pfarramtskandidat Ernst Hill, der nach der Pensionierung Pfarrer Landmanns am 31. 12. 1931 mit der Verwaltung des Mommenheimer Pfarramts betraut worden war, über die Reichspräsidentenwahlen von 1932:

"Das Frühjahr stand im Zeichen der pol. Wahlpropaganda und kaum verging eine Woche, wo nicht eine Versammlung war. Meistens nat. sozialistisch. Erst der 'Osterfrieden' brachte einigermaßen Ruhe. Die Evang. wählten durchaus Hitler. Er bekam im ersten Wahlgang 345, Hindenburg 160,

Thälmann 25 + Düsterberg 4 Stimmen. Im zweiten Wahlgang am 10.4.1932: Hindenburg: 164, Hitler: 376, Thälmann: 12." (Pfarrchronik S. 111).

Innerhalb eines Monats zwischen den beiden Wahlgängen konnten für Hitler in Mommenheim 31 Stimmen dazu gewonnen werden, während der ohnehin kleine Stimmenanteil für den kommunistischen Kandidaten Thälmann auf die Hälfte zusammengeschmolzen und die Stimmenzahl für Hindenburg etwa gleich geblieben war. Dabei war es wie eine Ironie der Geschichte, dass jetzt die meisten katholischen Wähler Mommenheims den protestantischen Preußen v. Hindenburg wählten, während die meisten Evangelischen dem katholischen Österreicher Hitler ihre Stimme gaben. Verhältnismäßig konstant dagegen blieben die Stimmenzahlen bei dem (katholischen) Zentrum und bei den Arbeiterparteien KPD und SPD. Die beiden Reichstagswahlen von 1932 bestätigten und verstärkten die Entwicklungen, die seit 1930 in Gang gekommen waren. Dabei ergaben sich in Mommenheim folgende Stimmenverhältnisse:

Reichstagswahl vom 31. 7. 32

		(1930)
S.P.D.	7	(9)
NSDAP	397	(122)
K.P.D.	24	(15)
Z(entrum)	91	(79)
DNVP	6	(5)
Rad. Mittelstd	-	(-)
DVP	2	(14)
Wirtsch.P.	3	(2)

		(1930)
StaatsP.	-	(15)
Christl.Soz.	-	(26)
Volksz.P.	-	(-)
Soz.Arb.P.	-	(-)
Soz.Kampfbd.	1	(-)

Kampfg.Arb.Bd.	-	(-)
Christl.rad. Volksfront	-	(-)
Natsoz. Kleinrentner	1	(-)
FFF	-	(-)

Reichstagswahl vom 6. 11. 32

NSDAP	383
SPD	6
KPD	26
Z(entrum)	83
DNVP	11
Rad.Mittelst.	1
DVP	6
Staats.P	-
ChristlSoz.V.D.	-
Reichsp. d. deutschen Mittelstandes	-
Deutsch.Landvolk	

(Quelle: Pfarrchronik, S. 113)

Diese Wahlergebnisse zeigen das gleiche Bild wie im gesamten Reich: Eine fast vollständige Abwanderung von den bürgerlichen Parteien hin zu den radikalen Parteien, wobei die NSDAP und die Deutschnationalen (DNVP) die weitaus größten Stimmengewinne verzeichnen konnten. So hatten die Nationalsozialisten auch bei den Landtagswahlen in Hessen im Jahre 1931 die Zahl ihrer Mandate von 1 auf 27 erhöhen können.

Der Grund für diesen enormen Zulauf zu den radikalen Parteien lag vor allem in der ständigen Verschlechterung der wirtschaftlichen Situation und in der zunehmenden Handlungsunfähigkeit der bürgerlichen Parteien. Seit Mitte 1932 wurde in Berlin mit Hilfe wechselnder Präsidialkabinette am Reichstag vorbei regiert, so dass der Sinn der Reichstagswahlen den Normalbürgern auch immer weniger einleuchtete und die allgemeine Verwirrung über die politischen Verhältnisse im Reich kaum noch zu überbieten war. Die Nationalsozialisten schürten die Angst vor einem kommunistischen Umsturz, hatten aber selbst bereits 1932 mit 300.000 SA-Leuten eine Privatarmee zur Verfügung, die dreimal so groß war wie die Reichswehr. Die Weimarer Republik stand am Rande der Anarchie. Ein älterer Mommenheimer beschrieb die damaligen Verhältnisse wohl durchaus zutreffend auf folgende Weise:

> "Damals wusste keiner mehr richtig, wo es lang ging. Als dann die Braunhemden dran waren, war alles wieder klar."

5. KAPITEL: MOMMENHEIM IM "DRITTEN REICH"

1933 - Die "Machtergreifung"

Am Morgen des 30. Januar 1933 wurde Adolf Hitler zum Reichspräsidenten bestellt. Hindenburg ernannte ihn zum Reichskanzler und beauftragte ihn mit der Regierungsbildung, was von der nationalsozialistischen Propaganda vollmundig als "Machtergreifung" propagiert wurde. Obwohl Hitler damit erst am Anfang seiner Diktatorkarriere stand, wurde seine Ernennung zum Reichskanzler von der Bevölkerung als ein eindeutiges Signal verstanden. Für sie war etwas Entscheidendes geschehen: Der "einfache Gefreite des 1. Weltkrieges" (wie Hitler sich selbst gern bezeichnete) und unermüdliche Trommler für Deutschlands Größe war offiziell mit der Regierungsverantwortung betraut worden. Jetzt hatte er die Gelegenheit, auch praktisch zu zeigen, was er die ganze Zeit nur versprechen konnte.

Auch in Mommenheim wurde dies so empfunden. Der damalige Pfarrverwalter Büchler schilderte die Stimmung im Ort zu Beginn des Jahres 1933:

> "Schwer lastete es auf unserem Dorf; was wird das neue Jahr bringen? Das Ringen der Parteien und Bekämpfen war furchtbar. Endlich erreichte Hitler am 30. Januar den Sieg. Hindenburg ernannte ihn zum Reichskanzler und beauftragte ihn mit der Bildung eines Kabinetts. Die Zeitungen schreiben von einem Kabinett der Harzburger Front. An jenem Abend, an dem Hitler zum Reichskanzler ernannt wurde, war die hiesige S.A. und S.S. zu einem Fackelzug in Bodenheim und Mainz. Von vielen Häusern unserer Gemeinde wehten Hakenkreuzfahnen." (Pfarrchronik S. 115).

Aber noch waren die Dinge nicht endgültig entschieden. In dem Kabinett Hitler waren außer dem Reichskanzler nur 2 Minister Nationalsozialisten, die zudem nur unbedeutende Funktionen hatten. Die übrigen Ministerien wurden mit Deutschnationalen, die Hitlers Koalitionspartner waren, und parteilosen Rechts-Konservativen besetzt. Es war ein Kabinett der (rechten) "nationalen Opposition".

Damit hatte Hitler jedoch noch keine Mehrheit im Reichstag. Da Hindenburg nicht gewillt war, Hitlers Regierung - wie die vorherigen - durch Notverordnungen nach § 48 der Weimarer Verfassung zu unterstützen, begann Hitler Koalitionsverhandlungen mit der Zentrums-Partei, die sich seit Mitte 1932 zunehmend um Kompromisse mit der NSDAP bemüht hatte. Hugenberg als Führer der Deutschnationalen sträubte sich aber gegen eine Beteiligung des Zentrums an der Koalition. Daher ließ Hitler die Verhandlungen mit dem Zentrum scheitern und bewegte den Reichspräsidenten zur Ausschreibung von Neuwahlen. Hitler hoffte, mit Hilfe des ihm nun zur Verfügung stehenden Staatsapparates diese Wahlen zu seinen Gunsten entscheiden zu können.

Dies geschah jedoch nicht allein mit Mitteln der Propaganda. In dem nationalsozialistisch regierten Preußen wurde der Beamtenapparat gesäubert und die Veranstaltungen anderer Parteien mit brutalen Mitteln (d.h. mit Hilfe der SA) gestört. Nachdem am 27. Februar 1933 auf geheimnisvolle Weise das Reichstagsgebäude in Flammen aufgegangen war, veranstaltete die SA eine regelrechte Kommunistenjagd, die am 28. Februar durch eine vom Reichspräsidenten Hindenburg unterzeichnete Notverordnung ("Zum Schutz von Volk und Staat") sogar eine gesetzliche Grundlage erhielt.

Die Wahl fand schließlich am 5. März 1933 statt. Die Wahlbeteiligung im ganzen Reich betrug nahezu 90 % und brachte der NSDAP einen Stimmenzuwachs von 5,5 Millionen. Die NSDAP hatte damit zwar insgesamt nur 43,9 % der Stimmen gewonnen, verfügte aber zusammen mit den Deutschnationalen über die Mehrheit der Sitze im Reichstag. Die "Nationale Opposition" hatte damit auf legalem Wege die Macht errungen.

Über die Umstände bei dieser Wahl in Mommenheim berichtete Ludwig Büchler:

"Es wäre zu viel, wollte man die Einzelheiten alle berichten, die sich in der polit. Erneuerung zugetragen haben. Die nationale Welle schlug wesentlich herein in unser Dorf. Nicht nur, dass Hitlerfahnen wehten, nein, auch ein neuer Geist scheint lebendig zu werden. Am Vorabend der Reichstagswahl am 4. März war unser Dorf in großer Aufregung. Hieß es doch, der X. (ein bekannter KPD-Mann im Ort. Anm. U. Luig) wollte das Rathaus sprengen; Vorkehrungen hätte er schon getroffen. Die ganze Nacht hindurch wurde allenthalben gewacht, um Schaden zu verhüten. Groß war die Begeisterung am 5. März, der Reichstagswahl. Am 21. März wurde, weil der neue Reichstag zusammentrat, ein Freudenfeuer abgebrannt; ein großer Fackelzug bewegte sich zum Lazarienberg, wo alles stattfand. Es sprach zuerst ich als Ortspfarrer, dann die Präsidenten der eingeladenen Vereine." (Pfarrchronik S. 115).

Noch aber war die "nationale Revolution" nicht abgeschlossen, denn NSDAP-Parteigenossen besetzten zu diesem Zeitpunkt längst nicht alle wichtigen Funktionen und Ämter im Staat. Es begann die Phase der Gleichschaltung, d.h. die Ausschaltung all jener Verantwortungsträger, die nicht jederzeit und vorbehaltlos das neue Regime zu unterstützten bereit waren (d.h. die nicht Mitglieder der NSDAP waren). Die Regierungen der einzelnen Länder im Reich setzte man einfach ab. Im Volksstaat Hessen wurde einen Tag nach der Reichstagswahl die aus einer Koalition von SPD und Zentrum bestehenden Landesregierung aufgelöst und Dr. Müller als Reichskommissar für Hessen eingesetzt.

Am 24. März 1933 beschloss der Reichstag das Gesetz "Zur Behebung der Not von Volk und Reich" (Ermächtigungsgesetz). Dieses Gesetz übertrug dem Reichskanzler Adolf Hitler das für eine Dauer von 4 Jahren alle wichtigen gesetzgeberischen Kompetenzen des Reichstages (einschließlich einer Abweichung von der Verfassung!). Dies bedeutete faktisch eine Selbst-Ausschaltung des Parlaments als politisches Organ. Das Ermächtigungsgesetz war mit den Stimmen des Zentrums(!) sowie der übrigen Parteien und gegen die Stimmen der SPD (die KPD-Abgeordneten waren vorher bereits ausgeschaltet worden) mit großer Mehrheit angenommen worden. Auf der Grundlage des Ermächtigungsgesetzes erließ Hitler am 31. März 1933 das "1. Gesetz zur Gleichschaltung der Länder mit dem Reich", in dessen Folge die "Verordnung über die Neubildung der gemeindlichen Selbstverwaltungskörperschaften" am 6. April 1933 verfügt wurde. Aufgrund dieser Verordnung wurden alle Provinzial-, Kreis- und Gemeindeorgane aufgelöst und entsprechend den Ergebnissen der Reichstagswahl vom 5. März 1933 neu gebildet.

Da in Mommenheim die NSDAP bei dieser Reichstagswahl die weitaus meisten Stimmen erhalten hatte, wurde im Zusammenhang mit der Auflösung des Gemeinderates auch der seit 1919 amtierende Bürgermeister Johann Philipp Leib II. abgesetzt. An seine Stelle trat ab Juli 1933 Jakob Brückbauer. Eine Mommenheimerin kommentierte diesen Vorgang mit der Bemerkung: "Da hatte er es also doch geschafft." Brückbauer hatte bereits bei der Gemeindewahl 1926 gegen Leib kandidiert, jedoch nur wenige Stimmen erhalten. Als nach dem Tod des seitherigen Gemeinderechners im Jahre 1929 der Beigeordnete Johann Georg Grub II. dessen Amt übernahm, war Brückbauer am 9. März 1930 zum neuen Beigeordneten (Adjunkt) gewählt worden. Für seine Wahl hatten sich insbesondere die mittlerweile zahlreich gewordenen NSDAP-Anhänger in Mommenheim eingesetzt, die ihn nach der Neubildung des Gemeinderates jetzt auch zum Bürgermeister wählten.

Am 14. Juli 1933 erließ Hitler das "Gesetz gegen die Neubildung von Parteien", worin die NSDAP zur einzigen zugelassenen Partei bestimmt und jede andere Parteiarbeit unter Strafe gestellt wurde. Dies betraf auch die Deutschnationale Partei Hugenbergs, der bereits im Juni 1933 aus dem Kabinett ausgeschieden war. Diese Gesetze bildeten nun

die entscheidenden politischen und juristischen Voraussetzungen für die NS-Diktatur der folgenden Jahre. Die
"Machtergreifung" Hitlers war damit abgeschlossen.

Unmittelbar nach der Reichstagswahl vom 5. März
wurde auch die Presse aus- bzw. gleichgeschaltet, die sich
nicht auf nationalsozialistischem Kurs befand. Am 7. März
1933 besetzten SS und SA die Redaktion der SPD-orientier-
ten "Mainzer Volkszeitung", die im Gegensatz zum "Mainzer Anzeiger" bis dahin eine NS-kritische Haltung einge-
nommen hatte. Ebenso wurde die Oppenheimer Kreiszei-
tung "Landskrone" gleichgeschaltet. Allerdings erhielt
diese Gleichschaltung der Massenmedien erst durch das
"Schriftleitergesetz" vom 4. Oktober 1933 eine formalrecht-
liche Grundlage, nachdem die kritischen Stimmen in diesem Bereich bereits im März oft gewaltsam zum Schweigen
gebracht worden waren.

Die Ausschaltung der unabhängigen Presse schränkte
die Informationsmöglichkeiten für die Bevölkerung erheblich ein. Zeitungen und Rundfunk verbreiteten fortan nur
noch Meldungen, die die NS-Regierung herausgab bzw.
zuließ. Damit wurde ein doppelter Effekt erzielt: Zum einen
war die Bevölkerung dadurch der pausenlosen NS-Propaganda ohne jede Vergleichsmöglichkeit ausgesetzt, zum
anderen konnten regimekritische Informationen nur noch
verdeckt und unter der Voraussetzung persönlichen Ver-
trauens weitergegeben werden. Was dies im Alltag bedeutete, beschrieb der amerikanische Journalist William L.
Shirer aus eigener. Erfahrung:

"...bei Zufallsgesprächen mit Unbekannten stieß ich häufig
selbst bei offensichtlich gebildeten und intelligenten Menschen auf die ausgefallensten Behauptungen. Es war klar,
dass sie irgendeinen Unsinn, den sie im Rundfunk gehört
oder in der Zeitung gelesen hatten, einfach nachplapperten.
Manchmal geriet man in Versuchung, ihnen das zu sagen,
und wenn man es tat, begegnete man einem so starren,
ungläubigen Blick oder einem so entsetzten Schweigen, als

habe man Gott gelästert." (Aufstieg und Fall des Dritten Reiches, S. 242).

Es folgte die Zeit der Festigung der nationalsozialistischen Herrschaft. Um die Bevölkerung von der Notwendigkeit der Verteidigung der "nationalen Revolution" zu überzeugen, verbreitete man immer wieder Schreckensmeldungen über angeblich geplante Terrorakte der Kommunisten. Insbesondere die SA wurde im Frühjahr 1933 durch entsprechende Alarme in Atem gehalten. Ein wichtiges Instrument zur Verfolgung Andersdenkender wurde die Verordnung des Reichspräsidenten Hindenburg zur "Abwehr heimtückischer Angriffe gegen die Regierung der nationalen Erhebung" (Heimtückegesetz) vom 21. März 1933 (dem "Tag von Potsdam"). Durch dieses Gesetzes konnte jetzt auch die Kritik an der NSDAP und ihren Unterorganisationen (z.B. SA und SS) strafrechtlich verfolgt werden.

Mit Hilfe des "Heimtückegesetzes" gingen die Nationalsozialisten gerade in den ersten Monaten rigoros gegen all jene vor, die öffentlich gegen das neue Regime Stellung bezogen. Anfang April 1933 errichteten sie in einer ehemaligen Papierfabrik in Osthofen das erste hessische Konzentrationslager, in das wirkliche oder vermutete Gegner des neuen Regimes eingeliefert wurden. Das Oppenheimer Kreisblatt "Die Landskrone" veröffentlichte diese Inhaftierungen regelmäßig. Es meldete am 8. 5. 33:

"Mommenheim. Nach Osthofen. Georg Löb von hier wurde heute morgen wegen kommunistischer Redensarten verhaftet und nach Oppenheim in Arrest gebracht. L. wird noch im Laufe des Tages ins Konzentrationslager nach Osthofen überführt." (Zitiert nach: Grünewald 1983b1).

Am 18.11. 33 meldete die "Landskrone":

"Nach Osthofen. Das Sonderkommando Oppenheim nahm am Freitag folgende Verhaftungen und Oberführungen nach Osthofen ins Konzentrationslager vor: Jakob Jungbluth 2. in Mommenheim und Heinrich Leib 2. jr., Mommenheim, wegen Beleidigung der SA und der Reichsregierung... " (a.a.0., S. 68).

Diese Veröffentlichungen dienten zweifellos auch der Einschüchterung von weniger lautstarken Gegnern oder Kritikern der neuen Regierung und wurden auch so verstanden. Ein älterer Mommenheimer erinnerte sich:

"Ja, Osthofen kannten alle im Ort. Da war jeder still. Damit hatten sie schon gewonnen."

Gleichzeitig versuchte man jedoch im Dorf, die Auswirkungen dieser Maßnahmen für die Betroffenen abzumildern. So bewilligte der neue nationalsozialistische Mommenheimer Gemeinderat den beiden Inhaftierten Jungbluth und Leib für die Dauer ihrer "Schutzhaft" eine wöchentliche Unterstützungszahlung. Ebenso wurden die bekannten Kritiker der NSDAP im Ort während der Zeit des 3. Reiches nicht weiter benachteiligt, sondern durchaus auch bei Aufträgen der Gemeinde berücksichtigt. Dies hatte jedoch zur Voraussetzung, dass sie ihre Meinung für sich behielten und sich an die neuen Verhältnisse anpassten.

Bei der großen Mehrzahl der Mommenheimer waren jedoch solche Einschüchterungen nicht nötig, denn schon das Wahlverhalten hatte gezeigt, dass sie mit der Übernahme der Regierungsgewalt durch Hitler und die NSDAP große Hoffnungen verbunden hatten. Osthofen wurde daher vielfach als "Arbeitslager" angesehen, in das Leute eingeliefert wurden, die es schon "irgendwie verdient" hätten. Eine Mommenheimerin beschrieb diese Sicht auf folgende Weise:

"Osthofen war für uns ein Arbeitslager und kein KZ, wie man es heute versteht. Erst als später der Name 'Dachau' (KZ und später Vernichtungslager bei München, Anm. U. Luig) bekannt wurde, da wurden wir schon vorsichtiger."

"Ein Volk, ein Reich, ein Führer"?

Diese anfängliche Zustimmung zu der Verfolgung und Disziplinierung Andersdenkender entsprach auch dem von den Nationalsozialisten propagierten Ideal einer Volksgemeinschaft, die "geeinigt und zuversichtlich unter der Führung Adolf Hitlers die großen Zukunftsaufgaben des deutschen Volkes" in Angriff nehmen sollte. Beide darin enthaltenen Elemente kamen durchaus den Bedürfnissen vieler Menschen jener Zeit entgegen. Zum einen hatten die heftigen politischen Auseinandersetzungen zwischen links und rechts in der Endphase der Weimarer Republik zu einer Politik-Müdigkeit und dem Wunsch nach einem Ende der politischen Streitereien geführt, so dass das Ideal einer "geeinten Volksgemeinschaft" von vielen Menschen sehr positiv bewertet wurde. Zum anderen war es Hitler gelungen, angesichts der sich immer weiter verschlechternden wirtschaftlichen Lage und des angeschlagenen nationalen Selbstbewusstseins die Hoffnungen vieler Deutscher auf eine bessere Zukunft neu zu wecken und mit seiner Person zu verbinden.

Die Sehnsucht nach einer Harmonisierung der gesellschaftlichen Gegensätze und die Hoffnung auf eine bessere Zukunft schienen nun mit der neuen Regierung Hitler ihrer Erfüllung greifbar nahe. Daher hatte man gerade in der Anfangsphase des NS-Regimes im Jahre 1933 meist kein großes Interesse für das Schicksal Andersdenkender und wollte wohl auch nicht so genau hinsehen, wenn es zu Übergriffen gegen diese "Außenseiter" kam. Zudem waren in jener Zeit Ruhe und Ordnung für die meisten Deutschen höhere Werte als eine Demokratie, mit der man bis dahin auch keine besonders vielversprechenden Erfahrungen gemacht hatte. Für die Rheinhessen beschränkten sich die direkten Erfahrungen mit der Weimarer Republik ohnehin nur auf die Zeit zwischen Juli 1930 und Januar 1933, d.h. auf eine Zeit, in der diese Republik in ihren Grundlagen mehr und mehr erschüttert worden war.

Das Ideal der "nationalsozialistischen Volksgemeinschaft" konnte jedoch die bestehenden Interessengegensätze nur notdürftig verschleiern, nicht aber wirklich aufheben. Dies zeigte sich z.B. in Mommenheim, als die beiden bestehenden Gesangvereine MGV 1862 und MGV Liederkranz zu einem Verein zusammengeschlossen wurden. Da die Gleichschaltung das Ziel verfolgte, sämtliche gesellschaftlichen Organisationen unter die Kontrolle der NSDAP zu bringen, wurde zunächst die Zahl der Vereine in den Dörfern vermindert. Daher bestimmte eine neue Verordnung, dass in Dörfern unter 3.000 Einwohnern nur jeweils ein Gesangverein existieren sollte.

Angesichts der seit langem bestehenden Spannungen zwischen beiden Vereinen wurde diese Form der "Vereinheitlichung der Volksgemeinschaft" in Mommenheim ohne große Begeisterung aufgenommen:

"In einer außerordentlichen Generalversammlung am 9. 9. 1933 wurde auf Vorschlag des Gau-Vorsitzenden des Sängergaues Oppenheim mit Unterstützung der politischen Leitung die Verschmelzung der Mommenheimer Gesangvereine zu einem 'Männergesangverein Liederkranz 1862' vollzogen. Mit dieser Maßnahme war wohl ein großer Teil der Sänger aus beiden Lagern nicht einverstanden." (Festbuch "MGV 1862", 1952, S. 15).

"Mit dem Zusammenschluß aber wurde nicht der Zweck erreicht, den man höheren Orts erwartete. Viele Sänger aus beiden Lagern stellten sich mit der Zeit abseits. Wettstreite wurden seitdem nicht mehr besucht, damit war ein Niedergang des Vereinslebens unausbleiblich." (Festschrift "MGV Liederkranz", 1951, S. 11).

Es wurden also durchaus nicht alle Maßnahmen der neuen Regierung begrüßt und man praktizierte auch ein gewisses Maß an (passivem) Widerstandsverhalten immer dann, wenn die eigenen Interessen unmittelbar berührt waren. Diese Kritik bezog sich jedoch ausschließlich auf die dorfinternen Angelegenheiten und bedeutete keineswegs

eine politisch verstandene Opposition gegen das nationalsozialistische Regime.

Auch im Bereich der evangelischen Kirche wurde eine
Gleichschaltung versucht, obwohl der unabhängige Rechts-
status der Kirchen dies nicht so einfach möglich machte wie
bei der staatlichen Verwaltung. Hitler, der persönlich vom
christlichen Glauben und den Kirchen nichts hielt, hatte
gerade zu Beginn seiner Regierungszeit die Bedeutung des
Christentums für Volk und Vaterland bei gleichzeitiger
konfessioneller Neutralität der Partei betont. In Art. 24 des
Parteiprogramms der NSDAP vom 25.2.1920 war festgelegt:

"Die Partei als solche vertritt den Standpunkt eines positiven Christentums, ohne sich konfessionell an ein
bestimmtes Bekenntnis zu binden."

Daher hieß es auch in der Regierungserklärung der
neuen nationalsozialistischen Regierung in Hessen vom 13.
3. 1933:

"Christentum und Deutschtum werden die Leitsterne der
Regierung sein. Zur völkischen Erneuerung wird die Erzie-
hungsarbeit das Deutschtum zum Ausgangs- und Endpunkt
machen. Schmutz und Schund sollen auf allen Gebieten
bekämpft werden. In einträchtigem Zusammenarbeiten der
beiden großen christlichen Konfessionen erblickt die Regierung eine der wesentlichen Voraussetzungen des deutschen
Aufstieges." (Darmstädter Tagblatt vom 14. März 1933, zit.
nach: Hofmann 1974:25).

Bereits im Juni 1932 war im Vorfeld der evangelischen
Kirchengemeindewahlen die "Glaubensbewegung "Deutsche Christen" (GDC bzw. DC) entstanden, die die Einführung des Führerprinzips sowie des Arierparagraphen im
Bereich der evangelischen Kirche forderte und für eine Ger-
manisierung des Christentums eintrat - also nationalsozia-
listisches und christliches Gedankengut zu verbinden
suchte. Als nach verwickelten innerkirchlichen Auseinandersetzungen die bis dahin selbständigen Landeskirchen
zur "Deutschen Evangelischen Kirche' zusammengeschlos-

sen werden sollten, fanden sich die Gegner dieser kirchlichen Gleichschaltung unter Führung des Berliner Pfarrers Martin Niemöller in der Vereinigung "Kirche und Evangelium" (später "Pfarrernotbund" bzw. "Bekennende Kirche") zusammen.

Trotz dieses Widerstandes wurde die "Deutsche Evangelische Kirche" am 11. Juli 1933 gegründet und die Durchführung von Kirchengemeindewahlen am 23. Juli 1933 angeordnet. Über diese Kirchenwahlen in Mommenheim berichtete Pfarrer Gustav Kern, der erst am 16. Juli 1933 als Pfarrverwalter auf die vakante Stelle nach Mommenheim versetzt worden war:

"Laut Verfügung des Landeskirchenamtes auf Grund Erlasses der Reichsregierung wurden die kirchl. Körperschaften aufgelöst und Neuwahlen ausgeschrieben. Das war für den ortsfremden Pfarrer nicht leicht. Er mußte sich manchen Vorwurf einstecken. Nacheinander wurden gewählt: Die Kirchengemeindevertretung, der Kirchenvorstand, welcher am 13. August des Jrs. feierlich im Gottesdienst in sein verantwortungsreiches Amt eingeführt wurde, dann der Vertreter für den Dekanatstag." (Pfarrchronik S. 119).

Das wichtigste Ergebnis dieser Wahl in Mommenheim war, dass der neue nationalsozialistische Bürgermeister Brückbauer von nun an auch dem evangelischen Kirchenvorstand angehörte.

Dennoch zeigte sich auch im kirchlichen Bereich (wie bereits beim erzwungenen Zusammenschluss der Gesangvereine), dass die Interessen des Dorfes auch in dieser Zeit höher bewertet wurden als die allgemeinen politischen Überzeugungen. Der oben erwähnte Mommenheimer Pfarrverwalter Büchler war im Frühjahr 1933 gegen den Willen der Kirchengemeinde abberufen worden; bald darauf erfolgte die Absetzung des langjährigen Bürgermeisters Leib. Der damalige Dekan Sittel (Undenheim) schrieb dazu in einem Stimmungsbericht:

"In Mommenheim herrscht große Unruhe wegen der Abberufung von Pfr. Büchler und der Absetzung des bisherigen Bürgermeisters." (Hofmann 1974b5).

Obwohl Büchler ein entschiedener Gegner der NS-freundlichen "Deutschen Christen" war (vgl. a.a.O., S. 66), hatte er sich aber offenbar durch sein persönliches Auftreten die Achtung der Gemeinde erworben. Trotz der offenkundigen Sympathie vieler Evangelischer für die NSDAP war die Anerkennung der Person des Pfarrers wichtiger als die allgemeinen politischen Überzeugungen.

Die katholische Gemeinde in Mommenheim (wie die meisten Katholiken im Reich) stand der NSDAP und der neuen Regierung zunächst kritisch bzw. abwartend gegenüber. Die katholische Kirche, die die politische Haltung ihrer Mitglieder sehr viel stärker beeinflusste als die evangelische, hatte vor allem wegen der konfessionellen Indifferenz der NSDAP und ihres mitunter sehr deutlichen Antiklerikalismus zunächst kein positives Verhältnis zu Hitler und seiner Partei. Dies bedeutete jedoch nicht, dass der deutsche Katholizismus die Ziele des Nationalsozialismus grundsätzlich ablehnte. Die Annäherungsversuche der Zentrumspartei an die NSDAP seit Sommer 1932 und ihre Zustimmung zum "Ermächtigungsgesetz" zeigen vielmehr, dass im politischen Katholizismus eine Verständigung mit dem Nationalsozialismus durchaus für möglich gehalten wurde. Dem Versuch Hitlers, die evangelische Kirche durch die Gründung der "Deutschen Evangelischen Kirche" unter seine Kontrolle zu bekommen, entsprach der Abschluss des Reichskonkordats mit der katholischen Kirche am 20. Juli 1933. Der katholischen Kirche ging es bei dieser Vereinbarung vor allem um die Sicherung ihrer Rechte unter dem neuen Regime. Hitler dagegen hatte mit dem Abschluss des Konkordats die Anerkennung seiner Regierung durch den Vatikan erreicht. Dennoch blieb in der Folgezeit das Verhältnis der katholischen Kirche zum nationalsozialistischen Staat im Wesentlichen distanziert.

Innerhalb der evangelischen Kirche fanden die neuen nationalsozialistischen Ideale dagegen breite Zustimmung auch bei jenen, die nicht zur Gruppe der "Deutschen Christen" gehörten. Insbesondere die jüngere Theologengeneration übernahm wesentliche Teile der NS-Ideologie (z.B. Deutschtum, nationale Größe, Antisemitismus usw.) und versuchte diese mit ihrem Verständnis von Christentum zu verbinden. Der neue Mommenheimer Pfarrer Gustav Kern war dafür ein sehr typischer Zeitzeuge. Er wuchs in Mainz auf, und seine Kindheit und Jugend waren daher durch die Ereignisse des 1. Weltkrieges und die französische Besetzung des Rheinlands geprägt worden. Unmittelbar nach seiner Ausbildung kam er, gerade 25-jährig, nach Mommenheim. Dieser junge Pfarrer war - wie viele seiner Amtskollegen in jener Zeit - dem neuen Geist des Nationalsozialismus gegenüber außerordentlich aufgeschlossen, was er auch durch seinen Beitritt zur örtlichen SA deutlich machte. So orientierte sich denn auch seine Gemeindearbeit in Mommenheim an den Idealen der "nationalen Revolution", wobei er eine breite Zustimmung bei der Mehrzahl der evangelischen Bevölkerung des Ortes fand. In der Pfarrchronik ist festgehalten, was dies im Jahre 1933 bedeutete. Im August 1933 wurde z.B. die deutsche Jugend gefeiert:

"Zum ersten Male wurde, im Zeichen der nationalen Revolution, der Landesjugendsonntag gefeiert als 'Tag der deutschen Jugend'. Welch ein erhebender Anblick, als die Formationen geschlossen zur Kirche zogen: S.A., SS., J.V. Jungvolk - Hitlerjugend (HJ) für 10 - 14-jährige jungen, Anm. U. Luig), B.d.M. (Bund deutscher Mädel - Hitlerjugend der 14 - 18-jährigen Mädchen, Anm. U. Luig). Der Predigt lag das Wort aus dem Johannesevangelium, Kap. 14, 6 zugrunde: Ich bin der Weg, die Wahrheit und das Leben. Die gottesdienstliche Feier wurde verschönt durch gesangliche Mitwirkung der Oberklassen unter Stabführung des Pfarrers. Eine Neuheit." (Pfarrchronik S. 120).

Selbst das Erntedankfest stand im Zeichen des Dankes für den "Führer":

> "Unser Erntedankfest wurde dieses Jahr als ein nationales-kirchliches Fest auf das würdigste gefeiert. Wir dürfen Gott danken, dass er uns in Adolf Hitler den Führer geschenkt hat, dessen Ziel es ist, unser Volk in seinen Klassen und Ständen zu einen und zu festigen im Anblick der Not der Zeit. Das Gotteshaus war überfüllt. Ein erhebender Gottesdienst unter gütiger Mitwirkung des Kirchenchores." (a.a.O., S. 121).

Der 450. Geburtstag Martin Luthers im November 1933 war ebenfalls ein kirchlich-nationales Ereignis:

> "Mit Rücksicht auf die Volksabstimmung (zum Austritt Deutschlands aus dem Völkerbund, Anm. U. Luig) wurde der deutsche Luthertag auf den 19. November verlegt. Unsere Gemeinde ließ es sich nicht nehmen, diesen Tag festlich zu begehen. Nach dem Festgottesdienst fand ein Festzug nach dem 'Lutherplatz' statt. Daselbst wurde zum Andenken an Dr. Martin Luther, dem Protestanten und Deutschen, eine Luthereiche gepflanzt. Herr Bürgermeister Brückbauer hielt nach der Weiherede des Ortspfarrers eine tiefdurchdachte, zündende Ansprache vor der Versammlung und übernahm die Luthereiche in die Obhut und Pflege der bürgerlichen Gemeinde." (a.a.O., S. 122).

Auch die Adventszeit stand weniger im Zeichen der Erwartung der Wiederkunft Christi, sondern diente vielmehr der Pflege altdeutschen Brauchtums:

> "In der Adventszeit wurden Adventsandachten gehalten, in welchen vor allem alte deutsche Sitten und Gebräuche gepflegt wurden." (ebd.).

In den folgenden Jahren wurden regelmäßig Gottesdienste aus Anlass der "Machtergreifung" in Mommenheim abgehalten. So notierte Pfarrer Kern im Jahre 1935:

> "Am 30. Januar fand, wie in den Vorjahren, auch diesmal wieder ein Dankgottesdienst statt aus Anlass der Berufung unseres Führers Adolf Hitler zum Reichskanzler 1933." (a.a.O., S. 129)

Ebenso beging die Gemeinde feierlich den Volkstrauertag, der ab 1934 in "Heldengedenktag" umbenannt wurde, im Geist der "nationalen Revolution":

"Am Sonntag Reminiscere, 25. Februar, gedachte unsere Gemeinde der Helden des Weltkriegs, wie auch derer, die im Braunhemd ihr Leben gelassen hatten. Nach dem Gottesdienst fand eine erhebende Feier am Krieger-Ehrenmal statt, wobei u.a. der evangelische wie auch der katholische Pfarrer sprachen." (a.a.O., S. 123f.)

Im Rückblick auf das zu Ende gehende Jahr 1933 schrieb Pfarrer Kern, was sicher die Mehrzahl der Mommenheimer in gleicher Weise empfand:

"Das Jahr 1933 darf mit Recht als ein Gottesjahr bezeichnet werden. Denn in diesem Jahr hat sich das Schicksal des deutschen Volkes gewendet. Es geht unter Adolf Hitlers Führung aufwärts. Ruhe und Vertrauen sind ins Volk zurückgekehrt. Das hat sich bis in die einzelne Gemeinde hinein spürbar gemacht. Wir gehen mit Mut und Hoffnung, geführt von der Hand Gottes ins neue Jahr hinein. Gott sei Dank, der uns den Sieg gegeben hat! Das walte Gott. Amen." (a.a.O., S. 123f.).

Gerade die Schlussbemerkung zeigt sehr eindrücklich, in welchem Ausmaß der nationalsozialistische Zeitgeist das theologische Denken in jener Zeit beeinflussen und überlagern konnte. Das von Pfarrer Kein verwendete Zitat lautet nämlich im Original: "Gott sei Dank, dass er uns den Sieg gibt durch unsern Herrn Jesus Christus!" (1. Korinther 15, 57). Gemeint ist dabei der Sieg über die Macht des Todes durch die Auferstehung Jesu Christi.

Trotz seiner unverhohlenen Sympathie für die nationalsozialistischen Ideen vermied Pfarrer Kern aber ein eindeutiges Bekenntnis zu der Pseudo-Theologie der "Deutschen Christen". Da es in Mommenheim keine entschiedenen Vertreter der "Bekennenden Kirche" gab, war das auch nicht nötig. So steuerte Kern einen vom nationalsozialistischen Zeitgeist geprägten kirchlichen Mittelkurs, wie das viele seiner Amtskollegen ebenso taten. Gleichwohl gab es in einigen Nachbargemeinden (z.B. in Selzen, Oppenheim, Bodenheim) sehr aktive Gruppen und Pfarrer der "Beken-

nenden Kirche", was dort zu entsprechenden Auseinandersetzungen in den Gemeinden führte. Mit Zufriedenheit
notierte Kern daher im Jahre 1936:

> "Alle nationalen Feiertage sowie die kirchlichen Ereignisse
> wurden in würdiger Weise festlich begangen. Das kirchliche
> Leben der Gemeinde war stetig. Bei uns herrscht Friede. Wir
> sind nicht hineingezogen in den Kirchenstreit." (a.a.O., S.
> 132).

Die Landwirtschaft im "3. Reich"

Die in Mommenheim überwiegende Anerkennung der
neuen nationalsozialistischen Regierung war nicht allein
ideologisch begründet, sondern beruhte ganz wesentlich
auf den praktischen agrarpolitischen Maßnahmen, die von
der Regierung Hitler sehr schnell in die Wege geleitet wurden. Bereits in seiner Regierungserklärung vom 1. 2. 33
hatte Hitler als eines der Hauptziele seiner Regierung "die
Rettung des deutschen Bauern zur Erhaltung der Ernäh-
rungs- und damit der Lebensgrundlage des deutschen Volkes" genannt. Tatsächlich war die Lage der deutschen Landwirtschaft zu Beginn des Jahres 1933 nach wie vor katastro-
phal. Bei einer allgemein sehr guten Ernte im Jahr 1932 hatten die Getreidepreise weiter nachgegeben (bei Roggen um
15 %, bei Weizen um 17 % des Vorjahrespreises), ebenso die
Kartoffel-. Gemüse-, Obst- und Fleischpreise. Dagegen hielt
der Aufwärtstrend bei den Preisen für Industrieprodukte
und damit bei den Betriebsmitteln weiter an. Die Verschuldung vieler Betriebe und bäuerlicher Familien bildete
zudem vielfach ein fast unlösbares Problem.

Da die nationalsozialistische Propaganda auf dem Lande
die Frage der Entschuldung zu einem wichtigen Thema
gemacht hatte und bereits unter der Regierung Brüning am
31. 3. 1931 das "Osthilfegesetz" für die Entschuldung der
Ostelbischen Güter erlassen worden war, wurde nun mit
dem "Gesetz zur Regelung der landwirtschaftlichen Schuldverhältnisse" vom 1. Juni 1933 eine allgemeine Ent- bzw.

Umschuldung der Landwirtschaft vorgesehen. Es sah im Rahmen des Vollstreckungsschutzes für landwirtschaftliche Betriebe einen teilweisen Schuldenerlass zu Lasten der Kreditgeber vor, sowie Zinssenkungen und Umwandlung aller Schulden in langfristige Tilgungsforderungen bei gleichzeitiger Herabsetzung der Schuldsumme. Bei dieser Neuregelung der Schuldverhältnisse wurden die tatsächlich vorhandenen wirtschaftlichen Möglichkeiten der einzelnen Betriebe für die Tilgung der Schulden zum Ausgangspunkt gemacht. Zur Finanzierung des Entschuldungsprogramms stellte die neue Reichsregierung insgesamt 300 Millionen Reichsmark bereit.

Wie viele Betriebe in Mommenheim an der Ent- bzw. Umschuldung beteiligt waren, ließ sich nicht genau feststellen. In der Regel wurden nämlich diese Anträge mit großer Diskretion behandelt, da es als Zeichen für eine schlechte Betriebsführung galt, wenn man seine Schulden nicht aus eigener Kraft begleichen konnte. So wurden denn auch die Ent- oder Umschuldungsanträge von Bauern, "die das eigentlich nicht nötig gehabt hätten", meist als unseriös angesehen. Tatsächlich entschuldet wurden wahrscheinlich nur verhältnismäßig wenige Betriebe, da aufgrund der vorherrschenden Familienwirtschaft der Verschuldungsgrad in Mommenheim nicht sehr hoch war. Die Zahl der Betriebe, die sich umschulden ließen, lag vermutlich wesentlich höher.

In rascher Folge wurden im Jahre 1933 einschneidende agrarpolitische Gesetze erlassen, die z. T. eine erhebliche Verbesserung für die landwirtschaftlichen Betriebe bewirkten. Das agrarpolitische Konzept, das dieser Gesetzgebung zugrunde lag, war von Hitlers Landwirtschaftsexperten Walther Darré entwickelt worden, der im Juli 1933 nach dem Rücktritt Hugenbergs zum Reichsminister für Landwirtschaft und Ernährung ernannt worden war. Da Hitler selbst außer an Ernährungsfragen, die für die spätere

Kriegswirtschaft wichtig waren, kaum wirkliches Interesse an Problemen der Landwirtschaft hatte, konnte sich die Agrarpolitik unter Darré bis zu dessen Sturz im Jahre 1942 verhältnismäßig selbständig entwickeln. Darré setzte seine Vorstellungen in drei wichtigen Bereichen in praktische Politik um:

1. Verkehr mit Grund und Boden (Reichserbhofgesetz vom 29.9.33);

2. Neuorganisation des landwirtschaftlichen Berufsstandes (Reichsnährstandsgesetz vom 13. 9. 33);

3. Ordnung der Warenmarkte (Marktordnung, Preiskontrolle, staatliche Bewirtschaftung).

Das Reichserbhofgesetz verfolgte das Ziel, die landwirtschaftlichen Betriebe vor Oberschuldung und Zersplitterung infolge der Erbteilung zu schützen und damit eine breite Streuung wirtschaftlich lebensfähiger Klein- und Mittelbetriebe zu schaffen. Im Einzelnen sah das Gesetz vor: Unbelastbarkeit und Unveräußerlichkeit des Betriebes, Verbot der Erbteilung, Auszahlung der Miterben nur aus frei verfügbaren Vermögenswerten und die Einführung des Rassegedankens durch den erforderlichen "Ariernachweis" für die Anerkennung als Erbhofbauer.

Dieses Gesetz bedeutete für die als "Erbhöfe" anerkannten Betriebe zwar einen wichtigen Schutz vor Verschuldung und Zwangsvollstreckung, verminderte aber gleichzeitig die bisher gewohnte Verfügungsfreiheit der Bauern über ihren Besitz erheblich. Vor allem die scharfen Eingriffe in die testamentarischen oder sonstigen Verfügungsmöglichkeiten über den bäuerlichen Besitz widersprachen dem traditionellen Rechtsempfinden. Dies galt insbesondere in Bezug auf die Einschränkungen bei der Abfindung der Miterben, die Zurücksetzung der weiblichen Familienangehörigen zugunsten der männlichen Miterben und die Nichtachtung der vor allem im süddeutschen Raum verbreiten Gütergemeinschaft in den Familien. Dennoch bedeutete die

Anerkennung eines Betriebes als Erbhof vor allem wegen der damit verbundenen Entschuldung in der Regel eine unbestreitbare Privilegierung gegenüber den übrigen Betrieben im Dorf. Aufgrund der kleinbäuerlichen Wirtschaftsstruktur Mommenheims waren es hier lediglich vier größere Betriebe, die als Erbhöfe anerkannt waren.

Von allgemeinerer Bedeutung war indes die Einrichtung des "Reichsnährstandes", mit der eine seit langem erhobene agrarpolitische Forderung erfüllt wurde. Der Reichsnährstand war eine berufsständische Organisation auf der Basis der Selbstverwaltung unter staatlicher Aufsicht (also keine direkte Parteigliederung), obwohl entsprechend dem nationalsozialistischen Führerprinzip die jeweiligen Funktionsträger von oben nach unten eingesetzt wurden. Daher versuchte man nach Möglichkeit, die bestehenden Posten mit Parteimitgliedern zu besetzen.

Die ländlichen Genossenschaften blieben zwar in ihrer Struktur erhalten und somit formal selbständig, waren jedoch eng mit dem Reichsnährstand verbunden. Nachdem Walter Darré am 19. April 1933 zum Präsidenten des Reichsverbandes der Deutschen Landwirtschaftlichen Genossenschaften gewählt worden war, konnte er auf dem Wege der Verbandspolitik eine "innere Gleichschaltung" mit dem Reichsnährstand durchsetzen. Dies bedeutete, dass auch im Bereich der Genossenschaften versucht wurde, die einzelnen Funktionen möglichst mit NSDAP-Mitgliedern zu besetzen bzw. bisherige Funktionsträger zum Eintritt in die Partei zu bewegen. Somit blieben auch in Mommenheim die Einkaufsund Absatzgenossenschaft (Konsum) sowie die Spar- und Darlehenskasse in ihrer genossenschaftlichen Struktur erhalten, waren aber faktisch von der Organisation des Reichsnährstandes abhängig.

Der Reichsnährstand fasste alle in der Landwirtschaft Beschäftigten zusammen und koordinierte der all jene Wirtschaftszweige, die mit Agrarerzeugnissen handelten, diese weiterverarbeiteten oder Betriebsmittel herstellten. Der gesamtpolitische Vorteil des Reichsnährstandes für die Bauern bestand vor allem darin, dass auf diese Weise die Landwirtschaft ihre Interessen gegenüber der Industrie und der "Deutschen Arbeitsfront" (DAF, der NS-Scheingewerkschaft) besser vertreten konnte als bisher. Erst nach dem Sturz Darrés als Minister und Reichsbauernführer im Jahre 1942 wurde der politische Teil des Reichsnährstandes der NSDAP einverleibt und die Interessen der Landwirtschaft vollständig der Kriegswirtschaft untergeordnet.

Die Einrichtung des Reichsnährstandes wurde in Mommenheim allgemein begrüßt, da man sich davon eine Verbesserung der bäuerlichen Produktionsbedingungen und vor allem der Einkommensverhältnisse erhoffte. Dies entsprach dem durchaus pragmatischen Verhältnis der Bauern zum nationalsozialistischen Staat, den man bejahte, wenn er die eigenen Interessen wahrte, und ablehnte, wenn dies nicht der Fall war. So empfanden die meisten Mommenheimer Bauern auch nicht die staatliche Diktatur oder den Zwangscharakter des Reichsnährstandes als vorrangiges Problem, sondern für sie entschied sich der Vorteil oder Nachteil des neuen Systems vielmehr an den Alltagsproblemen, die sich für die einzelnen Betriebe stellten.

Der Reichsnährstand stellte auch die organisatorische und politische Voraussetzung für die marktordnenden Maßnahmen dar, die sich sehr bald auf die Einkommensverhältnisse der Bauern auswirkten. Von entscheidender Bedeutung war dabei die Einführung des Festpreissystems für Agrarprodukte und die Beschränkung der ausländischen Agrarimporte. Angesichts der guten Getreideernte im Jahre 1933, dem dementsprechend großen Angebot von Agrarerzeugnissen und der durch die Wirtschaftskrise stark verminderten Kaufkraft drohten die Erzeugerpreise erneut zu sinken. Daher wurden mit dem "Gesetz zur Sicherung der Getreidepreise" vom 29. September 1933 die

Erzeugerpreise für Getreide staatlich festgesetzt. Parallele Steuer- und Zinssenkungen, Einfuhrbegrenzungen und ein Sinken der Preise für Industrieprodukte führten zu einer spürbaren Verbesserung der bäuerlichen Einkommensverhältnisse in den Jahren 1933/34. So stiegen die Einkommen aus Land- und Forstwirtschaft im Jahr 1933 um durchschnittlich 9,1 % zum Vorjahr, 1934 sogar um 21,1X (vgl. dazu v. Saldern 1985:113). Insgesamt verbesserten sich also die Einkommensverhältnisse der Landwirte zu Beginn der nationalsozialistischen Herrschaft erheblich, so dass sie dies als Bestätigung für die Richtigkeit der Entscheidung für Hitler und die NSDAP werteten.

Die zunehmende Ausschaltung des Marktes im Agrarbereich führte jedoch zwangsläufig auch zu einer immer stärkeren Kontrolle der landwirtschaftlichen Produktion. Ab 1936 wurde die Milchproduktion reglementiert, 1937 die Getreidekontingentierung eingeführt und ab 1938 auch die Futtermittel in die staatliche Bewirtschaftung einbezogen. Mit Beginn des 2. Weltkrieges im September 1939 erfasste (wie im 1. Weltkrieg) die staatliche Kontrolle sämtliche Bereiche der Landwirtschaft: Alle anzubauenden Produkte wurden nach Art und Menge festgelegt, der freie Verkauf von Agrarerzeugnissen unterbunden und ebenso die eigene Weiterverarbeitung von Agrarerzeugnissen (z.B. das Schlachten) durch die Bauern verboten bzw. genehmigungspflichtig gemacht. Die Einhaltung dieser Bestimmungen wurde genau überwacht und Zuwiderhandlungen mit hohen Strafen geahndet.

Auch das Festpreissystem hatte langfristig nicht nur Vorteile für die Bauern. Da die staatliche Preisregulierung zwar für die Agrarerzeugnisse, nicht aber für die Industrieprodukte, d.h. für die Betriebsmittel galt, war die richtige Festlegung der Erzeugerpreise entscheidend. Der Reichsnährstand konnte die Preisgestaltung jedoch nicht autonom entscheiden, sondern hatte die Interessen der Industrie und die

Höhe der Verbraucherpreise ebenfalls zu berücksichtigen. Daher war die Festlegung der Erzeugerpreise stets ein schwieriges Problem, das sich in den folgenden Jahren sehr unterschiedlich auswirkte. Nach den deutlichen Einkommenszuwächsen in den Jahren 1933/34 gestalteten sich die Betriebsergebnisse in den Jahren 1935-37 wesentlich ungünstiger, um dann im Zuge der Kriegsvorbereitungen ab 1938 wieder anzusteigen.

Da die Organisation des Reichsnährstandes das Mittel war, um die nationalsozialistische Agrarpolitik durchzusetzen, wurden im Dorf damit auch neue Einflussmöglichkeiten eröffnet, die es vorher in dieser Weise nicht gegeben hatte. Von besonderer Bedeutung war die Einführung der Funktion des Ortsbauernführers. Der Ortsbauernführer war einerseits für die korrekte Durchführung der angeordneten Maßnahmen zuständig, hatte aber andererseits erheblichen Einfluss dadurch, dass er aufgrund seiner Kenntnis der lokalen Verhältnisse die Wirkungen dieser Maßnahmen durchaus steuern konnte. Ebenso wuchsen die Kompetenzen des Bürgermeisters und des Ortsgruppenleiters der NSDAP. Die Spielräume, die im Rahmen dieser Kompetenzen für die Funktionsträger durchaus vorhanden waren, erweckten natürlich den Argwohn derjenigen, die davon betroffen waren. Besonders während des Krieges waren die Einhaltung der Ablieferungspflicht, die Zuteilung von Betriebsmitteln und Konsumwaren und vor allem die Rückstellung vom Wehrdienst konfliktträchtige Themen.

Im Interesse der Produktionssteigerung wurden nun die größeren Betriebe z.B. bei der Anschaffung von landwirtschaftlichen Maschinen stärker gefördert als die kleinen. Damit verschärfte sich auch der Konflikt zwischen "großen" und "kleinen" Bauern im Dorf. Ausdruck dieses Konfliktes war z.B. die Befürchtung der kleineren Bauern in Mommenheim, dass die vier größten Betriebe langfristig die gesamte

Gemarkung unter sich aufteilen wollten, während die anderen Betriebe entweder von diesen abhängig werden oder als Neusiedler nach Polen abwandern sollten. Da diese Interessengegensätze angesichts der bestehenden Machtverhältnisse jedoch nicht offen ausgetragen werden konnten, bestimmten sie während der Zeit des 3. Reiches nur untergründig das Zusammenleben im Ort.

Aufs Ganze gesehen brachten die ersten Jahre der Regierung Hitler im Bereich der Landwirtschaft für alle, die sich auf das neue System eingestellt hatten und dementsprechend keinen Verfolgungen oder sonstigen Benachteiligungen ausgesetzt waren, zweifellos eine deutlich spürbare Verbesserung der materiellen Lebensverhältnisse mit sich. Davon profitierte die bäuerliche Bevölkerung wesentlich früher als Fabrikarbeiter oder sonstige abhängig Beschäftigte. Der Höhepunkt der Weltwirtschaftskrise war zwar bereits 1931 überschritten und die gesamtwirtschaftlichen Rahmenbedingungen hatten sich seit 1932 merklich verbessert. Dennoch waren die Arbeitslosenzahlen in den Jahren 1932 und 33 noch weiter angestiegen und lagen im Januar 1933 bei über 6 Millionen.

Die Beseitigung der Arbeitslosigkeit

Obwohl Hitler in den vorangegangenen Wahlkämpfen mit energischen Maßnahmen gegen die hohe Arbeitslosigkeit geworben hatte, existierten für die Lösung dieses Problems wesentlich weniger klare Vorstellungen als in der Agrarpolitik. Zunächst wurden jedoch die Gewerkschaften aus- bzw. gleichgeschaltet, um die Interessenvertretungen der Arbeiter unter Kontrolle zu bekommen. Mit der Einführung des 1. Mai als bezahltem Feiertag ("Tag der nationalen Arbeit") erfüllte Hitler zwar eine alte Gewerkschaftsforderung, ließ aber schon am folgenden 2. Mai 1933 durch SA und SS überall im Reich die Gewerkschaftsbüros besetzen, unbotmäßige Gewerkschaftsführer verhaften und z. T. in

KZs verschleppen und das Gewerkschaftsvermögen beschlagnahmen. Am 17. Mai 1933 hob Hitler per Gesetz das einst schwer erkämpfte Tarifrecht auf. Eine gesetzliche Neuregelung des Arbeitsrechts und die Gründung der gewerkschaftsähnlichen NS-Massenorganisation "Deutsche Arbeitsfront" (DAF) erfolgte jedoch erst im folgenden Jahr 1934.

Die hohen Arbeitslosenzahlen blieben gleichwohl eine erhebliche Belastung für die neue Regierung. Mit dem "Unternehmen Reichsautobahn" begann sie daher am 27. Mai 1933 ein großangelegtes Beschäftigungsprogramm, dessen militärische Bedeutung angesichts des noch sehr spärlichen Autoverkehrs offenkundig war. Ebenso wurde der bereits unter der Regierung Brüning eingerichtete freiwillige Arbeitsdienst fortgeführt, aber erst im Juni 1935 zur allgemeinen Pflicht gemacht. Insgesamt gab die neue Reichsregierung in ihren ersten beiden Regierungsjahren 4 Milliarden Reichsmark für beschäftigungsfördernde Maßnahmen aus. Zusammen mit der Stabilisierung der gesamtwirtschaftlichen Lage aufgrund der allmählich abklingenden Weltwirtschaftskrise bewirkten diese Maßnahmen ein stetiges Absinken der Arbeitslosenzahlen. Ab 1936 war dann wieder Vollbeschäftigung bzw. sogar Überbeschäftigung erreicht.

SA und SS

Zu Beginn der dreißiger Jahre hatten viele der Arbeitslosen versucht, der Sinnlosigkeit ihres Daseins dadurch zu entgehen, dass sie der SA oder der SS beitraten. Sogenannte "Sturmabende" (wöchentliche Treffen der örtlichen SA-Abteilung), kostenloses Essen, gelegentliches Freibier und das immer wieder gestärkte Bewusstsein, an einer großen Sache mitwirken zu können, machten die SA-Mitgliedschaft in jener Zeit vor allem in den Städten durchaus attraktiv.

Aber auch in den Dörfern war die SA sehr populär, was sich z.b. in Mommenheim an der relativ hohen Zahl von ca. 80 SA-Mitgliedern im Ort zeigte. Hier empfanden besonders die ehemaligen Tagelöhner den Verlust ihrer Arbeitsplätze als sozialen Abstieg. Für die Bauern dagegen war es weniger die Arbeitslosigkeit, sondern vielmehr die "Freizeitgestaltung" und das Auftreten, das mit dem Eintritt in die SA möglich war. Insbesondere die SA-Uniform mit Koppelschloss und Stiefeln hob das Selbstbewusstsein. Ein Mommenheimer beschrieb das so:

> "Zu den Uniformen gab es so Kordeln mit verschiedenen Farben. Da die anderen nicht wussten, was die bedeuteten, dachten die, man wär' weiß was. Dabei waren wir gar nichts."

Auch ein Kleinkaliberschießstand, der von der Mommenheimer SA eingerichtet worden war, hatte eine große Anziehung, zumal während der französischen Besatzungszeit jeglicher Waffenbesitz verboten gewesen war. Eine Mommenheimerin, die aus einer bewussten Arbeiterfamilie kam, erinnerte sich:

> "Mein Bruder ist da auch öfter mal hingegangen. Als meine Mutter das spitz kriegte, hat sie zu ihm gesagt: 'Wag dich, wenn du da noch einmal hingehst.' Aber er ist trotzdem wieder hin."

Nachdem im fahre 1933 auch die Kampftruppe der Deutschnationalen, der "Stahlhelm", mit einer Stärke von ca. 1 Million Mitgliedern in die SA eingegliedert worden war, hatten SA und SS im Frühjahr 1934 zusammen eine Stärke von 4.5 Millionen Mitgliedern erreicht. Auf diese Weise bildete die SA ein Auffangbecken für viele immer noch arbeitslose junge Männer, deren Situation sich auch nach der Machtübernahme Hitlers kaum verbessert hatte. Daher waren in der SA vielfach Gedanken des inzwischen ausgeschalteten "sozialistischen" Flügels der NSDAP unter Gregor Strasser noch lebendig, die auf eine Fortsetzung der "nationalen Revolution" zielten. Hitler aber wollte nach der

Festigung seiner Machtstellung das Erreichte zunächst aus-
bauen und wurde deshalb innerhalb der SA immer häufiger
kritisiert. Als dann der bei den SA-Männern sehr beliebte
"Stabschef der SA", Ernst Röhm, auch noch Funktionen der
Reichswehr für die SA forderte und Hitler durch SA-Mas-
senaufmärsche unter Druck zu setzen versuchte, ließ Hitler
Röhm und andere "unzuverlässige" SA-Führer sowie eine
Reihe weiterer unliebsamer Personen am 30. Juni 1934 kur-
zerhand umbringen.

Der Bevölkerung wurde diese blutige "Säuberungsak-
tion" als Abwehr eines Putschversuches durch die SA-Füh-
rung gegen Hitler dargestellt. Obwohl die Mommenheimer
Bauern in materieller Hinsicht wenig Grund hatten, mit
Hitlers Regierung unzufrieden zu sein, wurde hier dennoch
die Nachricht von der Ermordung Röhms und anderer SA-
Führer mit Betroffenheit aufgenommen. Vor allem die Tatsache, dass nach der "Machtergreifung" jetzt zum ersten
Mal die Tötung mehrerer Menschen öffentlich bekannt
wurde, weckte Zweifel an den moralischen Qualitäten des
neuen Regimes. So äußerte eine Mommenheimerin:

> "Bis dahin war immer gesagt worden, dass wir eine 'unblu-
> tige Revolution' gehabt hätten. Jetzt aber ging das Morden
> los. Da fragten wir uns, wohin das noch führen sollte."

Nach den Ereignissen vom Juni 1934 bestand die SA
zwar noch weiter, hatte aber fortan keine wirkliche Bedeutung mehr. An ihre Stelle trat jetzt die SS, die seit 1929 von
dem Diplomlandwirt Heinrich Himmler als Elitetruppe
Hitlers geführt und aufgebaut worden war. Während die SS
vor dem sog. Röhm-Putsch eine Untergliederung der SA
gewesen war, wurde sie am 20. Juli 1934 von Hitler zu einer
selbständigen Organisation im Rahmen der NSDAP erhoben. Damit hatte der organisierte Terror im sog. Dritten
Reich seine endgültige Form gefunden, die Eugen Kogon
später treffend als "SS-Staat" bezeichnet hat. Bespitzelun-
gen, Verschleppungen, Folter und schließlich Massen-

morde waren die Aufgaben dieser Eliteeinheiten des "Führers". Davon waren in den ersten Jahren des NS-Regimes vor allem Minderheiten (Juden, Sinti und Roma, Behinderte, Homosexuelle) und selbst harmlose Regimekritiker betroffen. Als später die große Begeisterung für Hitler nachzulassen begann, weitete sich der SS-Terror jedoch ständig aus und wurde zum Bestandteil des alltäglichen Lebens im 3. Reich.

Die SS gliederte sich in Allgemeine SS, die SS-Verfügungstruppe und die SS-Totenkopfverbände, die in den Konzentrationslagern eingesetzt wurden. Die Waffen-SS wurde zu Beginn des Krieges parallel zur Reichwehr aufgebaut und sollte ursprünglich nur Sicherheitsaufgaben im Inneren übernehmen. Im Laufe des Krieges wurden Einheiten der Waffen-SS jedoch zunehmend als militärische Kampftruppen verwendet. Anders als die SA umfasste die SS von ihrer Mitgliederstruktur her durchaus die Vertreter der einflussreichsten Gruppen der damaligen Gesellschaft: Wirtschaftler, Militärs, Adel und Akademiker. Deshalb wurde es anfangs als große Ehre angesehen, wenn jemand in die SS aufgenommen wurde. Auch bot der Eintritt in die SS unter bestimmten Bedingungen Aufstiegsmöglichkeiten, die für jemand aus einfachen Verhältnissen sonst nicht gegeben gewesen wären. Diese "Karriere" wurde jedoch in der Regel von allen Betroffenen - von den Opfern in jedem Fall, gelegentlich aber auch von Tätern - teuer bezahlt.

Alltag im "Dritten Reich"

Nach den raschen Veränderungen seit der "Machtübernahme" Hitlers im Laufe des Jahres 1933 begann sich das Leben in Mommenheim bald wieder zu normalisieren. Die wirtschaftlichen Verhältnisse hatten sich erheblich verbessert, und die Regierung Hitler saß fest im Sattel. Die Zeit der allgemeinen Unsicherheit in Bezug auf die Zukunft schien vorüber. Der Alltag im 3. Reich begann.

In Mommenheim zeigten sich die neuen Verhältnisse auch äußerlich daran, dass mit Beginn des Jahres 1934 ein großer Teil der Ortsstraßennamen neue Namen erhielten. Die Schlagstraße und Weedgasse (heute Schulstraße) wurde in "Adolf-Hitler-Straße" umbenannt, die frühere Schulstraße und Kindgasse (wo viele Katholiken wohnten) in "Hindenburgstraße", die Hohl- und Wegbornstraße (heute Rheinstraße ab Wiesgartenstraße in Richtung Schwabsburg) in "Horst-Wessel-Straße", die Backhaushohl (heute Moselstraße) in "Peter-Gemeinder-Straße" und die Graugasse (heute Wiesgartenstraße) in "Hermann-Göring-Straße". Später gedachte man auch der früheren Geschichte Mommenheims und benannte das Hollergässchen in "Dalbergergarten" und die dahinterliegende Stichstraße (heute zur Gaustraße gehörig) in "Hohenfelsstraße" um. Ebenso wurde die Gaustraße in "Obere" und "Untere Gaustraße" aufgeteilt.

Das besondere Interesse der nationalsozialistischen Führung galt der deutschen Jugend. Nach der Abschaffung der Kulturhoheit der Länder wurden umgehend die Lehrpläne und Schulbücher im nationalsozialistischen Sinne überarbeitet bzw. neu gestaltet. Die Einführung des Rassekunde-Unterrichts sowie die Ideologisierung des Geschichts- und Deutschunterrichtes waren wichtige Instrumente der Indoktrination. Die Konzentration auf die nationalsozialistische Ideologie in der Schule bedeutete jedoch langfristig auch ein Absinken des Bildungsniveaus, vor allem im Bereich der Geisteswissenschaften. Insbesondere für das Geschichtsbewusstsein und die Geschichtskenntnisse dieser ganzen Generation hatte diese Art des Unterrichtes verheerende Folgen, die bis heute spürbar sind.

Neben der Schule war die Hitler-Jugend die wichtigste Erziehungseinrichtung des NS-Staates. Die Hitler-Jugend war nach 1933 die Jugendorganisation des Staates, in die in

einem längeren Prozess sämtliche Jugendverbände überführt wurden. Nach der Entmachtung der SA im Juni 1934
wurden die Beziehungen zwischen Hitler-Jugend und SA
als "weiterführender Organisation" mehr und mehr gelockert und die organisatorischen Verbindungen zur SS
verstärkt (bei dem sog. "HJ-Streifendienst" auch zur Polizei
und Gestapo). Auf diese Weise entwickelten sich alltägliche
Differenzen in den Familien mitunter zu einem politischen
Problem.

Eine Mommenheimerin erinnerte sich an ihre Jugendzeit
in den dreißiger Jahren:

"In der Schule wurden wir schon ganz nationalsozialistisch
erzogen. Im Religionsunterricht z.B. hat der Lehrer X erst
mit einem Gleichnis von Jesus angefangen und bald war er
schon bei Adolf Hitler. Immer hat er Jesus mit Hitler verglichen.

Der Samstag war "Staatsjugendtag", und wir hatten schul-
frei. Aber da waren wir immer mit der HJ unterwegs. Fast
alle Kinder waren in der HJ. Wir waren ja auch begeistert
davon. Nur wenige Kinder waren nicht drin, denen hatten die
Eltern das nicht erlaubt. Die wurden dann immer von den
anderen gehänselt. Mein Vater war erst auch nicht dafür,
aber dann hat er mich gelassen.

In der HJ war immer etwas los, da waren wir ständig beschäftigt: Wir sind gewandert oder haben Sport gemacht oder
sind andere Schulen besuchen gegangen. In den BDM-Stun-
den haben wir auch Handarbeiten gemacht und gesungen,
das war immer sehr schön. Manchmal sind wir abends auf
den Nazarienberg gegangen und haben Volkslieder gesungen. Auch das waren schöne Stunden. Oft ist abends etwas
gemacht worden. Z.B. wurden an der alten Schule Lautspre-
cher aufgebaut, da haben wir dann Reden von Göring oder
Goebbels gehört. Am nächsten Tag mussten wir darüber in
der Schule einen Aufsatz schreiben. Es wurde viel verlangt
damals.

Vor besonderen Feiertagen haben wir auch geübt, wenn wir
am nächsten Tag auftreten mussten. Muttertag war ein ganz
großer Feiertag und Führers Geburtstag war gesetzlicher
Feiertag und im November wegen dem Marsch auf die Feld-
herrnhalle in München (d.h. dem Putschversuch von 1923,

Anm. U. Luig). Manchmal mussten wir auch sonntags morgens kommen. Einmal sollten wir am Sonntagmorgen um 9 kommen, und da hat der X, ein katholischer Junge, gesagt: 'Aber erst muss ich in die Kirche.' Da kann ich mich noch ganz genau dran erinnern. Ob dem dann was passiert ist, weiß ich nicht.

Hitler-Jungen in Uniform durften auch nicht geschlagen werden. Da haben die Eltern darauf gesagt: 'Wenn du in der Uniform was angestellt hast, dann kannst du auch in Uniform gestraft werden.' Aber mancher hat dann trotzdem gesagt: 'In der Uniform darfst du mich nicht schlagen.' Wenn der gestraft werden sollte, hat der Vater manchmal gewartet, bis er im Bett war und sich ausgezogen hatte. Dann war er ja nicht mehr in Uniform. Später war dann ein ganz großes Misstrauen. Da hat sich keiner mehr getraut, was zu sagen. Da hieß es dann, man kommt nach Dachau. Einer war auch wirklich in Dachau. Aber der war wohl Kommunist."

Typisch für den Nationalsozialismus war auch das Bestreben, möglichst alle Bevölkerungsgruppen in den NS-Massenorganisationen zu erfassen. In Mommenheim waren zwar die Kinder in der Hitler-Jugend und die jungen Männer in der SA schon sehr früh organisiert, doch gab es zunächst für die Frauen keine entsprechende Organisationsform. So wurden im Februar 1934 die Mommenheimer Frauen "missioniert". Pfarrer Kern berichtete darüber.

"Vom 7. bis 9. Februar fand in unserer Gemeinde eine Mission für Frauen und Mädchen statt. Die Vorträge waren gut besucht. Es diente Frau Y vom Deutschen Frauenbund für sittliche Reinheit. Am letzten Vortragsabend wurde ein Frauen- und Mütterbund ins Leben gerufen. Nahezu fünfzig Frauen haben ihre Beteiligung zugesagt." (Pfarrchronik S. 124).

Politische Entwicklungen

Auch wenn die Begeisterung über die nationalsozialistische "Erneuerung" Deutschlands nicht nur in Mommenheim weit verbreitet war, sahen viele Deutsche in dem formal noch immer amtierenden Reichspräsident von Hindenburg einen im Hintergrund wirkenden Garanten der ins Kaiserreich zurückreichenden alten Ordnung. Als Hindenburg im August 1934 der im Alter von 86 Jahren starb, wurde die Todesnachricht mit großer Betroffenheit aufgenommen:

"Einen schweren Verlust hatte unser Volk und Vaterland zu beklagen in dem Heimgang unseres verehrten Herrn Reichspräsidenten von Hindenburg am 2. August 1934 vormittags 9 Uhr. Als Ausdruck der Trauer wurde halbmast geflaggt bis zum Tage der Beisetzung, Dienstag, den 7. August 1934, 3/4 11 Uhr am Tannenberg-Denkmal, jeden Abend von 8 - 9 Uhr geläutet, und am Sonntag, den 5. August, ein Trauergottesdienst zum Gedächtnis des Verewigten abgehalten." (Pfarrchronik S. 126 f.).

Die Trauer über den Tod Hindenburgs wurde nicht nur in Mommenheim, sondern überall im Reich in jener Zeit tief empfunden. Gerade nach den erst vier Wochen zurückliegenden Massakern im Zusammenhang mit dem sog. Röhm-Putsch wurde sein Tod wie der Ausfall einer letzten Sicherung angesehen gegen das zwar gewünschte, aber zunehmend auch mit zwiespältigen Gefühlen betrachtete Hitler-Regime. In dieser Situation hat es Hitler sehr geschickt verstanden, die Gefühle der Massen neu für sich zu gewinnen. Hitler ließ zwar bereits eine Stunde nach dem Tod Hindenburgs ein Gesetz unterschreiben, nach dem fortan der Reichskanzler zugleich das Amt des Reichspräsidenten innehaben sollte, ordnete aber gleichzeitig an, dass dieses Gesetz durch einen Volksentscheid bestätigt werden sollte. Psychologisch geschickt verzichtete Hitler dabei jedoch auf den Titel "Reichspräsident", sondern nahm nur die Bezeichnung "Führer und Reichskanzler" für sich in Anspruch. Zur Vorbereitung einer positiven Wahlentscheidung wurde das politische Testament Hindenburgs veröffentlicht in dem sich dieser sehr wohlwollend über die Regierung Hitler geäußert hatte. Der Sohn des Verstorbenen, Oberst Oscar v. Hindenburg, bekräftigte dies in einer Rundfunkansprache und rief dazu auf, für die Übergabe des Amtes seines Vaters an Adolf Hitler zu stimmen.

Bei einer Wahlbeteiligung von 95,7 % stimmten 38 Millionen Wähler mit "Ja", aber immerhin 4,25 Millionen hatten den Mut, mit "Nein" zu stimmen. Pfarrer Kern kommentierte den Ausgang des Volksentscheids aus der Sicht Mommenheims:

> "Durch Volksabstimmung ist der Reichskanzler A. Hitler, unser Führer, zum Nachfolger des verewigten Reichspräsidenten gewählt worden. Der Titel 'Reichspräsident' ist einmalig. Von jetzt an heißt das Oberhaupt des Reiches: 'Führer'." (Pfarrchronik S. 127).

Die Phase der Trauer über den verstorbenen Reichspräsidenten war damit abgeschlossen.

Die folgenden Jahre sollten für die nationalsozialistische Regierung entscheidende außenpolitische Erfolge bringen, die von der deutschen Bevölkerung mit Begeisterung aufgenommen wurden. 1935 erfolgte entsprechend den Bestimmungen des Versailler Vertrages die Rückgliederung des Saargebietes in das Deutsche Reich, das bis dahin noch unter der Kontrolle Frankreichs gestanden hatte. Dies wurde auch in Mommenheim bereits ungeduldig erwartet:

> "Das Jahr 1935 sollte die Saarabstimmung als erstes politisches Ereignis verbuchen. Darum waren unser aller Blicke auf die Saar gerichtet. Das Geläut der Glocken in der Neujahrsnacht galt unseren Volksgenossen an der Saar." (Pfarrchronik S. 127).

Als erste Eintragung in die Pfarrchronik notierte Pfarrer Kern im Jahre 1935:

> "Die Saar ist deutsch. Das bewies der 13. Januar, der Abstimmungstag. 91,5 % stimmten für Deutschland. Der 15. Januar war Feiertag. Am 16. fand in unserer Kirche ein Dankgottesdienst statt, welcher einen erhebenden Verlauf nahm. Der Pfarrer erwähnte- in seiner Predigt auch die Fahne des früheren Männergesangvereins Liederkranz, welche ursprünglich dem Kriegerverein Dunsweiler, Saar, gehörte. Durch die Besetzung (Franzosen) wurde sie an ein Mainzer Geschäft verkauft und kam durch Ankauf nach Mommenheim. Nach der Predigt fand eine Ehrung der Gefallenen und der Opfer des 3. Reiches statt." (a.a.O., S. 128).

Auf diese Weise konnten die Nationalsozialisten ihren ersten außenpolitischen Erfolg verbuchen, indem sie verkündeten, dass damit "die erste Fessel des Versailler Vertrages' gefallen sei. Als am 1. März 1935 das Saargebiet auch formell wieder zum Deutschen Reich gehörte, wurde erneut gefeiert:

"Der 1. März, für unser deutsches Volk der denkwürdigste Tag, ein Feiertag, wie das Saargebiet endgültig deutsch wurde. Reicher Flaggenschmuck, festliches Glockengeläut. Umzüge durch die Ortsstraßen kündeten von dem Sieg. Der Saar-Gedenkgottesdienst fand am darauffolgenden Sonntag statt." (a.a.o.. S. 129).

Das Jahr 1936 brachte einen weiteren außenpolitischen Erfolg für Hitler. Am 7. März ließ er Reichswehrtruppen in das entmilitarisierte Rheinland einmarschieren und verletzte damit den Locarno-Pakt von 1925. Da die Alliierten auf Gegenmaßnahmen verzichteten, wurde durch dieses außerordentlich gewagte Manöver die volle Souveränität des Reiches im Rheinland wiederhergestellt. Nachdem Hitler bereits im Oktober 1933 den Austritt des Deutschen Reiches aus dem Völkerbund erklärt hatte und diese Entscheidung von der großen Mehrheit der Deutschen (95 % der abgegebenen Stimmen) in einem Volkentscheid am 12. November bejaht worden war, wurde mit der Remilitarisierung des Rheinlands nun auch der Locarno-Pakt aufgekündigt. Es schien, als habe Hitler sich das, was Stresemann einst mit seiner Entspannungspolitik nicht oder nur teilweise erreichen konnte, nun im Handstreich genommen. Entsprechend groß war der Jubel vor allem der Rheinländer:

"Die Gemeinde nahm freudigen Anteil an dem Ereignis des 7. März 1936, als der Führer und Kanzler verkündete, dass die entmilitarisierte Rheinlandzone aufgehoben ist und unser Reichsheer die alten Garnisonsstädte am Rhein - Mainz - bezogen hatten." (Pfarrchronik S. 132).

Nachdem sich die nationale Begeisterung wieder gelegt hatte, ging in Mommenheim das Leben (fast) seinen gewohnten Gang. Die Ernte des Jahres 1936 fiel aufgrund ungünstiger Witterungsbedingungen ausgesprochen schlecht aus, was jedoch nach der Stabilisierung der wirtschaftlichen Verhältnisse ohne größere Probleme bewältigt wurde. Trotz der schlechteren Erträge waren die Erzeugerpreise mittlerweile um vieles höher als vor 1933. So wurde z.B. das Stück Wein im Jahre 1938 mit 800 bis 900 RM bezahlt (in guten Lagen sogar bis 1200 RM), während der Preis um 1930 bei 120 RM gelegen hatte.

Auch die Industriebetriebe des Rhein-Main-Gebietes hatten jetzt wieder einen erheblichen Arbeitskräftebedarf. Obwohl das Reichsnährstandsgesetz die Landarbeiter an die landwirtschaftlichen Betriebe zu binden versucht hatte, nahm die Abwanderungsbewegung aus den ländlichen Gebieten in die Städte ab 1935 deutlich zu. Der Arbeitskräftebedarf der Industrie in jener Zeit resultierte zum einen aus der durch die gestiegene Kaufkraft erhöhten Nachfrage vor allem im Konsumbereich, zum anderen aus der seit 1935 betriebenen Wiederaufrüstung. Daher nahm auch in Mommenheim ab 1935 die Zahl der Pendler, die in den Industriebetrieben des Rhein-Main-Gebietes Arbeit fanden, weiter zu. Viele dieser Mommenheimer fanden Arbeit bei Opel in Rüsselsheim, wo neben Last- und Privatwagen auch Fahrräder und Nähmaschinen hergestellt wurden. Im Jahre 1937 kamen von den 19.513 Opel-Arbeitern allein 4.420 aus Rheinhessen und der Pfalz (vgl. Hauser 1937:212a). Diese neuen Beschäftigungsmöglichkeiten verbesserten die Einkommensverhältnisse insbesondere der "geringen Leute" (Tagelöhner und Kleinstbauern), da die Vollerwerbsbetriebe natürlich weitergeführt wurden und keine Arbeitskräfte entbehren konnten.

Die materiellen Lebensverhältnisse in Mommenheim waren daher durchaus zufriedenstellend, und die Zukunft schien gesichert. So notierte Pfarrer Kern zum Ende des Jahres 1937:

"Sowohl für die politische als auch für die evangelische Gemeinde ist nichts Bemerkenswertes zu berichten. Im Ort herrscht Friede." (Pfarrchronik, S. 135).

Der Friede erschien aber bereits im folgenden Jahr 1938 in mehrerer Hinsicht ernsthaft bedroht.

Hitlers eigentliche Leidenschaft hatte von Anfang an der Außenpolitik gegolten. Nachdem er bis 1937 damit beschäftigt gewesen war, den Versailler Vertrag praktisch und mit offenkundigem Erfolg zu revidieren, wandte er sich ab Winter 1937/38 den weiter gespannten Plänen zu, die er im Grundsatz bereits 1923 in seinem Buch "Mein Kampf" entfaltet hatte. Mit geschickter Taktik und brutalem Druck erreichte Hitler die Ernennung des nationalsozialistischen Innenministers Seyß-Inquart zum österreichischen Bundeskanzler, der daraufhin weisungsgemäß die deutsche Reichsregierung um militärische Unterstützung bei der Aufgabe bat, "Ruhe und Ordnung in Österreich wiederherzustellen." Am 12. März 1938 marschierte Hitler persönlich nach Österreich ein.

Hitler hatte damit - wiederum im Handstreich - jene "großdeutsche Lösung" erreicht, die bereits in den Beratungen in der Frankfurter Paulskirche nach 1848 eine wichtige Rolle gespielt hatte. Auch diesen Erfolg ließ sich Hitler durch eine Abstimmung quittieren, denn Hitlers immer wieder erprobtes Rezept hieß: "Geh zu den Massen". Er löste den Reichstag auf und ließ für den 10. April 1938 Neuwahlen ausschreiben, mit denen er die Forderung nach weiteren vier Jahren totaler Regierungsgewalt zur Konsolidierung des nunmehr *Großdeutschen Reiches" verband. Darüber berichtete Pfarrer Kern:

"Im Gottesdienst am Palmsonntag, dem Tag der Volksabstimmung, wurde des geschichtl. Ereignisses gedacht mit Dank und Fürbitte. Fast 95 % aller Abstimmungsberechtigten Mommenheims stimmten mit ja ab und bekundeten damit offen ihre Treue zum Führer." (Pfarrchronik S. 138).

Obwohl diese Abstimmungen zunehmend zu einer politischen Pflichtübung geworden waren, die längst nicht mehr so freiwillig absolviert wurde wie in der Anfangszeit des Dritten Reiches, hat die Mehrzahl der Deutschen den Anschluss Österreichs sicherlich begrüßt. Interessant ist jedoch, dass das Abstimmungsergebnis in Mommenheim mit "fast 95 %" mehr als 4 % unter dem Gesamtergebnis von 99,08 % lag. Der Grund dafür lag wahrscheinlich in den immer noch vorhandenen Vorbehalten gegen das katholische Österreich. Außerdem weckte dieses Ausgreifen der Hitlerschen Politik zwiespältige Gefühle, die sich bei den weiteren außenpolitischen Abenteuern Hitlers noch verstärken sollten. Man war vor allem mit der Stabilisierung der wirtschaftlichen Lage bisher sehr zufrieden gewesen und hatte auch die Revision des Versailler Vertrages mit Genugtuung aufgenommen. Außenpolitische Risiken, die möglicherweise in einen neuen Krieg führen und so das überraschend Erreichte wieder in Frage stellen konnten, wurden daher mit Misstrauen aufgenommen.

Dies zeigte sich bereits sehr deutlich bei der "Heimführung des Sudetenlandes ins Reich" im September 1938. Pfarrer Kern schrieb dazu:

"Der 29. September 1938 war ein schwarzer Tag in der Weltgeschichte. Wir lebten alle in einer Kriegsgefahr, wie sie zu vergleichen ist mit keiner bisher da gewesenen Lage. Ca. 40 Mommenheimer wehrfähige Männer wurden nachts aus den Betten geholt und abtransportiert. Ebenso wurden viele Pferde angefordert. Aber durch die Haltung des Führers in dem Münchener Abkommen der vier europ. Großmächte, Deutschland, Italien, England, Frankreich vom 30. September 1938 wurde die Kriegsgefahr beseitigt und damit zugleich die Sudetendeutsche Frage gelöst. Still und friedlich wurde das Jahr beschlossen. Nun danket alle Gott!" (Pfarrchronik S. 139).

Judenverfolgung

Ganz so friedlich war das Jahr allerdings nicht zu Ende gegangen, denn in der Nacht vom 9. zum 10. November 1938 hatte in Mommenheim - wie überall in Deutschland - die "Reichspogromnacht" stattgefunden, bei der zum ersten Mal mit direkter Gewalt gegen die Juden vorgegangen wurde. Zum Anlass für dieses staatlich verordnete Judenpogrom wurde der Mord an dem Legationssekretär von Rath in Paris genommen, den der 17-jährige Jude Herschel Grynszpan am 7. November 1938 begangen hatte.

Die Judenverfolgung hatte im 3. Reich jedoch schon unmittelbar nach Hitlers Regierungsantritt begonnen. Bereits am t. April 1933 organisierte die SA Boykottaktionen gegen jüdische Geschäfte, und NSDAP-Parteimitglieder mussten sich schriftlich dazu verpflichten, nicht bei Juden einzukaufen. Am 7. April 1933 wurden mit dem "Gesetz zur Wiederherstellung des Berufsbeamtentum" alle Juden und Beamte mit jüdischen Ehepartnern aus dem Staatsdienst entfernt (diesen sog. "Arierparagraph" übernahmen auch viele evangelische Landeskirchen). Das Gesetz "Zum Schutz des deutschen Blutes und der deutschen Ehre" vom 15. September 1935 stellte schließlich sogar die Eheschließung sowie jede sexuelle Beziehung zwischen Deutschen und Juden unter Strafe. Die sog. Reichskristallnacht im November 1938 bildete jedoch einen vorläufigen Höhepunkt dieser Diskriminierung von deutschen Juden.

Der Antisemitismus hatte in Europa eine jahrhundertealte Tradition und war auch in kirchlichen Kreisen tief verwurzelt gewesen. Hitler selbst hatte diesen Judenhass in seinen Wiener Jahren kennen gelernt und war seitdem ein überzeugter Antisemit. Diese weit verbreitete Abneigung gegen die Juden erklärte Hitler aber nun zum politischen Programm und ließ es von seinen Parteiideologen mit einer pseudowissenschaftlichen Rassetheorie begründen. Den Massenmord an den Juden, den das nationalsozialistische

Beamten-Deutsch als "Sonderbehandlung" und "Endlösung der Judenfrage" bezeichnete, wagte die nationalsozialistische Führung dann aber nicht mehr öffentlich zuzugeben. Der Reichsführer SS, Heinrich Himmler, nannte den Massenmord an den Juden in einer Rede vor SS-Führern in Posen 1943 "ein niemals geschriebenes und niemals zu schreibendes Ruhmesblatt unserer Geschichte". (Schnabel 1958:32).

Die rechtliche Diskriminierung, die spätere Verfolgung und schließliche Vernichtung der Juden im 3. Reich wurde begleitet von einer staatlich gelenkten Propaganda, die auf den vorhandenen Vorurteilen gegenüber den Juden aufbauen konnte. Im Gegensatz zu dem "gewöhnlichen Antisemitismus" hatte die NS-Propaganda aber eine völlige Ausschaltung sonst üblicher moralischer Wertbegriffe den Juden gegenüber zum Ziel. Damit schuf sie ein geistiges Klima, das gerade bei jungen Menschen erschreckende Folgen hatte. Zu dieser äußerst subtilen Form des Judenhasses im 3. Reich erzählte eine Mommenheimerin ein bewegendes Beispiel aus ihrer Schulzeit:

"Einmal mussten wir in der Schule ein Gedicht lernen, das den Titel hatte: 'Die Sonne bringt es an den Tag.' Darin wurde erzählt, wie ein Handwerker aus Habsucht einen Juden umbrachte. Im Sterben sagte der Jude: 'Die Sonne bringt es an den Tag.' Als dann dieser Mord tatsächlich bekannt wurde, hat man den Täter zum Tode verurteilt und gehängt.

Bei dem Gedicht habe ich mich damals immer gewundert, warum der Mann am Schluss gehängt worden ist. Ich konnte nicht einsehen, warum jemand bestraft wurde, der einen Juden umgebracht hatte. Später ist mir das oft nachgegangen, dass ich so denken konnte. In der Schule ist uns das nie so gesagt worden (was ja auch durch den Inhalt des Gedichtes bestätigt wird, Anm. U. Luig) und zu Hause bestimmt auch nicht. Ich weiß bis heute nicht, wie es gekommen ist, dass ich damals nichts dabei gefunden habe, wenn ein Jude umgebracht wurde."

Im Jahre 1911 wohnten in Mommenheim insgesamt 28 Juden. Im Laufe der zwanziger Jahre waren die meisten jüdischen Familien aus unterschiedlichen Gründen von Mommenheim fortgezogen. Von einer Familie ist bekannt, dass sie später nach Amerika ausgewandert ist. In den dreißiger Jahren wohnten nur noch 4 jüdische Menschen in Mommenheim.

Herrmann Hirsch war ein erblindeter alter Mann, der nach dem Tode seiner Frau von seiner Nichte Sophie Sara Lindner versorgt wurde. Hirsch verdiente seinen Lebensunterhalt durch ambulanten Kleinhandel und durch das Herstellen von Flechtwaren. Seine Einkommensverhältnisse waren so bescheiden, dass er von der Ortsgemeinde einen kleinen Unterhaltszuschuss bezog, der jedoch ab Oktober 1933 gestrichen wurde. Irgendwann im Laufe der dreißiger Jahre sind Hirsch und seine Nichte dann aus Mommenheim verschwunden. Niemand kann mehr mit Bestimmtheit sagen, wann dies gewesen ist. Diese Ungenauigkeit im allgemeinen Erinnerungsvermögen der Mommenheimer ist ein sehr typischer Ausdruck für die tiefgreifende Verdrängung all jener Zusammenhänge, die mit den unmenschlichen NS-Verbrechen in Verbindung stehen. Andere Ereignisse aus jener Zeit werden dagegen z.T. noch sehr genau erinnert.

Ludwig Bergmann war ein kleiner, verwachsener Mann, der einen Kolonialwarenladen mit Kohlenhandlung betrieb. Bergmann lebte mit seiner Haushälterin, Fräulein Kohlmann (das "Freelen"), in seinem Haus in der heutigen Rheinstraße. Da Bergmann ein sehr geselliger Mensch war, ging gerade die Mommenheimer Jugend bei ihm aus und ein, weil man dort Karten spielen konnte und es auch ab und zu einmal etwas umsonst gab. Deshalb wurde sein Laden auch scherzhaft "Kasino" genannt. Durch seine Mitgliedschaft in verschiedenen Mommenheimer Vereinen und seine Großzügigkeit bei kleinen Zugaben im Laden und bei Spenden war er im Ort gut gelitten, wenn er auch als Sonderling galt.

Im Zuge der Boykottaktionen gegen jüdische Geschäftsinhaber wurde auch in Mommenheim mit Unterschriftenlisten für den "Juden-Boykott" geworben. Da der Laden von Ludwig Bergmann das einzige "jüdische" Geschäft in Mommenheim war, sahen viele Mommenheimer zunächst nicht ein, warum nun gerade Bergmanns Laden boykottiert werden sollte. Trotz der vorhandenen Vorurteile gegen "die Judde" hatte man doch über Jahrhunderte mit ihnen zusammengelebt und sie tolerieren gelernt. Daher nahm sich ein NSDAP-Parteimitglied sogar die Freiheit, die Boykottliste mit dem Satz zu kommentieren: "'Wir lassen jeden was verdienen." Damit war eine anfangs im Ort vielfach vorhandene Haltung ausgedrückt.

Mit dieser rheinhessischen Leutseligkeit war es aber bald vorbei. Im Gefolge der Nürnberger Rassegesetze von 1935 wurde in Mommenheim nun nicht nur der Zuzug von Juden verboten, sondern jedem, der mit Juden Geschäftsverbindungen unterhielt, angedroht, bei öffentlichen Arbeiten der Gemeinde oder Antragen an den Gemeinderat nicht mehr berücksichtigt zu werden. Wer weiterhin bei Bergmann einkaufte, fand bald ein Schild am Hoftor vor, auf dem für jedermann zu lesen stand: "Auch dieser Volksgenosse kauft bei Juden und verrät dadurch sein Vaterland." Nach und nach ließen nur noch einige Mutige - und dann nur im Schutze der Dunkelheit - Bergmann "was verdienen". Der Besuch seines "Kasino" nahm rapide ab, und Bergmann geriet wirtschaftlich und sozial immer stärker ins Abseits. Ein Selbstmordversuch, den Bergmann und das "Freelen" gemeinsam unternahmen, misslang. Fräulein Kohlmann war eines Tages aus Mommenheim verschwunden. Bergmann blieb. Wenn er dabei auf Rückhalt bei der Jugend, die in seinem Hause verkehrte, gehofft hatte, sollte er sich bitter täuschen. Auch von denen, die früher in seinem "Kasino" zu Gast gewesen waren, beteiligten sich einige an den Ausschreitungen während der "Pogromnacht". Vielleicht hatte gerade die Wehrlosigkeit des Opfers die Aggressionen angestachelt. Über den Ausbruch des "spontanen Volkszorns" (so Propagandaminister Goebbels) in der Nacht vom 9. zum 10. November berichtete ein Mommenheimer:

"In der Schule wurde uns morgens gesagt, wir sollten nicht durch die Straße gehen, wo Bergmanns Laden war. Wir waren natürlich neugierig und sind extra hingegangen. Da haben wir dann gesehen, dass der Laden kaputtgeschlagen war und alles auf der Straße herumlag."

Und eine Mommenheimerin erinnerte sich:

"Wie alles auf der Straße lag, habe ich ein Haarspänglein gesehen. Als ich es aufheben und mitnehmen wollte, kam ein größeres BDM-Mädel und sagte: 'Ein deutsches Mädchen tut so etwas nicht.' Da hab' ich es natürlich nicht genommen. Dann kam Herr X. mit Brettern unter'm Arm."

Die Schilderungen dieser Ereignisse in Mommenheim entsprechen exakt dem Inhalt der geheimen Fernschreiben über die "Pogromnacht", die am 9. November 1938 von Berlin aus ergangen waren:

"An alle Stapo-Stellen und Stapoleitstellen - An Leiter oder Stellvertreter. Dieses FS ist sofort auf dem schnellsten Wege vorzulegen. 1. Es werden in kürzester Frist in ganz Deutschland Aktionen gegen Juden, insbesondere gegen Synagogen stattfinden. Sie sind nicht zu stören. Jedoch ist im Benehmen mit der Ordnungspolizei sicherzustellen, dass Plünderungen und sonstige besondere Ausschreitungen unterbunden werden können. (...)

3. Es ist vorzubereiten die Festnahme von etwa 20 000-30 000 Juden im Reiche. Es sind auszuwählen vor allem vermögende Juden. Nähere Anordnungen ergehen noch im Laufe dieser Nacht. (...) Gestapo II Mueller"

"an alle pol. verwaltungen - sobald von gauleitungen anweisung zur beendigung der aktionen vorliegt dafuer sorgen dass zertruemmerte laeden durch holzverkleidungen usw.

so verschlossen werden dass zerstoerung moeglichst wenig sichtbar...

chef der ordnungspolizei" (zitiert nach Schnabel 1958:78f.).

Die Mehrheit der Mommenheimer Bevölkerung fand dieses Vorgehen gegen Ludwig Bergmann und die sinnlose Zerstörung seines Geschäftes "nicht recht". Bergmann war von diesem Tag an verschwunden. Nachbarn sollen ihn noch eine Woche lang in ihrer Scheune versteckt haben. Dann habe er sich gestellt, um die Nachbarn nicht in Schwierigkeiten zu bringen. Später ist Bergmann noch einige Male in Mainz gesehen worden. Eine Mommenheimerin ist ihm als Kind in Mainz noch einmal begegnet:

> "Einmal haben wir den Bergmann in Mainz getroffen. Als er uns sah, sagte er: 'Da sind ja meine lieben Mommenheimer' und kam auf uns zu. Uns war er aber irgendwie unheimlich, und wir sind schnell weggelaufen."

Bergmann wohnte zuletzt in Mainz, Margarethenstr. 28. Sein Name ist in einer Liste von Juden aufgeführt, die am 20. März 1942 nach Polen (wahrscheinlich nach Theresienstadt oder Auschwitz) deportiert wurden.

Der "spontane Volkszorn" richtete sich jedoch nicht nur gegen die lebenden Juden, sondern auch gegen die toten. Auf dem kleinen jüdischen Friedhof am Fuße des Nazarienberges am Ortsrand von Mommenheim wurden ebenfalls die Grabsteine umgestürzt.

Es gab aber auch einige wenige, die diesem mörderischen Antisemitismus mutig widerstanden. So hielt der wegen seiner Hilfsbereitschaft sehr beliebte Landarzt Dr. Fröhlich die jüdische Frau seines Guntersblumer Kollegen Dr. Huhn ab 1942 in seinem Haus versteckt. Obwohl Einzelnen dies bekannt war, ist es nie angezeigt worden.

Das Euthanasieprogramm

Während die Verfolgung und Ausrottung der Juden im 3. Reich offiziell damit gerechtfertigt wurde, dass es sich bei den Juden um eine niedere und gefährliche Rasse handele, verfolgte das Euthanasieprogramm das Ausleseprinzip zur "Reinerhaltung" der eigenen Rasse. Begründet wurde dies mit einem primitiven Sozialdarwinismus, der von dem Prinzip des Sieges der "Starken" über die "Schwachen" ausging.

Bereits am 14. Juli 1933 hatte die Regierung Hitler das Gesetz "Zur Verhütung erbkranken Nachwuchses" erlassen, auf dessen Grundlage Zwangssterilisationen an Behinderten durchgeführt wurden. Ab 1939 begann das Euthanasieprogramm (von eu thánatos, griech.: "der schöne Tod") mit der Vernichtung des "unwerten Lebens" in besonderen Tötungsanstalten (z.B. in Hadamar). Die Behinderten wurden nach ihrer Ermordung verbrannt, und ihren Angehörigen ging eine Todesanzeige unter Angabe einer natürlichen Todesursache (z.B. Diphtherie oder Lungenentzündung) zu. Teilweise verwendeten Mediziner diese Behinderten auch als "Material" bei medizinischen Versuchen für besondere Forschungsprogramme (z.B. Gehirnforschung).

Als ganze Abteilungen aus kirchlichen Pflegeanstalten abtransportiert wurden und man sich für den Verbleib dieser Menschen interessierte, erhoben katholische und evangelische Kirchenvertreter (anders als bei den Judenverfolgungen!) öffentlichen Protest gegen das Euthanasieprogramm. Daraufhin wurde das "Programm" eingestellt, obwohl auch weiterhin Einzeltötungen vorgenommen wurden. Bis zur Einstellung des Euthanasieprogramms im August 1941 wurden schätzungsweise 70.000 Behinderte auf diese Weise umgebracht (vgl. Kinder/Hilgemann 1966:205).

In Mommenheim lebten in den dreißiger Jahren sechs junge Menschen mit geistigen Behinderungen bzw. psychischen Störungen. In einem Fall ist bekannt, dass eine Zwangssterilisation vorgenommen wurde. Da sich der "Lebenswert" dieser Behinderten unter anderem auch an ihrer Arbeitskraft bemaß, wurde ein Behinderter, der nicht den Schutz einer Familie hinter sich hatte, zu ständig neuen Arbeitsleistungen gezwungen. Diese Ausbeutung seiner

Arbeitskraft basierte auf der Möglichkeit, dass auch er "wegkam". Die übrigen Behinderten wurden bei drohenden Gefahren von ihren Familien versteckt.

In zwei Fällen wurden geistig Behinderte bzw. Kranke während der dreißiger Jahre in Heilanstalten eingewiesen, da ihr Verbleib in den Familien aufgrund ihres Krankheitszustandes nicht mehr möglich war. Sie sind später in den Anstalten "verstorben". Meine Nachforschungen über das Schicksal dieser Kranken bei dem St. Anna Krankenhaus in Hadamar und bei der Nervenklinik "Auf dem Eichberg" bei Kiedrich gerieten zu einem beschämenden Lehrstück für die noch immer unbewältigte deutsche Vergangenheit im Bereich der Medizin. Die geringe Auskunftsbereitschaft und die dabei verwendeten offenkundigen Ausflüchte vermittelten den Eindruck, als seien der Ruf der Anstalt und eine zweifelhaft gewordene ärztliche Standesehre immer noch wichtiger als die Aufklärung der Verbrechen, die während der Zeit der Nationalsozialismus an Kranken und Behinderten begangen wurden.

Die neue Kirchenpolitik

Auch für die Kirchen entstanden in den Jahren 1937/1938 neue Verhältnisse. Nachdem klar geworden war, dass sich die evangelischen Landeskirchen einer organisatorischen Einbindung in den NS-Staat als "Reichskirche" widersetzten, versuchte die NSDAP nun, die Kirchen austrocknen und verkümmern zu lassen. Die "Parteigenossen" wurden aufgefordert, aus der Kirche auszutreten, was sie ab 1937 in großer Zahl taten. In Mommenheim schied daher im Jahre 1937 auch Bürgermeister Brückbauer aus dem Kirchenvorstand aus. Ab 1938 wurden die Pfarrer aus den Lehrkörpern der Schulen entfernt. Daher wurde auch in Mommenheim "mit Beginn des Schuljahres 1938/39... laut ministerieller Verfügung der Pfarrer von der Erteilung des Religionsunterrichts befreit. Den Religionsunterricht sollen künftig nur noch die Lehrer halten." (Pfarrchronik S. 137f.).

Daraufhin hielt der Pfarrer den Religionsunterricht in der Kirche, bis ihm im Jahre 1939 wieder angeboten wurde, in der Schule zu unterrichten.

Zu ausgesprochenen Differenzen zwischen der Mommenheimer Kirchengemeinde und Ortsgemeinde kam es im Jahre 1939 wegen des Kindergartens, der nach dem Weggang von Pfarrer Weimar ab 1900 zwar von der Ortsgemeinde getragen wurde, dessen "evangelischer Charakter" jedoch in der Übergabevereinbarung festgehalten war. Pfarrer Kern notierte dazu:

"Einen schweren Schlag für die Gemeinde bedeutete die Umwandlung der Kleinkinderschule in einen N.S.V. Kindergarten. Die seither hier tätige und allseits beliebte Schwester Mariechen Herrmann mußte auf Befehl des Bürgermeisters vom 1. April die Wohnung räumen. Sang- und klanglos ist sie von hier weggegangen, ohne eine Anerkennung für die der Gemeinde geleistete treue Arbeit erhalten zu haben. Der Ortspfarrer hat im Gottesdienst am Palmsonntag den Dank der Schwester an die Gemeinde und umgekehrt zum Ausdruck gebracht. Alle Versuche, die Station und die Schwester zu erhalten, sind gescheitert. Der ev. Charakter der Kinderschule besteht vertraglich zu Recht." (Pfarrchronik, S. 140).

So mancher evangelischer Christ, der bis dahin treu zu "seinem Führer" gestanden hatte, musste jetzt feststellen, dass der "Führer" diese Treue nicht gedankt hatte. Sichtlich nachdenklicher begann Pfarrer Kern seinen Bericht über das Jahr 1938 mit dem Satz:

"An den Eingang stellen wir das Wort aus Psalm 127, 1b: 'Wo der Herr nicht die Stadt behütet, so wacht der Wächter umsonst.'" (Pfarrchronik S. 136).

Viele der Wächter saßen jetzt aber bereits in deutschen Gefängnissen und Konzentrationslagern oder hatten Deutschland verlassen.

Vorkriegszeit

Nachdem Hitler die Beschränkungen des Versailler Vertrages mit Erfolg aufgehoben und durch seine Vorgehensweise die europäischen Mächte tiefgreifend verunsichert hatte, stellte sich für ihn die Frage nach den weitergehenden Perspektiven. Hitler war auf seine Weise ein Visionär, dessen innere Dynamik sich nur in dem Abstecken immer entfernterer Ziele, die er dann mit großer taktischer Beweglichkeit und noch größerer Skrupellosigkeit praktisch anging, zu erhalten vermochte. Ein alter Mommenheimer beschrieb die Folgen dieses Vorgehens im Blick auf die Endphase des Krieges so:

> "Der Hitler hätte auch die Letzten noch 'reingemacht' (d.h. ins Verderben hineingezogen, Anm. Luig), wenn er gekonnt hätte."

Bis Ende 1936 hatte Hitler die innere und äußere Konsolidierung seines 3. Reiches abgeschlossen. Danach beschäftigte ihn im Blick auf die längerfristige Zukunft offenbar zunehmend eine Grundentscheidung, von deren Lösung sehr unterschiedliche Folgerungen abhingen. In einer Sitzung am 5. November 1937 setzte er sich vor einem kleinen Kreis von höchsten Militärs der deutschen Wehrmacht und dem damaligen Außenminister v. Neurath damit auseinander. Der Inhalt dieser Beratung wurde später bekannt durch das Protokoll von Hitlers Adjutanten Hoßbach (vgl. dazu Bullock 1964a:376f.).

Ausgehend von der Frage, wie die deutsche Volksgemeinschaft langfristig zu sichern, zu erhalten und zu erweitern sei, sah Hitler grundsätzlich zwei Möglichkeiten: Autarkie oder Integration Deutschlands in den Weltmarkt. Da es Hitler zutiefst widerstrebte, von anderen abhängig zu sein, kam für ihn nur die wirtschaftliche Selbständigkeit Deutschlands in Frage. Die Rohstoffquellen und die Ernährungsgrundlagen des Deutschen Reiches in den Grenzen von 1937 waren dazu jedoch nicht ausreichend. Nur der

Erwerb zusätzlichen Lebensraumes - so Hitler - könne die Voraussetzungen für die umfassende Sicherung der Zukunft des deutschen Volkes schaffen. Und dieser Lebensraum konnte nach Hitlers Meinung nur im Osten Europas liegen.

Da dieses Ziel für Hitler allen anderen Zielen übergeordnet war, rechnete er auch mit der Möglichkeit eines Krieges. Bereits ab 1936 hatte Hitler gegen den erfolglosen Widerstand seines Wirtschaftsministers Schacht die Aufrüstung Deutschlands erheblich beschleunigt. Kritiker dieser Politik wurden rigoros ausgeschaltet. Schacht wurde erst als Wirtschaftsminister, dann als Reichsbankpräsident entlassen. Der Reichskriegsminister von Blomberg und der Oberbefehlshaber des Heeres, von Fritsch, wurden mit zweifelhaften Mitteln zum Rücktritt gezwungen. Der Chef des Generalstabes, Ludwig Beck, trat im August 1938 nach Hitlers Geheimbefehl zur Zerschlagung der Tschechoslowakei von sich aus zurück. Damit war der Weg für Hitler und seine Vasallen frei. Im Jahre 1938 wurden die Rüstungsproduktion und die militärische Ausbildung in einem solchen Tempo vorangetrieben, dass die Wehrmacht an ihre organisatorischen und die Industrie an ihre produktiven Grenzen stießen.

Die außenpolitischen Vorstöße Hitlers folgten ab Beginn des Jahres 1938 der in jener Sitzung vom 5. 11. 37 formulierten Grundlinie. Im Frühjahr 1938 wurde Österreich an das Deutsche Reich "angeschlossen" (annektiert). Bei der Münchener Konferenz vom 29. 9. 1938 erreichte Hitler die Abtretung des Sudetenlandes an das Deutsche Reich und ließ im März 1939 nach dem widerrechtlichen Einmarsch Deutscher Truppen in die Rest-Tschechei das "Reichsprotektorat Böhmen und Mähren" errichten. Ebenfalls im März 1939 wurde das Memelland an Ostpreußen angegliedert. Ein Handelsabkommen mit Rumänien sollte den Balkan als "Versorgungsraum des Deutschen Reiches" erschließen. Mit

dem faschistischen Italien schloss Hitler den sog. "Stahl-
pakt" und sicherte damit die Südgrenze des Reiches für den
Fall eines Krieges. Nichtangriffspakte mit Lettland, Estland
und Dänemark sowie mit der Sowjetunion (Hitler-Stalin-
Pakt vom 27. 8. 39) verpflichteten die Grenznachbarn zum
Stillhalten, wenn Hitler Polen erledigte.

Hitler selbst hat sich übrigens an solche Verträge nie
gebunden gefühlt, wenn sie seinen Interessen widersprachen. Mit Polen bestand bereits seit 1934 ein Nichtangriffs-
pakt; ebenso ließ Hitler alle anderen Vertragsländer in der
Folgezeit von deutschen Truppen überfallen. Die neutralen
Niederlande und Belgien wurden zu Beginn des sog. West-
feldzuges 1940 einfach überrannt.

6. KAPITEL: DER ZWEITE WELTKRIEG

"Für Führer, Volk und Vaterland"?

Die nationalsozialistische Propaganda hatte die Bevölkerung schon seit längerem auf den bevorstehenden Krieg vorbereitet. Immer wieder berichteten Zeitungen und Rundfunk von der Unterdrückung deutscher Minderheiten in Polen und von polnischen "Übergriffen" an der deutschen Grenze, denen das derart gekränkte Deutschland - so die offizielle Propaganda - eben irgendwann einmal Einhalt gebieten musste. Von besonderer Bedeutung war dabei die Situation in Danzig, das als Enklave auf polnischem Gebiet lag. Daher konnte die NS-Propaganda die geschürte Empörung über die "feindseligen Akte" Polens mit einer neuen Gebietsforderung (Danziger Korridor) verbinden, um auf diese Weise die deutsche Öffentlichkeit auf den geplanten Überfall auf Polen propagandistisch einzustimmen. Dies spiegelte sich auch in der Eintragung Pfarrer Kerns über den Beginn des Krieges:

> "Zur schwülen Sommerstimmung im August paßte sehr gut die Kriegsstimmung, welche die Gemüter erfüllte. Es war eine Stille vor dem Sturm. Wir leben schon in der Kriegsgefahr. 30. August starker Gewitterregen. 31. August: entscheidender Tag im politischen Leben unseres Volkes, der Führer versucht die Danzig-Frage noch einmal auf gütlichem Wege zu regeln. Polen antwortet mit Mobilmachung. 1. September: Danzig ist frei. Am 2. September war schulfrei." (Pfarrchronik, S. 142).

In Mommenheim vollzogen sich ab September 1939 die gleichen Entwicklungen wie im August 1914. Die wehrfähigen jungen Männer wurden eingezogen und

> "zum ersten Male seit dem großen Weltkrieg 1914-18 hat das Pfarrhaus Einquartierung erhalten. Am 16. Oktober, einem Montag, erschien des Abends ein Leutnant Heteln mit dem Bürgermeister und erfragte Quartier für seinen Bat-Stab. Der Pfarrer stellt sofort vier Zimmer zur Verfügung sowie die Waschküche und später auch die Wohnküche. Es

entwickelt sich ein freundschaftliches Einvernehmen zwischen Gastgeber und Gästen rasch ein Leben, wie es eben unter Soldaten nicht anders sein kann. Die Einquartierung dauerte drei Wochen. Die Soldaten haben in ihrer Freizeit den Garten gegraben." (Pfarrchronik. S. 142 f.).

Ebenso wiederholte sich das Erschrecken über die erste Todesnachricht:

"Der erste Gefallene, ein gebürtiger Sohn Mommenheims, Unteroffizier Karl Adam Schnell ... wird uns gemeldet. Er ist an der Westfront gefallen für Führer und Vaterland. Sein Leib ruht in einem Massengrab bei Zweibrücken. Ein Trauergedächtnisgottesdienst fand statt am Sonntag, den 12. November." (Pfarrchronik, S. 143).

Die etwas gewollt mannhafte Bemerkung Pfarrer Kerns "ein Leben, wie es eben unter Soldaten nicht anders sein kann..." weist jedoch darauf hin, dass der Beginn des Krieges psychologisch insofern einen Stimmungsumschwung bei der Bevölkerung bewirkte, als es jetzt nicht mehr um nationalsozialistische, sondern um nationale Fragen von entscheidender Bedeutung zu gehen schien. Unterschiedliche politische Überzeugungen wurden unter den Bedingungen des Krieges zunehmend als zweitrangig betrachtet. So beschloss denn Pfarrer Kern seine Eintragungen im Jahre 1939 mit den Worten:

"Bei sehr gut besuchten Gottes-, diensten feierten wir ein rechtes winterliches Weihnachten. Um die Jahreswende versammelten wir uns im Gotteshaus und gedachten mit dankerfülltem Herzen der großen geschichtlichen Ereignisse, des glänzenden Abschlusses im Polenfeldzug, der Treue Gottes zu unserem Volk und unserer Kirche. Gelobt ist, was hart macht!' (Pfarrchronik, S. 144).

Gleichwohl hielt sich die allgemeine Kriegsbegeisterung in Grenzen. Die meisten Deutschen waren überwiegend mit den wirtschaftlichen und politischen Erfolgen der Regierung Hitler zufrieden gewesen und zumindest die Älteren hatten die schrecklichen Folgen des 1. Weltkrieges noch zu gut in Erinnerung, um ungeteilte Begeisterung für diesen Krieg empfinden zu können. Nach dem überraschend schnellen "Erfolg" des Feldzugs gegen Polen hofften daher viele auf ein rasches Ende des Krieges. Daher notierte auch Pfarrer Kern zu Beginn des Jahres 1940:

"Es ist immer noch Krieg. Aber wir hoffen, dass er ein baldiges Ende findet." (Pfarrchronik, S. 144).

Im April 1940 wurden in einer Blitzaktion Dänemark und Norwegen besetzt, um Deutschland in den Besitz der Norwegischen Erzvorkommen zu bringen. Auch der Krieg gegen Frankreich, der überraschend nicht vom Rhein her, sondern über die (neutralen) Niederlande und Belgien im "Sichelschnitt" geführt wurde, endete innerhalb von sechs Wochen mit der Kapitulation Frankreichs. Wieder hatte Hitler mit einer atemberaubenden Schnelligkeit Siege errungen, die den deutschen Militärs im 1. Weltkrieg versagt geblieben waren.

Diese geradezu unglaublichen Militäraktionen Hitlers in der Anfangsphase des 2. Weltkrieges trugen nun dazu bei, den Mythos von Hitler als dem "unbesiegbaren Feldherrn" zu begründen. Die zögernde Haltung vieler Deutscher zu Beginn des Krieges schlug angesichts dieser "Erfolge" und gefördert durch die geschickte Kriegspropaganda Joseph Goebbels nun um in eine Begeisterung, die durchaus vergleichbar war mit dem Jubel zu Beginn der Machtübernahme Hitlers. Dies wird auch in den Eintragungen Pfarrer Kerns über seine Einberufung zu einer Wehrübung erkennbar:

"Trotz einer schweren Erkältung leistete er (der Pfarrer, Anm. U. Luig) dem Ruf, das Vaterland zu verteidigen, Folge. Was sich bisher zugetragen hat in der Geschichte unseres Volkes ist einzigartig zu nennen. Es ist wahrhaft eine Ehre, Soldat des Führers zu sein. In der Gemeinde sind bereits viele eingezogen zum Heeresdienst. Heimat und Front reichen sich die Hand. Der Bauer geht mit großem Fleiß an die Bestellung der Felder. Der Glaube hilft uns siegen." (Pfarrchronik, S. 145).

Wie im I. Weltkrieg wurden als Ersatz für die eingezogenen Soldaten wieder Gefangene aus den eroberten Gebieten als Arbeitskräfte in der Landwirtschaft eingesetzt. In Mommenheim waren es ca. 50 Polen, die tagsüber bei den Bauern arbeiteten und nachts in einem dafür hergerichteten Massenquartier eines Gasthaussaales kampierten. Unter diesen ausländischen Arbeitskräften waren auch drei Frauen, von denen eine aus Jalta (Russland) stammte und die nach dem Krieg als Ehefrau eines Mommenheimer Bauern im Ort blieb.

Im weiteren Verlauf des Krieges waren zunächst immer neue Siegesmeldungen aus den Lautsprechern der "Volksempfänger" (die ersten massenhaft hergestellten Radios) zu hören. Ende 1940 wurde die "Luftschlacht um England" begonnen und im April 1941 drangen deutsche Truppen nach Südosteuropa vor:

> "Der Krieg dauert an. Der letzte Feind England wird geschlagen. In rollendem Einsatz geht es hinüber mit Flugzeugen. Serbien und Griechenland stehen im Dienst der Briten und haben Deutschland herausgefordert. Noch vor Ostern beginnen die Kampfhandlungen, unsere Truppen eilen von Sieg zu Sieg." (Pfarrchronik, S. 146 f.).

Der Anfang vom Ende

Die neue Erfahrung mit dem in der Luft geführten Krieg begann sich aber bereits im Herbst 1941 gegen Deutschland selbst zu wenden:

> "In der Nacht von Freitag, den 12. September zum Samstag warfen Brit. Flieger dicht hinter dem Dorfe unweit des Bahnhofes und Pfarrhauses sechs Sprengbomben mittlerer Schwere ins freie Feld. Schaden ist außer in den Feldern sonst keiner entstanden." (Pfarrchronik, S. 147).

Diese Bombenangriffe gingen jedoch nicht überall im Reich so glimpflich ab wie in Mommenheim. Der Krieg und der Terror, den Hitler unter dem Jubel der meisten Deutschen über die Völker Europas gebracht hatte, wirkte jetzt auch auf die Zivilbevölkerung in Deutschland zurück.

Die immer häufiger werdenden Bombenangriffe auf deutsche Städte verminderten die allgemeine Kriegsbegeisterung deutlich. Wesentlich nachdenklicher berichtete Pfarrer Kern daher über die Bombardierung der Stadt Mainz im Sommer 1942:

"Feindflieger griffen zweimal in der Nacht vom 11. zum 12. August und vom 12. zum 13. August unsere Reichsstadt an und richteten durch Abwurf von Spreng- und Brandbomben erheblichen Schaden an, vor allem im Geschäftsviertel der Altstadt. Unsere altehrwürdige St. Johanniskirche wurde in Schutt und Asche gelegt. Übrig geblieben ist ruinenhaft das Portal mit dem Bildnis Johannes des Täufers und dem Bibelspruch: 'Tut Buße, denn das Himmelreich ist nahe herbeigekommen.' Viele fliegergeschädigte Familien fanden in unserem Dorf gastfreundliche Aufnahme." (Pfarrchronik, S. 149f.).

Im September 1942 war Mommenheim erneut unmittelbar bedroht:

"Die Nacht vom 8. z. 9. September ist eine der schrecklichsten Nächte gewesen, die wir je erlebt haben. Bei einem Fliegerangriff auf das Rhein–Main-Gebiet wurden auch über Mommenheim unzählige Brandbomben abgeworfen, die aber zum Glück nicht zündeten." (Pfarrchronik, S. 150).

Vor allem der Überfall Hitlers auf die Sowjetunion am 22. 6.1941 bestärkte die aufkommenden Zweifel an dem endgültigen Ausgang des Krieges. Man erinnerte sich, dass auch Napoleon zuletzt an Russland gescheitert war und verfolgte zunehmend zurückhaltender den Kriegsverlauf im Osten. Zwar verbreiteten die "Sondermeldungen" im Radio weiterhin das Gefühl, die deutschen Truppen eilten "von Sieg zu Sieg" und der frühe Wintereinbruch in Russland habe lediglich eine Kampfpause verursacht, doch mehrte sich jetzt die Zahl derer, die diese Radiomeldungen mit zunehmender Skepsis zur Kenntnis nahmen. Auch die Todesmeldungen von der Front mit den entsprechenden Gedächtnisgottesdiensten wurden in Mommenheim bald zur traurigen Gewohnheit. Gleichzeitig war der Ort mittlerweile neben den ausländischen Zwangsarbeitern fast nur noch von Frauen, Kindern und nicht mehr kriegstauglichen Männern bewohnt. Ende 1942 notierte Pfarrer Kern dazu:

> "Unser Dorf ist fast menschenleer geworden, weil sehr viele junge Leute eingezogen sind. Was wird das neue Jahr uns bringen?" (Pfarrchronik, S. 151).

Das neue Jahr 1943 brachte vor allem die verlorene Schlacht bei Stalingrad und damit die Wende dieses Krieges zuungunsten des Deutschen Reiches. Auch diese Niederlage münzte die NS-Propaganda noch um in ein bedeutendes nationales Ereignis:

> "Wir stehen im Zeichen der ruhmreichen Heldentaten unserer Truppen im Osten. Die in Stalingrad eingeschlossene 6. Armee hat sich bis zum letzten Mann verteidigt, bis sie von der Übermacht der Russen überwältigt worden sind. Auch aus unserem Dorf sollen fünf junge hoffnungsvolle Söhne dabei sein. Unser Vaterland trauert aufrichtig um sie." (Pfarrchronik, S. 152).

Der Krieg sollte jedoch noch zwei weitere lange Jahre dauern. Nachdem die USA als Reaktion auf den Angriff Japans auf die amerikanische Pazifikflotte am 8. Dezember 1941 in den Krieg eingetreten waren, hatte das immer noch unbesiegte England von nun an einen mächtigen Bundesgenossen an seiner Seite. Wie im 1. Weltkrieg wurde der Eintritt der USA in den Krieg zu einem der entscheidenden Faktoren für den Ausgang des Krieges. Bei der Konferenz von Casablanca im Januar 1943 beschlossen der amerikanischen Präsident Roosevelt und der britische Premierminister Churchill die Landung alliierter Truppen auf Sizilien und die systematische Bombardierung des Deutschen Reiches. Ebenso erklärte Roosevelt bei dieser Konferenz die bedingungslose Kapitulation Deutschlands zur Voraussetzung für die Beendigung des Krieges.

Angesichts der Niederlage bei Stalingrad und der neuen Entwicklungen im Westen verkündete Goebbels in jener bekannten Veranstaltung im Berliner Sportpalast am 18. Februar 1943 das Schlagwort vom "totalen Krieg", mit dem nunmehr alle Lebensbereiche in Deutschland auf den Krieg

konzentriert und jeglicher Kriegsmüdigkeit entgegenge-
wirkt werden sollte. Damit war der Grundstein für jenen
Fanatismus und schrankenlosen Terror gelegt, der die Endphase dieses Krieges kennzeichnete. "Sieg oder Tod" hieß
jetzt die Devise der nationalsozialistischen Führung, mit
der die Kampfmoral der deutschen Bevölkerung von nun
an buchstäblich um jeden Preis aufrechterhalten wurde.
Kinder und alte Männer wurden nun zum "Volkssturm"
einberufen. Die Feldgendarmerie ("Kettenhunde") machte
Jagd auf etwaige Deserteure, die nach ihrer Ergreifung
umgehend erschossen oder aufgehängt wurden. Jede
Äußerung, die Zweifel an dem sicheren "Endsieg" ausdrückte. konnte schwerwiegende Folgen für den oder die
Betroffene/n haben. Wer in den letzten Kriegstagen angesichts der anrückenden alliierten Truppen weiße Fahnen zu
hissen wagte, riskierte sein Leben. So wurden auf Befehl
zweier durchreisender SS-Offiziere noch unmittelbar vor
dem Einmarsch der amerikanischen Truppen am 20. März
1945 drei Hechtsheimer Bürger erschossen, die weiße Fahnen herausgehängt haben sollen.

Ab 1943 begannen die Tagesangriffe der alliierten Bom-
berverbände, mit denen neben den kriegswichtigen Zielen
auch nach und nach die meisten deutschen Städte in Schutt
und Asche gelegt wurden. Ab Mitte 1944 kontrollierten die
Alliierten praktisch den deutschen Luftraum und konnten
fast ungehindert mit ihren Bomberverbänden operieren,
was sie auch taten. Damit war der Krieg nicht mehr - wie
noch im 1. Weltkrieg - auf die Frontabschnitte beschränkt,
sondern traf in gleicher Weise die Zivilbevölkerung. Im
März 1944 und ab September 1944 wurde Mainz mehrfach
bombardiert. Nach dem Bombenangriff vom 27. Februar
1945 war die Stadt zu 80 % zerstört. Tiefflieger machten
Jagd auf gewöhnliche Fahrzeuge und Zivilpersonen. Der
Krieg war in der Tat "totaler und radikaler" geworden, als

ihn sich wohl auch Joseph Goebbels und seine Jubilanten am 18. Februar 1943 noch hatten vorstellen können.

Am 6. Juni 1944 hatte parallel zur russischen "Sommeroffensive" die Invasion der westlichen Alliierten in der Normandie begonnen. Hitler versuchte das Vordringen der Westmächte durch die sog. Ardennenoffensive im Dezember 1944 aufzuhalten, die zwar 70.000 bis 100.000 deutschen und 10.000 amerikanischen Soldaten das Leben kostete, aber militärisch erfolglos blieb.

Am 18. März 1945 waren amerikanische Truppenverbände bis zu dem Ort Volxheim bei Bad Kreuznach vorgedrungen. Dort trafen sie auf deutsche Sturmartillerie-Brigaden, die sie in ein verlustreiches Gefecht verwickelten. Nachdem sich die deutschen Einheiten in Richtung Worms zurückgezogen hatten, rückten die Verbände der 3. US-Armee weiter nach Osten vor. 300 amerikanische Panzer standen zu diesem Zeitpunkt in Rheinhessen. In Hahnheim (einem Nachbarort Mommenheims) hatte sich eine deutsche Flak(Flugabwehrkanone)-Einheit verschanzt, die kurz zuvor von Ebersheim her eingetroffen war und den Amerikanern erbitterten Widerstand leistete. Am 19. März erreichten amerikanische Panzer von Schornsheim aus den Ortsrand von Hahnheim, wurden jedoch von der Flak-Einheit zunächst zurückgeschlagen. Ein zweiter Angriff der Amerikaner von der Zornheimer Höhe aus wurde ebenfalls abgewehrt. Dennoch war die Situation für die Deutschen aussichtslos. So versuchten sie in der Nacht zum 21. März einen Ausbruchsversuch in Richtung Nierstein, der jedoch misslang. Die Oberlebenden wurden gefangen genommen. Ein großer Teil des Dorfes lag nach diesem sinnlosen Gefecht in Trümmern. Die getöteten deutschen Soldaten wurden später auf dem Hahnheimer Friedhof beigesetzt.

Am 20. März 1945 erreichten die amerikanischen Panzer Mommenheim. Nach den Erfahrungen in Volxheim und Hahnheim schossen sie vom Nazarienberg aus erst einmal in den Ort. Dabei gerieten 5 Scheunen in Brand, und mehrere Dächer im Ort wurden zerstört. Auch die Dächer und Fenster der beiden Kirchen in Mommenheim wurden beschädigt. Hinter der Biegung der Gaustraße am Ortsende in Richtung Selzen war eine Panzersperre errichtet worden. Sie wurde vor dem Einrücken der Amerikaner schnellstens weggeräumt. Weiße Fahnen hingen an vielen Häusern. Um weitere Zerstörungen zu verhindern, zog der Mommenheimer Adam Diehl den Amerikanern mit einem weißen Tuch entgegen. Am Mittag des 20. März 1945 gegen 14.00 Uhr rollten die ersten amerikanischen Panzer durch den Ort. Damit war für Mommenheim das Dritte Reich und der 2. Weltkrieg zu Ende gegangen.

Die Opfer

Im 2. Weltkrieg wurden aus Mommenheim als Soldaten getötet:

Adam Schnell	*1914	+ 1939 (in Frankreich)
Alfred Pfänder	*1907	+ 1943 (in Frankreich)
Adam Schwamb	*1914	+ 1944 (in Frankreich)
Adolf Landgraf	*1920	+ 1944 (in Frankreich)
Ludwig Sperling	*1917	+ 1944 (in Frankreich)
Karl Brech	*1925	+ 1944 (in Frankreich)
Pankratius Jungbluth	*1918	+ 1941 (in Rußland)
Willy Schreiber	*1920	+ 1941 (in Rußland)
Heinrich Wirth	*1920	+ 1941 (in Rußland)
Johann Senner	*1916	+ 1942 (in Rußland)
Georg Grub	*1913	+ 1942 (in Rußland)
Kurt Bopp	*1922	+ 1942 (in Rußland)
Jakob Bopp	*1913	+ 1942 (in Rußland)
August Achenbach	*1907	+ 1943 (in Rußland)
Richard Brückbauer	*1920	+ 1943 (in Rußland)
Emil Erwin Horn	*1923	+ 1943 (in Rußland)
Hermann Niebergall	*1924	+ 1943 (in Rußland)
Eugen Kraffert	*1910	+ 1943 (in Rußland)

Heinz Gebhardt	*1910	+ 1943 (in Rußland)
Philipp Heinrich Leib	*1913	+ 1944 (in Rußland)
Peter Wortmann	*1906	+ 1944 (in Rußland)
Walter Schneider	*1925	+ 1944 (in Rußland)
Heinrich Leib	*1914	+ 1944 (in Rußland)
Heinz Schrohe	*1923	+ 1944 (in Rußland)
Karl Hofmeister	*1916	+ 1944 (in Rußland)
Karl Leib	*1911	+ 1944 (in Rußland)
Karl Elwing	*1912	+ 1945 (in Rußland)
Emil Horn I.	*1907	+ 1945 (in Rußland)
Jakob Mühl	*1914	+ 1945 (in Rußland)
Emil Krost	*1921	+ 1945 (in Rußland)
Heinrich Krost	*1922	+ 1945 (in Rußland)
Hans Diehl	*1908	+ 1945 (in Rußland)
Heinrich Bopp	*1906	+ 1945 (in Rußland)
Walter Brückbauer	*1925	+ 1945 (in Rußland)
Emil Grub	*1911	1943 in Rußland vermißt
Rudolf Krauß	*1922	1943 in Rußland vermißt
Walter Schnell	*1914	1943 in Rußland vermißt
Peter Rossbach	*1911	1943 in Rußland vermißt
Walter Grub	*1914	1944 in Rußland vermißt
Ludwig Leib	*1911	1944 in Rußland vermißt
Heinrich Grub	*1913	1944 in Rußland vermißt
Johann Grub	*1916	1944 in Rußland vermißt
Heinrich Maul	*1919	1944 in Rußland vermißt
Jakob Schreiber	*1919	1944 in Rußland vermißt
Robert Windisch	*1925	1944 in Rußland vermißt
Jakob Ackermann	*1925	1944 in Rußland vermißt
Georg Berger	*1909	1945 in Rußland vermißt
Franz Lingk	*1922	1945 in Rußland vermißt
Hans Schwamb	*1921	1943 (in Italien)
Arnold Krost	*1925	+ 1944 (in Italien)
Heinz Raab	*1924	+ 1944 (in Italien)
Hans Wenk	*1921	+ 1944 (in Italien)
Emil Schnell	*1923	+ 1945 (in Italien)

Georg Landgraf	*1919	+ 1944 (auf Kreta)
Ludwig Rossbach	*1903	+ 1944 (in Rumänien)
August Bopp	*1919	+ 1945 (in Jugoslawien)
Georg Windisch	*1911	+ 1945 (in Dänemark)

Durch Luftangriff:

Irmgard Horny	*1924	+ 1945

An Kriegsfolgen:

Hans Werther *1925	+ 1944	
Heinrich Diehl	*1910	+ 1947
Wilhelm Schnell	*1905	+ 1948
Karl Diehl *1924	+ 1957	
Johann Horn *1904	+ 1951	

Als Opfer des Nationalsozialismus:

Ludwig Bergmann *1884 (1942 nach Polen deportiert)		
Herrmann Hirsch	?	?
Sophie Sara Lindner	*1907	?
Zwei psychisch kranke Mädchen		

Im Jahre 1964 wurde auf dem alten Friedhof in Mommenheim ein Mahnmal mit den Namen der Kriegsopfer des Ortes errichtet. Die Opfer des Nationalsozialismus sind darauf nicht verzeichnet.

7. KAPITEL: DIE NACHKRIEGSJAHRE

Kriegsende

Mehr als sechs Wochen vor der förmlichen Kapitulation des Deutschen Reiches waren in Mommenheim Krieg und "Drittes Reich" endgültig vorüber. Die meisten Mommenheimer atmeten jetzt erleichtert auf, wenn sie auch nicht gerade hoffnungsvoll in die Zukunft schauten. Die Zeiten nach dem 1. Weltkrieg waren den Älteren durchaus noch in Erinnerung, und viele befürchteten jetzt, dass es Deutschland noch schlechter ergehen würde als in den zwanziger Jahren. Aber niemand wusste, wie es weitergehen würde. Wichtig war vor allem, dass die Fliegerangriffe und Tieffliegerjagden jetzt ein Ende hatten und der Druck der politischen Verhältnisse nicht mehr auf dem Ort lastete, der sich in der letzten Zeit des Krieges immer mehr verstärkt hatte.

Viel Zeit zur Besinnung blieb jedoch nicht. Mit dem Einmarsch der Amerikaner ergaben sich zahlreiche Probleme, die täglich neue Anforderungen an die Dorfbewohner stellten. Die Ereignisse dieser ersten Wochen nach der Besetzung des Dorfes beschrieb der Mommenheimer Friedel Weitzel in einer von ihm verfassten Chronik:

"Der frühere Bürgermeister Jakob Brückbauer sowie die Funktionäre der NSDAP waren mit ihren Familien vor dem Einrücken der Amerikaner auf die rechte Rheinseite geflohen. In diesen Tagen war die Gemeinde ohne Führung. Kurz vor ihrer Flucht hatten die ehemaligen Ortsoberhäupter die beiden Gemeindebullen erschießen lassen. Der Weinhändler Adam Schmitt ergriff daraufhin sofort die Initiative und übernahm vorläufig die Leitung der Gemeinde. Er ordnete an, dass die beiden Gemeindebullen von einem Metzgerlehrling (Willi Grub) ausgeweidet wurden. Das Fleisch wurde an die Bevölkerung (pro Kopf 1 Pfund) verteilt. In der Mühle Grimm wurden 30 Doppelztr. Mehl und in den Häusern der ehemaligen Parteigenossen Kohlen beschlagnahmt, damit die Bäcker Brot für die Bevölkerung backen konnten.
Die Panzersperre wurde abgerissen und als Brennholz an die 650 Fliegergeschädigten aus Mainz (die in Mommenheim

untergekommen waren, Anm. U. Luig) verteilt. Diese Vorgänge beobachtete ein amerikanischer Major, der daraufhin den Weinhändler Adam Schmitt, obwohl dieser es ablehnte, zum Bürgermeister einsetzte. Wenige Tage später, am 26. März 1945, kam der damalige Landrat und Oberbürgermeister von Mainz, Dr. Walter, und verpflichtete den Weinhändler Adam Schmitt zum Bürgermeister von Mommenheim." (F. Weitzel o.J.11f.)

Die Nachrichten über den weiteren Kriegsverlauf wurden jetzt in Mommenheim nur noch am Rande zur Kenntnis genommen; denn für die meisten war klar, dass der Krieg verloren war. Nur einige Unbeirrte hofften auf die "Wunderwaffen des Führers" (d.h. die sog. V-Raketen) und den dadurch doch noch zu erreichenden deutschen Endsieg. Viele hatten auch ihre Rundfunkgeräte aus Angst vor Beschlagnahmungen versteckt. Wer dennoch Radio hörte, konnte bald feststellen, dass z.B. die Radiomeldungen über die Lage an der Westfront offenkundig falsch waren. So verkündete z.B. Goebbels Ende März, dass die "Wacht am Rhein" fest stünde, als die US-Armee den Rhein bei Nierstein schon überquert hatte. Die Meldung am 1. Mai, dass der "Führer Adolf Hitler heute Nachmittag in seinem Befehlsstand in der Reichskanzlei, bis zum letzten Atemzug gegen den Bolschewismus kämpfend, für Deutschland gefallen ist" (zit. nach Shirer o.J.:1039), erregte daher kaum noch besonderes Aufsehen. Tatsächlich hatte Hitler am 30. April 1945 Selbstmord begangen.

Bevor die amerikanische Armee über den Rhein weiter nach Osten vorrückte, sammelte sie ihre Truppen in Rheinhessen, wobei die Soldaten in den Dörfern untergebracht wurden. Über diese Einquartierungen berichtete F. Weitzel:

"Während der ersten 3 - 4 Wochen lagen zeitweise 3000 weiße und farbige Soldaten der amerikanischen Armee hier in Quartier, so dass viele Häuser geräumt waren und die Leute in anderen Häusern untergebracht werden mußten. So kampierten z.B. während dieser Zeit 43 Personen in der Wohnung des Bürgermeisters.... Es sind laufend Verhandlungen mit den Amerikanern zu führen, meistens wegen der

Einquartierungen der vielen laufend durchfahrenden Truppen. Bürgermeister Schmitt wird sogar als Geisel verhaftet, nach einigen Stunden aber wieder freigelassen." (a.a.O., S. 12f.)

Eine besondere Belastung für das Dorf war insbesondere die durchaus begründete Furcht vor Vergewaltigungen der Frauen und Mädchen durch die Besatzungssoldaten. Da Vergewaltigungen in einigen Fällen vorgekommen waren, wagten sich anfangs die Mommenheimerinnen kaum noch auf die Straßen des Ortes. Ein weiteres Problem waren die Weinvorräte, die für die Soldaten eine große Anziehungskraft hatten. Nachdem mehrfach Soldaten in betrunkenem Zustand wild um sich geschossen hatten, wurden die Weinkeller mit Billigung der amerikanischen Offiziere verschlossen. Schwierigkeiten bereitete in dieser Zeit auch die Wohnsituation, da in dem kleinen Ort nicht nur die ausgebombten Mainzer, sondern auch die vielen amerikanischen Soldaten zu beherbergen waren. Obwohl die Einquartierungen der Soldaten im April ein Ende nahmen, blieb die Wohnungsfrage bis Anfang der fünfziger Jahre ein Dauerproblem im Ort.

Langsam begann sich jedoch die Situation im Dorf wieder zu normalisieren. Im Juni 1945 konstituierte sich ein Gemeindeausschuss, der aus Adam Uhl, Adam Diehl, Richard Kärcher und Jean Bleß bestand. Am 17. Juni wurden Adam Schmitt als Bürgermeister und Johann Balzer als Beigeordneter in der ersten Gemeindeausschusssitzung offiziell verpflichtet und zugleich als Standesbeamte angestellt. Am 1. Oktober 1945 traten auch die neu ernannten Mitglieder des Ortgerichtes ihr Amt an. Damit war die Mommenheimer Ortsverwaltung wieder funktionsfähig.

Die Deutschlandpolitik der Siegermächte

Die Siegermächte übten nun in den von ihnen besetzten Zonen jeweils unmittelbare Regierungsgewalt aus. Diese

Einteilung Deutschlands in Besatzungszonen war im Februar 1945 von den Alliierten bei der Konferenz in Jalta beschlossen worden. Sie hatten damit gleichzeitig das Ziel verbunden, Deutschland zu entnazifizieren, zu entmilitarisieren und die deutsche Bevölkerung im Sinne des westlichen Demokratieverständnisses umzuerziehen. Bei der Potsdamer Konferenz vom Juli/August 1945 wurden diese Zielvorstellungen in praktische Schritte umgesetzt. Ebenso vereinbarten die Siegermächte Vorgehensweisen hinsichtlich der wirtschaftlichen Entflechtung und Entindustrialisierung Deutschlands (nach dem sog. Morgenthau-Plan) sowie über die Reparationszahlungen und die Demontage von Industrieanlagen. Dabei beschlossen sie auch die Abtrennung des Saar-Gebietes von Deutschland als französisches Protektorat mit wirtschaftlichem Anschluss an Frankreich.

Das Auftreten Frankreichs als Siegermacht war allerdings nur durch die geschickte Politik des französisches Panzergenerals Charles de Gaulle möglich geworden. Nach der Vertreibung der Deutschen aus Paris am 19. August 1944 hatte er in aller Eile eine französische Streitmacht zusammengebracht und sie dem amerikanischen Oberkommando unter General Eisenhower unterstellt. Als Gegenleistung für diese militärische Unterstützung forderte De Gaulle für Frankreich, nach dem Sieg über Deutschland als vierte Siegermacht anerkannt und an der Besetzung des Reichsgebietes beteiligt zu werden. Als die USA, Großbritannien und die Sowjetunion in Jalta die Einteilung Deutschlands in Besatzungszonen berieten, lehnte Stalin diese französischen Gebietsforderungen jedoch kategorisch ab. Man vereinbarte aber, dass Frankreichs an der Kontrolle jener Gebiete beteiligt werden sollte, die den beiden Westalliierten USA und Großbritannien zugeteilt waren. Auf diese Weise entstand aus den Gebieten des heutigen Rheinland-Pfalz, Baden, Württemberg-Hohenzollern und des Saarlandes die französische Besatzungszone.

Frankreich war nach der langen deutschen Besatzungszeit nicht nur politisch, sondern auch wirtschaftlich außerordentlich geschwächt. Daher richtete sich die französische Deutschlandpolitik in der Nachkriegszeit vor allem darauf, über Reparationsleistungen (Demontage von Industrieanlagen und Sachlieferungen) die eigenen Kriegsverluste auszugleichen und eine erneute militärische Bedrohung durch ein wiedererstarktes Deutschland zu verhindern. Gleichzeitig verhinderte Frankreich durch seine Veto-Politik im Alliierten Kontrollrat einen wirtschaftlichen Zusammenschluss der verschiedenen Besatzungszonen, um in der eigenen Zone freie Hand zu haben.

All dies wirkte sich auch in dem Vorgehen der französischen Besatzungsmacht in Rheinhessen aus, die nach dem Abzug der Amerikaner am 10. Juli 1945 in ihre neue Besatzungszone einrückte. Obwohl das Auftreten der Franzosen der Form nach nun gemäßigter war als nach dem 1. Weltkrieg, griffen sie aber jetzt sehr viel stärker in die Wirtschaft und Verwaltung ihrer Besatzungszone ein als in den zwanziger Jahren. Friedel Weitzel beschrieb dies aus der Sicht Mommenheims:

> "Dadurch entsteht eine große Umstellung in jeder Hinsicht (Sprache, Verordnungen, Gesetze, Wünsche der Besatzungsmacht u.v.a.). Unter der Herrschaft der französischen Besatzungsmacht setzt eine immer höher werdende Abgabe an Sachwerten, Requisitionen. Abgabe von Groß- und Kleinvieh. Geflügel usw. ein." (a.a.0.. S. 13f.).

Die sog. Entnazifizierung und die demokratische Umerziehung der Deutschen war ein wesentlicher Bestandteil der Deutschlandpolitik der Alliierten in der Nachkriegszeit. Vorrangig waren dabei zunächst die Entfernung von Nationalsozialisten aus allen öffentlichen Ämtern und die Bestrafung von ehemaligen NS-Funktionsträgern. Ebenso wurden frühere Mitglieder von NS-Organisationen von Wahlen ausgeschlossen und durften auch in keinen neu zugelassenen Verein oder andere Organisationen aufgenommen werden.

In Mommenheim hatte man allerdings dorfintern das Problem der Entnazifizierung schon in den ersten Tagen nach dem Einmarsch der Amerikaner auf eigene Weise geregelt. Nachdem der Bürgermeister und andere NS-Aktivisten das Dorf verlassen hatten, war im Bewusstsein der meisten Mommenheimer die Zeit des 3. Reiches vorbei. Zwar wurde das leerstehende Haus des Bürgermeisters und anderer geflohener NS-Funktionäre teilweise geplündert, doch kam es zu keinen weiteren Ausschreitungen oder öffentlichen Aktionen. Die polnischen Zwangsarbeiter waren schon vor dem Einmarsch der Amerikaner abtransportiert worden: dies hätte in einigen Fällen "Mord und Totschlag gegeben", wie eine Mommenheimerin dazu bemerkte. Wer im Ort noch eine alte Rechnung aus dem nun untergegangenen 3. Reich offen hatte, fand unspektakuläre Formen, sie zu begleichen - man lief sich ja nicht fort in Dorf. Und man musste auch weiterhin Tag für Tag zusammenleben. Für die Mommenheimer war das weit wichtiger als die politischen Zielsetzungen der Siegermächte.

Bald begannen sich jedoch auch die Maßnahmen des "offiziellen" Entnazifizierungsprogramms in Mommenheim auszuwirken, und die Dorfbewohner hatten sich damit auseinander zusetzen:

> "Im Mai 1945 werden der ehemalige Bürgermeister Jakob Brückbauer, die ehemaligen Ortsgruppenleiter (der NSDAP, Anm. Luig) X. und Z. in ein Zivil-Internierungslager gebracht. Brückbauer und X. blieben dort bis 1948 bzw. 1947. Z. verunglückte tödlich 1947 im Internierungslager." (F. Weitzel o.J.:13).

Im Juli 1945 wurde von der französischen Militärregierung die Meldepflicht für die Mitglieder der NSDAP und deren Unterorganisationen eingeführt. Die praktische Folge dieser Erfassung war, dass insbesondere vermögendere NSDAP-Mitglieder Geldzahlungen zu leisten und Gebrauchsgegenstände abzuliefern hatten, die dann entweder an die Besatzungsmacht abgeführt oder an Bedürftige verteilt wurden.

Bereits an diesen Maßnahmen zur Bestrafung von NS-Aktivisten zeigten sich jedoch all die Probleme, die dem Entnazifizierungsprogramm der Siegermächte insgesamt anhafteten. Für Betroffene wie für Nichtbetroffene stellte sich bei solchen Aktionen nämlich sofort die Frage, wie "gerecht" eine derartige Bestrafung wirklich war. Zum einen war es außerordentlich schwierig, persönliche Schuld bei Handlungen festzustellen, die noch kurz zuvor von dem politischen System des Nationalsozialismus als wünschenswertes Verhalten begünstigt worden waren. Zum anderen war für das allgemeine Rechtsempfinden weniger die Mitgliedschaft in NS-Organisationen von Bedeutung (mit denen viele Mommenheimer ohnehin in der einen oder anderen Weise verbunden gewesen waren), sondern vielmehr die Frage, ob sich ein NS-Funktionsträger "anständig" verhalten oder seine Macht zum Nachteil anderer missbraucht hatte. Dies war aber auf dem Verwaltungsweg kaum festzustellen. Schließlich wollte man in der schwierigen Nachkriegssituation nicht zusätzliche Konflikte dadurch schaffen, dass man "alte Geschichten wieder aufrührte" oder gar Gegenstände annahm, die vorher anderen weggenommen worden waren. Außerdem hatten viele die menschenverachtenden und zum Teil kriminellen Grundlagen des nationalsozialistischen Systems nicht erkannt oder erkennen wollen, weil ihnen selbst dieses System durchaus auch Vorteile gebracht hatte. All diese Beweggründe führten dazu, dass die Entnazifizierung in Mommenheim möglichst diskret und ohne zu große Härten für die Betroffenen durchgeführt wurde. Unter den gegebenen Bedingungen war das die einfachste, wenn auch nicht eben die beste Form der Vergangenheitsbewältigung.

Aber dies war keine Mommenheimer Eigenart, sondern eine allgemeine Praxis in Deutschland zu jener Zeit. Eine ernsthafte Auseinandersetzung mit dem Nationalsozialismus hat daher auch in der Folgezeit bei der deutschen Bevölkerung kaum stattgefunden. Das lag u.a. auch daran, dass sich die Diskussion über die Ereignisse im 3. Reich im Wesentlichen auf die NS-Verbrechen (vor allem an den Juden) und die Frage nach einer Kollektivschuld konzentrierte, was im Grunde nur Abwehr und Verdrängung statt Auseinandersetzung und Umdenken bewirkte. Sehr viel sinnvoller und fruchtbarer wäre wahrscheinlich eine Diskussion über die Kollektivverantwortung der Deutschen für das Entstehen und die Entwicklung des nationalsozialistischen Staates gewesen. Daher wurden die Möglichkeiten für ein intensiveres Nachdenken über die vielfältigen negativen Auswirkungen des NS-Regimes in der Zeit des Dritten Reiches weithin vertan. Ein Nachdenken über den staatlich geförderten Verfall moralischer Prinzipien im alltäglichen zwischenmenschlichen Zusammenleben fand ebenso wenig statt wie das über die Verrohung und Ideologisierung der politischen Kultur in Deutschland, über die brutale Verfolgung von weiteren Minderheiten (z.B. Behinderte, Zigeuner, Homosexuelle usw.) und von Dissidenten, über den Niedergang von Wissenschaft und Kunst und nicht zuletzt über die Zerstörung der geschichtlichen Identität einer ganzen Generation von Deutschen. Die immensen Kosten des 2. Weltkrieges an Menschenleben und Sachwerten sowie die politischen Folgen dieses Krieges für die deutsche und europäische Geschichte kommen hinzu. All dies kommt überhaupt nicht in den Blick, wenn die Bewertung des Nationalsozialismus auch heute noch in Mommenheim gelegentlich auf die einfache Formel gebracht wird: "Wenn der Krieg nicht gekommen wäre und das mit den Juden, dann wär' schon alles in Ordnung gewesen."

Bereits im März und April 1945 hatte die amerikanische Besatzungsarmee mit dem Wiederaufbau der deutschen Zivilverwaltung begonnen. Die französische Militärverwaltung setzte diese Politik fort, so dass es vom 10. Juli 1945 an wieder eine zivile Regierung für Rheinhessen gab, die unter französischer Kontrolle die Verwaltungsaufgaben im Regierungsbezirk Rheinhessen wahrnahm. Im Mai 1947 wurde ebenfalls auf französische Initiative das neue Land Rheinland-Pfalz gegründet.

Für die Wiederherstellung demokratischer Verhältnisse war jedoch die Arbeit von politischen Parteien unumgänglich. Daher erließ der Oberkommandierende der französischen Truppen in Deutschland, General Koenig, am 13. Dezember 1945 eine Verordnung, nach der "die Gründung politischer Parteien demokratischen und anti-nationalsozialistischen Charakters" gestattet wurde. Um einen politischen Wildwuchs zu verhindern, verlangten die Franzosen jedoch zunächst die Bildung von Bezirksverbänden der Parteien; dann erst durften Orts- und Kreisgruppen gegründet werden. Nachdem 12 Jahre lang die bürgerlichen Parteien unterdrückt und die Linksparteien verfolgt worden waren, gestaltete sich der Wiederaufbau der Parteien dementsprechend schwierig. An die demokratischen Traditionen in Deutschland vor dem 3. Reich konnten am ehesten das ehemalige Zentrum, die SPD und die KPD anknüpfen. Der politische Liberalismus hatte bereits in der Weimarer Zeit erheblich an Bedeutung verloren und versuchte daher, zunächst, über verschiedene kleinere Parteien ("Sozialer Volksbund" und "Freie Listen") wieder politischen Boden zu gewinnen.

Während SPD und KPD weitgehend auf ihre früheren Traditionen zurück griffen, bemühten sich die ehemaligen

Zentrumspolitiker jetzt um die Mitarbeit von Protestanten aus dem Umfeld der "Bekennenden Kirche", um die konfessionellen Gegensätze im politischen Bereich zu überwinden und ihre Position als "christliche" Partei zu stärken. So entstand aus verschiedenen politischen Gruppierungen zunächst die "Christlich-Soziale Volkspartei" in Rheinhessen, die sich jedoch auf ausdrücklichen Wunsch der Franzosen im März 1946 mit der "Christlich-Demokratischen Union" in der Pfalz vereinigte.

Am 15. September 1946 fanden die ersten Gemeinderatswahlen statt. Das Alter der aktiven Wähler war mit 21 Jahre festgesetzt worden. Von der Wahl ausgeschlossen wurden SS-Angehörige, Personen, die bei der Entnazifizierung aus ihren Funktionen entlassen worden waren, und ehemalige NS-Aktivisten. Über den Ausgang dieser Gemeinderatswahlen in Mommenheim berichtete Friedel Weitzel:

"Von verschiedenen Parteien waren Kandidaten aufgestellt worden, von denen folgende in den Gemeinderat gewählt wurden: 1. Johann Balzer, Beigeordneter, 2. Heinrich Bender, 3. Jean Bless, 4. Hans Bopp, 5. Johann Ebling, 6. Willi Krost, 7. Fritz Leib, 8. Adam Leidorf. 9. Adam Niebergall, 10. Karl Rauschkolb, 11. Karl Reck, 12. Willi Scherf, 13. Heinrich Schönhals, 14. Adam Uhl, 15. Gg. Windisch." (a.a.O., S. 14).

Am 13. 10. 1946 wurde in Rheinhessen erstmals wieder der Kreistag und am 18. 5. 1947 der neue Landtag gewählt.

Bei den Kreistagswahlen ergaben sich in Mommenheim folgende Stimmenverhältnisse:

Wahlberechtigte:	670	(100 %)	Reg.bez. RH
Abgegebene Stimmen:	466	(69,6 %)	
Gültige Stimmen:	449	(100 %)	
CDU	207	(46,1 %)	45,3 %
SP (SPD)	105	(23,4 %)	31,9 %
KP (KPD)	14	(3,1X)	9,7 %
SV (Sozialer Volksbund)	106	(23,5 %)	7,9 %
LPR (Liberale Part. Rheinh.)	17	(3,9 %)	5.2 %

Die Landtagswahl am 18. Mai 1947 hatte in Mommenheim folgende Ergebnisse:

Wahlberechtigte:	696	(100 %)	Reg.bez. RH
Abgegebene Stimmen:	489	(70.3 %)	
Gültige Stimmen:	445	(100 %)	
CDU	147	(33,0 %)	37,01 %
SP (SPD)	119	(26,7 %)	38,75 %
KP (KPD)	23	(5,2 %)	11,52 %
LP (Liberale Part.)	156	(35.1 %)	12,72 %

Die Ergebnisse dieser Wahlen lassen interessante Rückschlüsse auf das Wahlverhalten der Mommenheimer in der unmittelbaren Nachkriegszeit zu. Wenn auch die verhältnismäßig geringe Wahlbeteiligung von 69,6 % bzw. 70.3 % noch als Ausdruck der allgemeinen Politik-Müdigkeit zu werten sein wird, so sind doch bemerkenswerte Veränderungen, zugleich aber auch eine deutliche Kontinuität im Vergleich zu dem Wahlverhalten in der Zeit vor dem 3. Reich erkennbar. Bei der Interpretation der Stimmenverhältnisse ist jedoch zu berücksichtigen, dass sich durch den Zuzug von ausgebombten Mainzern die Gesamtstimmenzahl um ca. 160 unterdessen erhöht hatte.

In Mommenheim hatte die CDU bei der Kreistagswahl weitaus die meisten Stimmen erhalten, die nun als "christliche Volkspartei" nicht nur für die Katholiken, sondern auch für die Evangelischen wählbar war. Die katholischen Wähler Mommenheims konnten damit verhältnismäßig leicht an ihre politische Tradition vor der NS-Zeit anknüpfen. Unter den Evangelischen wählten die CDU vor allem jene, die bereits früher bei Gemeindewahlen oder im Vereinsleben (vor allem im MGV 1862) mit den Katholiken kooperiert hatten. Wie wenig belastbar aber diese neue Union war, zeigte sich bereits bei den Landtagswahlen vom Mai 1947. Diese Landtagswahl war mit einem Volksentscheid über die neue Landesverfassung und die Wiedereinführung der Bekenntnisschulen verbunden worden. Da die vorgelegte Landesverfassung und insbesondere der Artikel über die Bekenntnisschulen eindeutig katholische Positionen begünstigte, zogen sich die neuen evangelischen CDU-Wähler (ca. 50 Stimmen) wieder von dieser Partei zurück, was einen Abfall von 46,1 % auf 33,0 % der CDU-Stimmen zur Folge hatte.

Das Dilemma für die meisten evangelischen Wähler in Mommenheim war damit im Grunde das gleiche wie zum Ende der Kaiserzeit und zu Beginn der 30er Jahre. Die Linksparteien SP und KP entsprachen von ihrer Klassenbindung her nicht den Interessen von Bauern, und der Liberalismus, der bis dahin die politische Heimat der Evangelischen gewesen war, stellte keine bedeutende politische Kraft mehr dar. Dieses Problem zeigt sich sehr deutlich daran, dass die Liberale Partei (LP bzw. SV und LPR) in Mommenheim bei der Kreistagswahl 27,4 % der Stimmen erhielt, im Regierungsbezirk Rheinhessen dagegen nur 13,1 %. Bei der Landtagswahl war dieses Missverhältnis sogar noch offenkundiger. In Mommenheim erhielt die LP 35,1 % der Stimmen, während sie im gesamten Regierungsbezirk nur 12,72 % erzielen konnte.

Durch die in den 30er Jahren weiter angestiegene Zahl von Arbeitern in Mommenheim hatte die SPD jetzt ebenfalls einen verhältnismäßig hohen Anteil von Wählerstimmen. Interessant ist jedoch, dass die erheblichen Stimmenverluste der CDU bei den Landtagswahlen von 1947 nicht nur der Liberalen Partei, sondern ebenso der SPD zugutekamen. Es gab jetzt offenbar jetzt in Mommenheim eine Reihe von (evangelischen) Wählern, die im Konfliktfall eher den Arbeiterparteien als der liberalen Tradition zuneigten.

Alltag in der Nachkriegszeit

In der unmittelbaren Nachkriegszeit stand für die Mommenheimer vor allem die Sicherung der menschlichen Grundbedürfnisse im Vordergrund. Als wichtiges Problem erwies sich bald die Frage, womit in den Wintermonaten geheizt werden sollte. Nachdem im Winter 1945/46 die verfügbaren Brennvorräte aufgebraucht worden waren, machte sich in den folgenden Jahren der Ausfall der Kohlelieferungen bemerkbar. Die Kohleausfuhr bildete aber einen wichtigen Teil der Reparationsleistungen an Frankreich und verminderte damit die für die deutsche Bevölkerung zur Verfügung stehende Menge. Auch waren die meisten Rheinschiffe versenkt, und zusätzlich versperrten die gesprengten Brücken die Wasserwege.

Daher hielt man Ausschau nach Holz. Da Rheinhessen auch damals kaum Waldbestand hatte und auch die französische Besatzungsmacht erhebliche Mengen an Holz nach Frankreich transportieren ließ, war nicht nur die Kohle, sondern auch das Holz ein knappes Gut. Dennoch gelang es mit einiger Mühe, Holzlieferungen für Mommenheim zu organisieren. So berichtete Friedel Weitzel:

"Ende September 1946 trafen mehrere Waggons Holz aus dem Pfälzer Wald zur Winterbrandversorgung der Bevölkerung ein. Das Holz mußte von Leuten der Gemeinde selbst geschlagen und verladen werden." (a.a.O., S. 15).

Auch im folgenden Winter gab es noch keine Kohlen:

"Anfang November 1947 beginnt eine Groß-Holzaktion der Gemeinde im Wald von Bogel bei St. Goarshausen. Ein großes Holzfäller-Kommando fährt per Auto vor und schlägt das Holz. Einige Tage darauf fahren noch 70 Mann aus der Gemeinde im eigenen Sonderzug nach St. Goarshausen, bringen das Holz mit einer Kleinbahn von Bogel nach St. Goarshausen, verladen es dort in den eigenen Sonderzug und kehren mit diesem nach zwei Tagen mit 30 Waggon wieder nach Mommenheim zurück. Dank der großen Vorarbeiten und Verhandlungen, die Bürgermeister Schmitt persönlich leitete und durchführte, war die Aktion ein voller Erfolg, und jedem Haushalt konnten 25 Ztr. Brennholz zugeteilt werden." (a.a.O., S. 16).

Auch im Oberolmer Wald bei Mainz wurde oftmals Holz mit Pferdefuhrwerken geholt und im Dorf verteilt.

Sehr schnell ging man aber auch daran, die Kriegsschäden auszubessern und die öffentlichen Einrichtungen instand zu setzen. Nachdem bereits von März bis Juni 1945 die durch den Beschuss entstandenen Schäden an den Häusern, Kirchen und Scheunen beseitigt worden waren, wurden im Juli die Torpfeiler der Schule wieder aufgemauert. Im September 1945 stückte man mit den Steinen aus der ehemaligen Panzersperre den Weg zum Friedhof neu. Im April 1947 wurde

> "mit den Arbeiten zum Bau einer leistungsfähigeren Wasserleitung von Harxheim nach dem Mommenheimer Wasserhaus begonnen. Die Erdarbeiten wurden von allen Einwohnern (alle Männer zwischen 18 und 60 Jahren), die sich straßenweise abwechselten, in wenigen Monaten durchgeführt und beendet... Im Spätherbst 1947 regte Bürgermeister Adam Schmitt den Bau einer Kanalisation zur Ableitung der Abwässer aus dem Dorfgraben (Ortsdrainage) in der Wiesgartenstraße an. Die Grundarbeiten wurden auch hierbei, wie bei früheren Arbeiten, in meist freiwilliger Gemeinschaftsarbeit von den Einwohnern geleistet. Bis zum Frühjahr 1948 konnten die Arbeiten abgeschlossen werden." (a.a.O., S. 15f.).

Auch das kirchliche Leben begann sich unter den neuen Verhältnissen wieder zu entwickeln. Der evangelische Pfarrer Kern kehrte nach einer eineinhalbjährigen Gefangenschaft am 1. Juli 1946 wieder nach Mommenheim zurück. Ein neuer Kirchenvorstand wurde 1946 gewählt, der im gleichen Jahr die Anschaffung neuer Glocken für die evangelische Kirche beschloss. Die teilweise zerstörten Kirchenfenster wurden provisorisch abgedichtet und ihre Erneuerung geplant. Im Februar 1950 wurde Pfarrer Kern von Pfarrer Wilhelm Friedrich abgelöst, der seinen Dienst bis zum Jahre 1976 in Mommenheim versah. Der Tod des seitherigen Mommenheimer Arztes Dr. Fröhlich, der seit 1920 in Mommenheim tätig gewesen war, brachte im Jahre 1949 auch einen Wechsel in der Landarztpraxis. Sein Nachfolger wurde Dr. Walter Klein, der bis zum 31. Januar 1987 in Mommenheim wirkte.

Eine andauernde Belastung für einige Familien war die Tatsache, dass noch nicht alle jungen Männer aus der Kriegsgefangenschaft zurückgekehrt waren. Als letzter Mommenheimer kehrte am 7. Februar 1950 Hans Diehl aus russischer Gefangenschaft zurück. Insgesamt 14 Mommenheimer Soldaten blieben jedoch vermisst.

Nachdem die Zeit des Nationalsozialismus nun endgültig vorbei war, musste der neue Mommenheimer Gemeinderat erneut über die Straßennamen im Ort entscheiden, und so wurden im Laufe des Jahres 1947 die heutigen Straßennamen beschlossen. Trotz einiger Bedenken behielt man jedoch den 1933 eingeführten Namen der "Hindenburgstraße" bei. Bald nach dem Kriege wurde im Ort auch wieder gefeiert. Am 16. September 1946 fand zum ersten Mal seit Beginn des 2. Weltkrieges wieder eine Kerb "unter reger Beteiligung der Bevölkerung" in Mommenheim statt.

Die Landwirtschaft in der Nachkriegszeit

Der Krieg war in Mommenheim zu einem Zeitpunkt zu Ende gegangen, als die neue Ernte vorbereitet werden musste. Dies war unter den gegebenen Bedingungen außerordentlich schwierig. Es fehlten geeignetes Saatgut, Düngemittel und vor allem die Pferde, die für militärische Zwecke abgezogen worden waren. Häufig blieben Acker brach liegen, wenn die Arbeitskräfte oder die Arbeitsmittel nicht ausreichten, sie zu bebauen. Da im Frühjahr 1945 die meisten Männer noch und die polnischen Zwangsarbeiter schon fort waren, übernahmen Frauen und Kinder viele Arbeiten. Vielfach halfen auch die fliegergeschädigten "Neubürger" mit. Im Laufe des Frühsommers kamen dann auch die meisten überlebenden Mommenheimer Soldaten nach Hause zurück. Aufgrund der günstigen Wetterbedingungen fiel die Ernte dennoch nicht schlecht aus. Auch die Obsternte war im Jahre 1945 reichlich.

Die Besatzungsmächte hatten die staatliche Bewirtschaftung bei der Vermarktung der landwirtschaftlichen Erzeugnisse aufrechterhalten, um die Versorgung der städtischen Bevölkerung und die Abgaben an die Besatzungsmacht sicherzustellen. Somit war im Prinzip der Anspruch der Bauern auf die erzeugten Produkte durch die Ausstellen von "Selbstversorgerkarten" ebenso geregelt wie die Nahrungszuteilung für die übrige Bevölkerung mit Hilfe der "Lebensmittelkarten". Nachdem aber mit dem Ende des 3. Reiches auch die strengen Kontrollen und das gegenseitige Misstrauen in den Dörfern fortgefallen waren, nahm es allerdings eine ganze Reihe von Bauern mit den Ablieferungsverpflichtungen nicht mehr so genau. Die neuen Ortsoberhäupter waren auch nicht gewillt, Konflikte mit einzelnen Bauern zu riskieren, um die Ernährungslage der hungernden Städter zu verbessern. Nach den langen Jahren der Politisierung und der ständigen Mobilisierung für die Aufgaben des Staates konzentrierte sich das Dorf jetzt zuerst wieder auf sich selbst.

Einen nicht unerheblichen Teil der Agrarerzeugnisse beanspruchte allerdings auch die französische Besatzungsmacht, die im Jahre 1945 in ihrer Zone allein 1 Million Franzosen zu versorgen hatte. Da - im Unterschied zu den Amerikanern - die Franzosen keine leistungsfähige eigene Landwirtschaft und Industrie im Rücken hatten, waren sie auf die Abgaben aus den besetzten Gebieten durchaus angewiesen. Nach den erst kurze Zeit zurückliegenden eigenen Erfahrungen mit der deutschen Besatzung beschränkten sie sich jedoch nicht unbedingt nur auf das Notwendigste. Noch 1948 wurden Möbel, Einrichtungsgegenstände und Wäsche aus Mommenheim von den Franzosen ausdrücklich angefordert. Ebenso mussten der größte Teil der Weinernte, aber auch große Mengen an Fleisch, Butter und Eiern an die französische Besatzungsmacht abgeliefert werden.

Obwohl sich diese Abgabenverpflichtungen in den folgenden Jahren deutlich verringerten, blieben sie weiterhin eine zusätzliche Belastung. Erschwert wurde diese Situation noch dadurch, dass die französische Besatzungsmacht den Handelsverkehr zu der benachbarten amerikanischen Zone strikt einschränkte, was zu einer ausgedehnten Schmuggeltätigkeit führte.

Außerordentlich problematisch war die Versorgungslage in den deutschen Städten. In Mainz, das nach Kriegsende 75.000 Einwohner zählte, kam es im Jahre 1946 sogar vereinzelt zu Streiks und Protestaktionen wegen der schlechten Ernährungssituation. Im folgenden Jahr spitzte sich die Lage nach einer schlechten Ernte dramatisch zu. Vereinzelt wurden jetzt die Lebensmittelrationen mit den Zuteilungen in den nationalsozialistischen Konzentrationslagern verglichen, was massive Proteste der französischen Besatzungsmacht provozierte. Die deutsche Zivilverwaltung richtete daher verzweifelte Appelle an die rheinhessischen Bauern, ihren Ablieferungsverpflichtungen auch tatsächlich nachzukommen. Hofbegehungen wurden durchgeführt, um eventuell zurückgehaltene Nahrungsmittel aufzuspüren. In Einzelfällen verhaftete man sogar Bürgermeister, die vorhandene Nahrungsmittelvorräte nicht gemeldet hatten. Hamsterfahrten wurden streng verboten, jedoch waren ständig Scharen von Mainzern unterwegs, um in den umliegenden Dörfern Nahrungsmittel gegen alle verfügbaren Wertgegenstände einzutauschen. Wie in der Zeit nach dem 1. Weltkrieg blühten Schiebungen und Schwarzhandel. Da die Strafen (wenn man tatsächlich erwischt wurde) in keinem Verhältnis zu den möglichen Gewinnen standen, war das Risiko verhältnismäßig gering. Daher wurde - wie in allen rheinhessischen Dörfern - auch in Mommenheim "gequantelt" und geschoben, und manches Wäschestück oder Wertgegenstand wechselte für ein paar Kartoffeln, ein Ei oder vielleicht sogar ein Stück Wurst den Besitzer. Bei der Festsetzung der Tauschmengen orientierten sich die Bauern je nach persönlicher Einstellung an den Gesetzen der Menschlichkeit oder denen des Gewinnstrebens. Aber die Not der Menschen in der Stadt war größer als die abgezweigten Vorräte. Manche Bauern wussten sich angesichts der ständigen Nachfragen nach Lebensmitteln nicht mehr anders zu helfen, als einfach das Hoftor abzuschließen.

Eine neue Wirtschaftspolitik

Schon bald nach dem Kriegsende hatte sich die politische Großwetterlage in Europa erneut zu verändern begonnen. Bereits bei der Potsdamer Konferenz im Sommer 1945 waren die Gegensätze zwischen der Sowjetunion und den West-Alliierten nur notdürftig überbrückt worden. Insbesondere Großbritannien befürchtete, dass die Sowjetunion die politische und wirtschaftliche Schwäche der einst bedeutenden europäischen Mächte Deutschland und Frankreich ausnützen würde, um den eigenen Einflussbereich nach Westen auszudehnen. Nach den Erfahrungen des 2. Weltkrieges hatte andererseits auch das Sicherheitsbedürfnis der Sowjetunion erheblich zugenommen, was sich auch in ihrer Nachkriegspolitik deutlich ausdrückte.

Großbritannien hatte sich von Anfang an gegen eine Politik der wirtschaftlichen Schwächung Deutschlands im Sinne des Morgenthau-Plans und für einen Wiederaufbau der deutschen Wirtschaft eingesetzt. Als sich im Zuge der Besatzungsverwaltung immer deutlicher herausstellte, dass eine Verbesserung der katastrophalen Ernährungs- und Wohnverhältnisse für die deutsche Bevölkerung ohne eine Belebung der deutschen Wirtschaft nicht möglich sein würde, schwenkten auch die Amerikaner nach und nach auf diese Politik ein. Daher schlossen die USA und Großbritannien am 1. Januar 1947 ihre Besatzungszonen als sog. "Bizone" zu einem Wirtschaftsraum zusammen. Im Juni

1947 schufen sie für diese Bizone auch die entsprechenden politischen Einrichtungen, die von Deutschen unter britisch-amerikanischer Aufsicht ausgefüllt wurden. Unter dem Druck seiner Verbündeten und des stärker werdenden Ost-West-Gegensatzes begann sich auch Frankreich an die Bizone anzunähern, was die Vereinigung der drei westalliierten Besatzungszonen zu einem Wirtschaftsraum (Trizone) ab Anfang 1949 ermöglichte. Dieser Prozess des Zusammenschlusses der Westzonen wurde durch zwei entscheidende wirtschaftspolitische Maßnahmen begleitet und gefördert: durch die Währungsreform vom 20. Juni 1948 und das Inkrafttreten des Marshallplans am 1. Juli 1948.

Die Einführung der Deutschen Mark (DM) als neuer Währung war notwendig geworden, nachdem der allgemeine Mangel die Rückkehr zum Tauschhandel mehr oder weniger erzwungen hatte. Schon längere Zeit war das allgemeine Äquivalent nicht mehr die Reichsmark, sondern die Zigarette gewesen. Um wieder ein geordnetes Wirtschaftsleben herzustellen, mussten daher erst die Währung und dann die übrigen materiellen Voraussetzungen neu gestaltet werden. So legte das "1. Gesetz zur Neuordnung des deutschen Geldwesens" fest:

"Jede Person, die Lebensmittelkarten erhält, bekommt von der zuständigen Kartenstelle einen Kopfbetrag von 40 Deutschen Mark. Wer weniger Reichsmark bei der Zahlstelle einzahlt, erhält auch dementsprechend weniger Deutsche Mark." (zit. nach H. Leiwig o.J.:148).

Bei der Währungsreform wurde das Verhältnis zwischen Reichsmark und Deutscher Mark mit 0 % bei öffentlichen Schulden, 6.5 % bei Bankeinlagen und Bargeld, 10 % bei Hypotheken und anderen privaten Schulden und 100 % bei Mieten, Löhnen und Preisen festgelegt. Auf diese Weise bewirkte die Währungsreform faktisch eine allgemeine Entschuldung, andererseits aber auch die weitgehende Enteignung der privaten Sparguthaben.

Die Mommenheimer Bauern verkauften daher die Ernte des Jahres 1948 bereits gegen die neu geschaffene DM. Die Getreide-, Kartoffel- und Weinernte dieses Jahres fiel ausgesprochen gut aus, so dass die Verkaufserlöse befriedigten. Damit traten nun zunehmend stabilere und wirtschaftlich bessere Bedingungen ein. Auch wenn die Sparguthaben bei der Währungsreform nur im Verhältnis 1 : 10 in DM angerechnet worden waren, bestand doch wieder Aussicht auf eine langfristige Besserung der allgemeinen Lebensbedingungen. Im Unterschied zu den Verhältnissen im Jahre 1923 leitete die Einführung einer neuen Währung jetzt eine Phase der wirtschaftlichen Stabilisierung ein.

Das Inkrafttreten des sog. Marshallplans unterstützte diese Entwicklung. Die Steuerung und Verteilung der Marshallplanmittel übernahm die neu gebildete Organisation für europäische Zusammenarbeit (OEEC), in die die Bizone und die französische Zone aufgenommen wurden. Die spätere Trizone erhielt über die Marshallplanmittel die dringend benötigten Devisen, um lebenswichtige Nahrungsmittel. Rohstoffe und andere Importe einführen zu können. Auf diese Weise konnte zunächst die überaus schwierige Ernährungslage verbessert und - wenn auch in sehr viel geringerem Maße als ursprünglich erwartet - Investitionsmittel zur Verfügung gestellt werden. Da auch Frankreich in größerem Umfang Hilfen über den Marshallplan erhielt, war es von nun an nicht mehr so stark auf die Lieferungen aus seiner Besatzungszone angewiesen und hatte u.a. auch deshalb seinen Widerstand gegen die Eingliederung seiner Besatzungszone in die Trizone mit einer eigenständigen politischen Struktur aufgegeben. Dies bedeutete für Rheinhessen, dass es damit ebenfalls an dem wirtschaftlichen Aufstieg der beiden anderen Westzonen teilnehmen konnte.

Zwei deutsche Staaten

Diesen wirtschaftlichen Entwicklungen in der Trizone folgten unmittelbar die politischen Schritte, die schließlich zur
Gründung der Bundesrepublik Deutschland führten. Am 1.
Juli 1948 wurden die sog. Frankfurter Dokumente von den
Westalliierten verabschiedet, in denen die Einberufung
einer verfassungsgebenden Versammlung für einen Westdeutschen Staat und die Festlegung eines Besatzungsstatuts
vorgesehen waren. Im September 1948 trat der Parlamenta-
rische Rat erstmals in Bonn zusammen, als dessen Präsident
der CDU-Vorsitzende Konrad Adenauer gewählt wurde.
Am 23. Mai 1949 wurde das Grundgesetz der Bundesrepublik Deutschland offiziell verkündet und damit war aus den
drei westalliierten Besatzungszonen ein neuer Staat geworden, der fortan eng mit den ehemaligen Siegermächten
USA, Großbritannien und Frankreich verbunden bleiben
sollte.

Die Sowjetunion reagierte auf diese Entwicklungen in
den Westzonen mit einer verstärkten Absicherung ihres
Einflussbereiches. Als Gegenmaßnahme zu der von den
Westalliierten eigenmächtig durchgeführten Währungsreform in den Westzonen blockierten die Sowjets am 24. Juni
1948 alle Landwege nach Berlin, das entsprechend dem
Potsdamer Abkommen von den vier Siegermächten
gemeinsam verwaltet wurde. Auf diese Weise sollte die
politische Insel, die Berlin in der sowjetischen Besatzungszone darstellte, in den sowjetischen Einflussbereich eingegliedert werden. Durch die Versorgung der Westberliner
aus der Luft ("Luftbrücke") verhinderten die Westalliierten
dies jedoch. Daher wurde die Blockade nach Il Monaten am
12. Mai 1949 wieder aufgehoben.

Die Gründung der Bundesrepublik Deutschland beant-
wortete die Sowjetunion mit der Gründung der Deutschen
Demokratischen Republik am 7. Oktober 1949. Damit war
die Teilung Deutschlands besiegelt und der "Kalte Krieg"

zwischen den ehemaligen Siegermächten in sein heißes Stadium eingetreten.

8. KAPITEL: DEMOKRATIE UND SOZIALE MARKTWIRTSCHAFT

Ein neuer Staat

Überraschend schnell hatten sich die Dinge in (West)Deutschland wieder normalisiert und sich sogar deutlich zum Besseren gewendet. Bei Kriegsende hätte wohl niemand eine derartige Entwicklung vorauszusehen gewagt - man war also noch einmal davongekommen. Innerhalb weniger Jahre konnte ein großer Teil der materiellen Kriegsschäden beseitigt und die Wirtschaft wieder in Gang gebracht werden. Wegen der zerstörten oder demontierten Industriebetriebe und der vielen zugewanderten Flüchtlinge blieben zwar die Arbeitslosenzahlen noch einige Jahre hoch (zwischen 1949 und 1952 durchschnittlich 9,1 %), doch bestand wieder Aussicht auf eine langfristige Verbesserung der wirtschaftlichen Verhältnisse.

Auch die politischen Rahmenbedingungen hatten sich mit unverhoffter Schnelligkeit wieder konsolidiert - wenn auch um den Preis der Spaltung Deutschlands. Die Westalliierten übertrugen den größten Teil ihrer Machtbefugnisse auf die Organe der neu geschaffenen Bundesrepublik Deutschland und verschwanden damit als Besatzungsmächte aus dem Blickfeld der Öffentlichkeit. Politisch aber bestimmte der "Kalte Krieg" zwischen Ost und West das Binnenklima in der neuen Republik. Dies war zugleich die Voraussetzung dafür, dass in der Ära Adenauer die Restauration der westdeutschen Gesellschaft ins Werk gesetzt werden konnte: Mit Hilfe des aus dem 3. Reich übernommenen Antikommunismus wurden die Linkskräfte zurückgedrängt und gleichzeitig durch eine unausgesprochene Generalamnestie all jene wieder integriert, die auch vor 1945 für Wirtschaft und Verwaltung verantwortlich gewesen waren. Auf diesen Grundlagen gelang es, in den ersten beiden Jahrzehnten nach dem 2. Weltkrieg eine gesellschaftliche Ordnung in der Bundesrepublik zu etablieren, die sich als außerordentlich stabil erweisen sollte. Als innerer Motor dieser neuen Republik diente ein neues Wirtschaftssystem, das schon vor Gründung der Bundesrepublik Deutschland in den westlichen Besatzungszonen eingeführt worden war.

Bereits im Zusammenhang mit der Währungsreform war die aus der Zeit des 3. Reiches bis dahin übernommene staatliche Wirtschaftslenkung aufgegeben und durch das System der sozialen Marktwirtschaft ersetzt worden. Mit der Einführung der DM waren daher die Läden plötzlich wieder voll und das Warenangebot überreichlich. Obwohl das Geld zunächst noch sehr knapp war, hatte die Bevölkerung doch zumindest das Gefühl, wieder alles unter normalen Bedingungen kaufen zu können und nicht mehr auf die Tricks der Schwarzmarktgeschäfte angewiesen sein zu müssen. Die "Wirtschaftswundergesellschaft" begann sich zu formieren.

Der Wiederaufbau der Landwirtschaft

Für die Landwirtschaft wurde jedoch das Prinzip der staatlichen Wirtschaftslenkung beibehalten. Die anhaltend schlechte Ernährungslage, die noch geringe Kaufkraft und die (durch den Koreakrieg bedingten) hohen Weltmarktpreise für Getreide machten die weitere Kontrolle des Agrarmarktes unumgänglich. Dabei knüpfte man auf Dorfebene an die Organisationsformen des Reichsnährstandes an, wenn auch diese Strukturen jetzt "demokratisiert" wurden. Anstelle des früheren Ortsbauernführers gab es nun einen "Ortsbeauftragten für Landwirtschaft" als Auskunfts- und Kontaktperson für die übergeordneten Behörden. Ihm zur Seite stand ein vom Gemeinderat zu wählender "Marktleistungsausschuss", der insbesondere die Mengen von erzeugten Grundnahrungsmitteln ermitteln sollte. Diese gelenkte Wirtschaftsform im Bereich der Landwirtschaft entsprach durchaus den Interessen der Bauern, die zu Recht befürchteten, dass die Freigabe des Agrarmarktes langfristig die Erzeugerpreise absinken lassen und damit die Existenz vor allem kleinerer Betriebe bedrohen würde. Daher sprach sich auch der am 3. Januar 1948 in Mommenheim gegründete Bauernverein im Jahre 1950 einhellig für die Beibehaltung der staatlich gelenkten Landwirtschaft aus.

Die Agrarpolitik der neuen Bundesrepublik Deutschland nahm zunächst diese Forderungen nach einem geordneten Agrarmarkt in den wichtigsten Bereichen der Landwirtschaft auf. Nachdem am 16. Januar 1950 die Lebensmittelrationierung abgeschafft worden war, verabschiedete der Deutsche Bundestag um die Jahreswende 1950/51 die vier grundlegenden Marktordnungsgesetze für Getreide, Milch und Fett, Vieh und Fleisch sowie für Zucker. Gleichzeitig konnte verhindert werden, dass sich die Preisschere zwischen Agrar- und Industrieprodukten wieder öffnete, die in den zwanziger Jahren die Landwirtschaft so stark belastet hatte. Wichtigstes Ziel der Agrarpolitik in den fünfziger Jahren war die Förderung der Produktivitätssteigerung durch rationelle Anbaumethoden und Investitionen (vor allem Maschinen). Das Flurbereinigungsgesetz von 1953 schuf eine weitere wichtige Voraussetzung für die Verbesserung der Bodennutzung. Im Rahmen des seit 1956 bestehenden. "Grünen Plans" wurden Maßnahmen zur Verbesserung der Agrarstruktur, der landwirtschaftlichen Arbeits- und Lebensverhältnisse und der Einkommen in der Landwirtschaft in größerem Umfang gefördert. Da dabei häufig nach dem "Gießkannenprinzip" verfahren wurde, führten diese Förderungsmaßnahmen zunächst zu einer allgemeinen, wenn auch unspezifischen Verbesserung der Verhältnisse in der Landwirtschaft.

Viele der landwirtschaftlichen Betriebe in Mommenheim begannen nun, ihre veralteten Maschinen durch neue zu ersetzen bzw. die frühere Handarbeit von Landmaschinen erledigen zu lassen. Die Rationalisierungswelle in der Landwirtschaft, die in den dreißiger Jahren bereits anderenorts in größeren Betrieben eingesetzt hatte, erfasste Mommenheim erst in den fünfziger Jahren. Vor dem Kriege hatte es hier außer den motorgetriebenen Dreschmaschinen nur Mähmaschinen und einige wenige Selbstbinder gegeben, die von Pferden gezogen wurden. Angesichts der hohen Anschaffungskosten, der geringen Kapitalausstattung der Betriebe und der verhältnismäßig kleinen Anbauflächen war der Erwerb z.B. von Traktoren bis dahin kaum möglich und sinnvoll gewesen. Nun tauchten die ersten Ackerschlepper auf. Von den 156 Betrieben, die im Jahre 1949 in Mommenheim existierten, verfügten in diesem Jahr 4 Betriebe über einen Ackerschlepper; 1960 hatten bereits 56 Betriebe eine solche Zugmaschine. Im Jahre 1953 erwarb ein Mommenheimer Betrieb erstmals einen Mähdrescher; 1959 gab es bereits etwa 10 Mähdrescher im Dorf. Um die teuren Maschinen rentabel zu machen, wurden sie natürlich auch vermietet. "Besonders für kleine Leute, die auf fremde Hilfe angewiesen (waren), (ist) der Mähdrescher lohnend" (Pfarrchronik, S. 183). Dies bedeutete jedoch für die Frauen und Kinder aus den ärmeren Familien, dass damit eine Einkommensquelle fortgefallen war. So drängten besonders die Tagelöhner und Kleinstbauern in andere Beschäftigungsverhältnisse außerhalb des Dorfes, soweit sie nicht schon in den zwanziger und dreißiger Jahren in die Industrie abgewandert waren. Damit sank zugleich die Zahl der landwirtschaftlichen Betriebe im Dorf. Im Jahr 1960 gab es daher nur noch 135 landwirtschaftliche Betriebe in Mommenheim, d.h. 21 weniger als 1949.

Diese Entwicklungen leiteten bereits jenen Umstrukturierungsprozess in der Landwirtschaft ein, dessen Konsequenzen jedoch erst in den nächsten beiden Jahrzehnten in Mommenheim vollends sichtbar wurden. Noch empfanden alle Beteiligten es als Fortschritt gegenüber den Verhältnissen, unter denen sie früher leben und arbeiten mussten. Die Bauern verbesserten durch den Maschineneinsatz ihre Arbeitsbedingungen und ihre Erträge erheblich. Die Tagelöhner und Kleinstbauern erhielten in der Fabrik höhere Löhne als im Dorf und hatten geregelte Arbeitszeiten sowie einen Anspruch auf bezahlten Urlaub. Zusätzlich konnten sie nebenher sogar noch etwas Landwirtschaft betreiben und dadurch ihre Einkommen aufbessern. Insgesamt war also in jenen Jahren eine stetige Verbesserung der Lebensbedingungen in Mommenheim zu spüren.

Sichtbarer Ausdruck der neuen wirtschaftlichen Verhältnisse waren in Mommenheim die zahlreichen öffentlichen und privaten Bauvorhaben, die seit Beginn der fünfziger Jahre entstanden. So wurden im Jahre 1951 die Dächer der beiden Schulen und des Kindergartens erneuert sowie die Schule und das Rathaus neu eingerichtet und möbliert. Im gleichen Jahr entstand auf dem Gelände des alten Friedhofs die erste Grünanlage im Dorf. Darüber berichtete Friedel Weitzel:

> "Auf persönliche Initiative von Bürgermeister Schmitt wurde der alte Friedhof bei den beiden Kirchen in seiner alten Anlage verändert und neu gestaltet. Die alten Grabsteine, die z.T. umgefallen waren, wurden gereinigt und an der West-Mauer aufgestellt. Das Gestrüpp, welches ganz verwildert war, mußte einem schönen Rasen (mit Ziersträuchern) weichen. Neu angelegte Wege wurden eingefaßt und mit gelbem Kies eingeworfen. Mehrere Ruhebänke wurden aufgestellt und somit im Ortsbereich ein stilles Plätzchen zur besinnlichen Ruhe der Einwohner geschaffen." (a.a.O. S. 24).

Im Jahre 1952 erhielt auch die Mommenheimer Feuerwehr ein neues Gerätehaus. Anstelle des alten Spritzenhauses wurde ein neues Gebäude an der Ecke Schul- und Moselstraße erbaut und einige Meter entfernt davon eine Schlauchtrocknungsanlage errichtet. Die nächsten größeren Bauvorhaben der Gemeinde Mommenheim bestanden in der Erweiterung des kommunalen Kindergartens im Jahre

1954 und dem 1960 fertiggestellten Neubau eines zweiten Schulgebäudes für die örtliche Volksschule. Von besonderer Bedeutung für den Ort war die Erneuerung der Dorfstraßen. Ab 1950 wurden nach und nach sämtliche Straßen in Mommenheim instand gesetzt und meist auch asphaltiert. Diese Straßenbauarbeiten wurden überwiegend über staatliche Beschäftigungsprogramme ("Notstandsprogramm") abgewickelt, die der hohen Arbeitslosigkeit entgegenwirken sollten.

Die Bautätigkeit in Mommenheim beschränkte sich jedoch nicht nur auf den Bereich der öffentlichen Einrichtungen. Seit Beginn der fünfziger Jahre begann sich das Dorf langsam durch die Erschließung von kleineren Baugebieten zu vergrößern. Neben anderen bauten auch einige Mommenheimer Arbeiterfamilien, die bis dahin außerordentlich beengt gewohnt hatten. Bausparverträge und Landeszuschüsse ermöglichten diesen Familien nun erstmals eine Verbesserung ihrer Wohnsituation. Zur gleichen Zeit boten die Mommenheimer Bauern gern kleinere Ackerflächen zum Verkauf an, um auf diese Weise ihr Betriebskapital aufzustocken. Obwohl sich also die Interessenlagen gegenseitig ergänzten, begleiteten manche Mommenheimer Bauern diesen sozialen "Aufstieg" der bauwilligen Arbeiterfamilien mit deutlicher Kritik. Damit begann jedoch jener Prozess der Angleichung der ehemals "geringen Leute" an die Gruppe der Bauern und Handwerker, der den bestehenden sozialen Unterschieden im Dorf nach und nach die wirtschaftlichen Grundlagen entzog. Diese Bautätigkeit hielt auch in den nächsten Jahren an. Im Jahre 1951 beschloss der Gemeinderat einen Bebauungsplan für die noch freien Grundstücke und für Umbauten in der Hindenburgstraße und gab ab Mitte der fünfziger Jahre die noch unbebauten Grundstücke in der Wiesgartenstraße als Bauland frei.

Ein völlig neues Siedlungsgebiet entstand Ende der fünfziger Jahre im Bereich der heutigen Mainzer Straße. Hier zogen ab 1961 vor allem Flüchtlingsfamilien aus Mecklenburg. Schlesien und Ostpreußen zu. Die meisten dieser Familien hatten zuvor im norddeutschen Raum gewohnt, wo viele Flüchtlinge konzentriert gewesen waren. Da die Franzosen vor der Gründung der Bundesrepublik den Zugang von Flüchtlingen in ihrer Zone sehr erschwert hatten, wurden ab Anfang der fünfziger Jahre zunehmend Flüchtlingsfamilien in das neue Bundesland Rheinland-Pfalz überwiesen, von denen sich einige nun in Mommenheim niederließen.

Der intensive Wohnungsbau war in jenen Jahren nicht nur ein Ausdruck für die neuen wirtschaftlichen Möglichkeiten breiterer Bevölkerungsschichten, sondern kennzeichnete zugleich die Anfänge eines sozialen Wandels in Mommenheim. Manche Arbeiterfamilien lebten jetzt vielfach besser als die Bauern, und auch die ersten "Neubürger" waren im Ort aufgetaucht. Doch die Gewichte verschoben sich nur sehr langsam. Noch verlief das Leben in Mommenheim in den Formen, die das Dorf seit jeher geprägt hatten. Endgültig aufgelöst wurde diese Lebensform erst im Laufe der siebziger Jahre.

Vereine und Dorfpolitik

Als im Jahre 1950 die Mommenheimer Vereine wieder neu gegründet wurden, hatte das Vereinsleben fast ein Jahrzehnt geruht. Ab 1939 unterbrach der Krieg die Vereinsarbeit, dann erschwerten die politischen Auflagen in der Besatzungszeit die Neu- bzw. Wiedergründung von Vereinen. Besonders das Verbot, ehemalige NSDAP-Mitglieder in die Vereine aufzunehmen, verhinderte die Mitarbeit von zahlreichen früheren Vereinsmitgliedern. Nach dem Entstehen der Bundesrepublik Deutschland im Jahre 1949 wurden diese Beschränkungen jedoch aufgehoben, so dass von da ab die Zulassung und die Arbeit der Vereine bedeutend vereinfacht wurden.

Die Vereinsarbeit in Mommenheim hatte jedoch nicht nur durch diese äußeren Bedingungen in den zurückliegenden Jahren gelitten. Dies zeigte sich deutlich bei den Mommenheimer Gesangvereinen. Die Zwangsvereinigung der beiden Gesangvereine im Jahre 1933 hatte Probleme geschaffen, die noch immer nachwirkten. Bereits im April 1947 fand eine erste Generalversammlung des (noch vereinigten) Gesangvereines statt, und am 15. Mai 1949 wurde erstmals wieder ein Jahreskonzert im Saal des Gasthauses "Rheinischer Hof" in Mommenheim veranstaltet. Zur offiziellen Neugründung des Vereins kam es jedoch erst am 18. Februar 1950. Mit dieser Entscheidung wurden aber zugleich die seit längerem bestehenden Überlegungen für eine erneute Trennung des Vereins vorangetrieben, so dass im April 1950 der frühere "MGV Liederkranz 1914/50" ebenfalls neu gegründet wurde. Da niemand in dieser Situation an der Fortführung der alten Konflikte interessiert war, verzichtete der "MGV 1862" in den folgenden Verhandlungen auf den Beinamen "Liederkranz" und überließ dem "MGV Liederkranz" die von diesem vor 1933 errungenen Preise und Diplome. Damit existierten wieder - wie vor 1933 - zwei Männergesangvereine in Mommenheim.

Nach den langen Jahren der politischen Einflussnahme auf die dörfliche Vereinsarbeit war das Dorf wieder zu der ihm eigenen Form des sozialen und kulturellen Lebens zurückgekehrt. Anfang der fünfziger Jahre feierte man in Mommenheim daher gleich zwei große Sängerfeste. Vom 5. bis 7. Juni 1951 veranstaltete der MGV Liederkranz 1914/50 anlässlich seiner Fahnenweihe einen Gesangswettstreit, an dem 14 Vereine teilnahmen. Im folgenden Jahr beging der MGV 1862 vom 17. bis 19. Mai 1952 sein 90. Jubiläum, das ebenfalls mit einem Sängerwettbewerb verbunden wurde.

Diese Sängerfeste, die mit einem erheblichen Aufwand ausgestaltet wurden, waren sicher auch als eine Demonstration der wiedergewonnenen Freiheit der Mommenheimer Dorfkultur zu verstehen.

Die Mommenheimer Dorfpolitik war seit jeher gekennzeichnet gewesen durch die eigentümliche Verquickung von konfessionellen und allgemein politischen Gegensätzen. Auch die Gründung der CDU als "überkonfessionelle christliche Volkspartei" änderte daran nur sehr kurzfristig etwas. Die Ergebnisse bei den überörtlichen Wahlen in der ersten Nachkriegszeit zeigten in Mommenheim einen stetigen Stimmenverlust der CDU zugunsten der liberalen Parteien (ab 1949 FDP) und der SPD. Dieser Trend setzte sich auch bei den Wahlen nach der Gründung des Landes Rheinland-Pfalz im Jahre 1946 fort. Die Wahlergebnisse lassen zwar bestimmte politische Optionen der Mommenheimer Wähler erkennen, geben aber keinen Aufschluss über die tatsächlichen politischen Kräfteverhältnisse im Dorf selbst. Die Gemeindewahlen sind in dieser Hinsicht sehr viel aussagekräftiger. Besonders interessant für die Entwicklung der innerörtlichen Verhältnisse ist die Gemeindewahl vom 9. November 1952. Es war die zweite Gemeindewahl nach dem Ende des 3. Reiches und die erste nach Gründung der Bundesrepublik. Bei dieser Wahl kandidierten die Listen der örtlichen CDU, der SPD und eine Freie Wählerliste. Nach einem heftig und z.T. auch sehr persönlich geführten Wahlkampf ergab sich folgende Sitzverteilung im Mommenheimer Gemeinderat: CDU: 8 Sitze, Freie Liste: 6 Sitze, SPD: 1 Sitz. Bei der folgenden Bürgermeisterwahl wurde der seitherige Bürgermeister Schmitt (CDU) mit 8 zu 7 Stimmen wiedergewählt. Zum 1. Beigeordneten wurde Philipp Horn II ebenfalls mit 8 zu 7 Stimmen gewählt. In beiden Fällen war also der Gegenkandidat der Freien Liste knapp unterlegen.

Die Auseinandersetzungen während des Wahlkampfes führten vor allem die örtliche CDU und die Freie Liste. Das Auftreten einer Freien Liste war bei dieser Wahl zum ersten Mal möglich, da bei der ersten Gemeindewahl im Jahr 1946 die französische Besatzungsmacht nur offiziell anerkannte Parteien zugelassen hatte. Obwohl im Einzelfall unterschiedliche Beziehungen und Motive für die Kandidatur und Wahl eine Rolle gespielt haben mögen, lassen sich doch die an der Wahl beteiligten Gruppen in Mommenheim ungefähr bestimmen.

Die CDU-Liste unterstützten nach wie vor überwiegend die katholischen Stammwähler und jene Evangelischen, die traditionell mit den Katholiken gestimmt oder sich neu an diese Gruppe angenähert hatten. Trotz der ständigen Stimmenverluste der CDU bildete die örtliche CDU unter Führung des aktiven Bürgermeisters Schmitt nach wie vor die stärkste politische Kraft im Dorf.

Die Freie Liste dagegen setzte sich überwiegend aus evangelischen FDP-Wählern und einigen Katholiken zusammen, die aus verschiedensten Gründen nicht mit der örtlichen CDU bzw. der Person des Bürgermeisters einverstanden waren. Da bei den Landtagswahlen des Vorjahres die FDP mit 39,2 % der CDU mit 26,0 % deutlich überlegen gewesen war, rechnete sich die Freie Liste gute Chancen aus, die Mehrheit im Gemeinderat zu gewinnen. In ihrem Wahlkampf wollte die Freie Liste all jene Mommenheimer Wähler ansprechen, die der FDP nahe standen, mit dem (katholischen) Bürgermeister Schmitt unzufrieden waren und gegen den katholischen Einfluss in der CDU opponierten. Auf diesem Weg gelang es, sehr unterschiedliche Persönlichkeiten in einer Liste zu vereinigen und die Mommenheimer "Protestwähler" gegen die örtliche CDU und den Bürgermeister zu mobilisieren. Ebenso wurde die Bereitschaft zur Zusammenarbeit mit der SPD signalisiert, um im Gemeinderat die Mehrheit zu gewinnen. Dieses Ziel der Freien Liste wurde nur knapp verfehlt. Die innerdörflichen Verhältnisse gaben letztlich den Ausschlag, so dass die örtliche CDU unter der Führung Schmitts die größere Stimmenzahl auf sich vereinigen konnte.

Diese nicht untypische Konfliktkonstellation in der Mommenheimer Dorfpolitik ist das Ergebnis des Zusammenspiels von allgemeinen politischen Optionen, dem Konkurrenzverhalten der im Ort vorhandenen Gruppen bzw. Familien und der konfessionellen Zusammensetzung des Ortes. Jeder dieser drei Faktoren konnte in der aktuellen innerdörflichen Situation ein sehr unterschiedliches und kaum vorhersehbares Gewicht haben. Die allgemeinen politischen Optionen, die vor allem bei Wahlen erkennbar wurden, bestimmten mit Sicherheit auch das Klima in der Dorfpolitik. Dennoch zeigt das Ergebnis der Gemeindewahl von 1952, dass die innerörtlichen Verhältnisse signifikante Abweichungen von dem sonst geübten Wahlverhalten bewirken können. So erhielt die CDU zwar nur 26,6 % der Stimmen bei der vorangegangenen Landtagswahl, gewann aber die Mehrheit der Sitze bei der Gemeindewahl. Ausschlaggebend dafür war zweifellos die Person des damaligen Bürgermeisters Schmitt. Noch deutlicher sind die Abweichungen im Fall der SPD. Sie erhielt zwar 33.6 % der Stimmen in Mommenheim bei der Landtagswahl, aber nur einen von 15 Sitzen bei der Gemeindewahl. Dies hing damit zusammen, dass die Mommenheimer Industriearbeiter keine geschlossene Gruppe bildeten, die ihre Anliegen gemeinsam in der Dorfpolitik vertreten konnte. Zum einen hatten die Arbeiter von ihren Arbeitsverhältnissen her sehr unterschiedliche Interessen, zum anderen waren vor allem deren Frauen auf den Zuverdienst durch Mitarbeit bei Bauern und auf das Umpflügen der Pachtfelder nach wie vor angewiesen. Daher waren die meisten Arbeiter jeweils einem der Mommenheimer Bauern verpflichtet. Schließlich war es auch schwierig, geeignete Kandidaten für die Arbeit im Gemeinderat zu finden, die sich aufgrund ihres sozialen Status und ihrer Persönlichkeit gegen die Bauern durchsetzen konnten.

Auch die vielfältigen Beziehungen, Verpflichtungen und Konkurrenzen im Ort (Familienverbindungen, Parteien, Vereine usw.) boten keine Gewähr für die Bildung von dauerhaften Interessengemeinschaften. Da nämlich alle Einflussführer unter vergleichbaren Voraussetzungen antraten, waren die jeweiligen Koalitionen meist nicht sehr stabil und eventuelle "Erfolge" in oft nur von kurzer Dauer. Daher war die Sicherung der eigenen Machtbasis oft wichtiger als die Sachargumente, weshalb die ortpolitischen Streitigkeiten nach außen häufig als "Streit um des Kaisers Bart" erschienen. Bezeichnenderweise verminderten sich in Zeiten äußeren Drucks (z.B. Besatzungszeiten, 3. Reich) diese Auseinandersetzungen, da unter solchen Bedingungen das Amt des Bürgermeisters bzw. des Gemeinderats wenig attraktiv und der Handlungsspielraum in der Dorfpolitik sehr eingeschränkt war.

Die konfessionelle Komponente in den ortpolitischen Auseinandersetzungen ergab sich aus der besonderen Situation der katholischen Einwohner Mommenheims. Da sie zahlenmäßig immer unterlegen waren, musste sie zwangsläufig stets mit kooperationsbereiten evangelischen Familien koalieren, wenn sie ihre Interessen in der Dorfpolitik wahren wollte. Auch dabei spielten Nachbarschaftsbeziehungen, Vereinszugehörigkeit, Übereinstimmung der Interessen in bestimmten örtlichen Fragen oder sonstige Verbindungen eine wichtige Rolle. Dieser Umstand führte dazu, dass der Gegensatz der Konfessionen in Mommenheim immer auch ein Element in der Dorfpolitik war, ohne jedoch die tatsächliche Hauptlinie in den jeweiligen Konflikten darzustellen. Die Verwendung des Konfessionsargumentes in der Dorfpolitik hatte daher oft nur die Funktion, vorhandene Ressentiments zu mobilisieren und für seine Zwecke zu nutzen. Die entscheidenden Faktoren in der Dorfpolitik waren vielmehr das Ansehen der einzelnen Persönlichkeiten im Ort und deren besondere Interessen.

Die Mommenheimer Dorfpolitik folgte also auch unter den neuen politischen Rahmenbedingungen - sehr ähnlich wie das dörfliche Vereinsleben - ihren eigenen, hauptsächlich von den aktuellen dorfinternen Verhältnissen bestimmten Regeln. Die Instabilität der jeweils im Dorf bestehenden Konstellationen war dabei ein wesentliches Element, das zugleich die Heftigkeit in den ortpolitischen Auseinandersetzungen erklärt. Daher stellte es einen bedeutenden Fortschritt dar, als man bei der Gemeinderatswahl im Jahre 1960 - mit Ausnahme der SPD - gänzlich auf Wählerlisten verzichtete. Gewählt wurden nun ausschließlich Einzelpersonen nach dem Prinzip der Mehrheitswahl. Damit entfiel bei Auseinandersetzungen im Gemeinderat der Fraktionszwang, und auftretende Konflikte führten nun nicht mehr sofort zu einer Blockade der Arbeit im Gemeinderat. Als sich nach der Bildung der Verbandsgemeinden im Jahre 1973 erneut die Listenwahl durchsetzte, bot der Gemeinderat mehrfach wieder das bekannte Bild völliger Zerstrittenheit.

Die allgemeinen wirtschaftlichen und politischen Verhältnisse im Nachkriegsdeutschland bestimmten das Leben im Dorf aber nicht nur auf indirekte Weise. Insbesondere der "Kalte Krieg" zwischen Ost und West, der in den fünfziger und sechziger Jahren die politische Landschaft in Europa beherrschte, hatte sehr direkte Auswirkungen auf Mommenheim. Obwohl der wirkliche Krieg in dieser Zeit in Indochina stattfand, begannen Politiker und Militärs sehr schnell wieder, sich auf eine militärische Auseinandersetzung auf dem Gebiet des nunmehr geteilten Deutschland vorzubereiten. Aufgrund seiner geographischen Lage am

Rhein wurde Rheinhessen schon sehr früh in die militär-strategischen Überlegungen einbezogen. Vielfach übernahmen nun die Amerikaner die alten Wehrmachtsstützpunkte, aber sie schufen auch neue Militäreinrichtungen. So entstand am Ortsrand des nahegelegenen Dexheim eine zunächst noch kleine amerikanische Militärbasis, die später zu einem Atomwaffen-Stützpunkt für die Flugabwehr ausgebaut wurde.

Als am 17. Juni 1953 der Arbeiteraufstand in der DDR die politische Lage dramatisch zuspitzte, waren die Folgen dieser Ereignisse bald darauf in Mommenheim zu spüren. Als nämlich im Herbst 1953 Manöver der amerikanischen Armee in Rheinhessen stattfanden, wurde die gerade neu geteerte Hindenburgstraße durch Panzerfahrzeuge erheblich beschädigt. Ebenso stellten die Militärs fest, dass die Biegung der Gaustraße in der Ortsmitte von Mommenheim für große Militärfahrzeuge zu schlecht passierbar war und verlangten den Abriss des gerade renovierten Eckhauses. Das Haus wurde im Laufe des Jahres 1954 abgerissen und die Straßenkurve entsprechend verbreitert. Im Jahre 1957 musste die ebenfalls schwer passierbare Kurve an der Hindenburg-/Ecke Bahnhofstraße verbreitert werden, wozu die an der Ecke stehenden Stallungen und die Garage im Hof des evangelischen Pfarrhauses abgerissen wurden.

9. KAPITEL: MOMMENHEIM VERÄNDERT SICH

Seit Beginn der siebziger Jahre veränderte sich das Leben in Mommenheim in einer Weise, wie das nie zuvor in der Geschichte des Ortes der Fall gewesen war. Viele Bauern gaben in dieser Zeit die Landwirtschaft zumindest teilweise auf und wurden Lohnarbeiter. Die verbleibenden Vollerwerbsbetriebe gerieten ihrerseits in eine immer stärkere Abhängigkeit von den Entwicklungen auf dem Agrarmarkt und der agroindustriellen Produktion. Dadurch löste sich auch jener ganzheitliche Zusammenhang von Arbeiten und Leben in Mommenheim endgültig auf, der bisher die Besonderheit der "Lebensform Dorf" ausgemacht hatte. Innerhalb eines Zeitraumes von knapp zwei Jahrzehnten verwandelte sich Mommenheim von einem Bauerndorf in ein Wohndorf, in dem die Landwirtschaft ein zwar immer noch charakteristisches, aber längst nicht mehr grundlegendes Element bildet. Drei parallele Entwicklungen trafen dabei zusammen: die Veränderungen in der Landwirtschaft, der Straßenbau, die Verwaltungsreform und das Entstehen der Neubaugebiete. Diese Prozesse hatten ihre Ursachen jedoch nicht im Dorf selbst, sondern waren die Folge der allgemeinen Entwicklungen in Deutschland bzw. Europa.

Die Veränderung der dörflichen Ökonomie

In der Phase des Wiederaufbaus der deutschen Landwirtschaft nach dem 2. Weltkrieg war die Agrarpolitik der Bundesregierung und die Förderungen nach dem "Grünen Plan" vor allem auf eine Erhöhung der landwirtschaftlichen Produktivität und auf die allgemeine Verbesserung der Lebensverhältnisse auf dem Lande ausgerichtet gewesen. Mit dem EWG-Vertrag vom 1. 1. 1958 veränderten sich jedoch die agrarpolitischen Ziele. Nach einer vierjährigen Anpassungsphase trat ab 1962 eine neue Marktordnung für

alle EWG-Länder in Kraft, mit der ein gemeinsamer Agrarmarktes im EWG-Bereich geschaffen werden sollte. Die Förderungsmaßnahmen wurden nun gezielter eingesetzt,
wobei das Schwergewicht auf leistungsfähigen Mittel- und
Kleinbetrieben lag. Die Folge dieser neuen Agrarpolitik war
vor allem eine immer stärkere Mechanisierung der landwirtschaftlichen Produktion, wodurch die Investitionskos-
ten der einzelnen Betriebe erheblich stiegen. Damit stellte
sich für viele Bauern sehr bald die Frage, ob ihre Betriebe
unter diesen Bedingungen noch rentabel zu führen waren.

Der rationelle Einsatz der teuren Landmaschinen hing
entscheidend von der Größe der verfügbaren Anbauflächen
ab. Das Mittel, um solche zusammenhängenden Flächen zu
schaffen, war die Flurbereinigung, für deren Durchführung
der Bundestag mit der Verabschiedung des Flurbereini-
gungsgesetzes schon 1953 die gesetzlichen Grundlagen
geschaffen hatte. In Mommenheim wurde die Flurbereinigung in den Jahren 1965 bis 1968 durchgeführt. Aufgrund
der üblichen Realteilung war der Grundbesitz der einzelnen Betriebe vielfach stark verstreut, so dass die Zusammenlegung und Neueinteilung der Anbauflächen eine wirtschaftliche Notwendigkeit war. Die mit der Flurbereinigung verbundenen Kosten war für viele Mommenheimer
Bauern ein weiterer Grund, die Rentabilität ihrer Betriebe
zu überprüfen. Im Vorteil waren jetzt und in der Folgezeit
insbesondere jene Landwirte, die ihr Betriebskapital durch
Landverkäufe in den geplanten Neubaugebieten aufge-
stockt und diese Gelder wirtschaftlich genutzt hatten.

In die Zeit der laufenden Flurbereinigung fiel die Wirtschaftskrise des Jahres 1967. Der ev. Pfarrer Friedrich
beschrieb die eingetretene Lage:

"Nach vielen Jahren des Aufstiegs ist nun ein Stillstand bzw.
Rückgang eingetreten. Alles bangt, wie es weitergeht. Vor
allem in Autofirmen (d.h. auch bei Opel/ Rüsselsheim, Anm.
U. Luig) fanden Entlassungen statt. Bei uns hörte man nur
von 2 Entlassungen. Die Lage ist wohl nicht hoffnungslos,

aber stark gedämpft. Die Geldausgabe wird überlegt. Wenn auch der Bauernstand nicht so am Aufstieg teilnahm, so war er doch nicht ganz ausgeschlossen. Es laufen viele PKW. Auch an den Häusern wurde manches gemacht. Aber von manchen Betrieben gehen die Söhne, z.T. Väter und Söhne weg zum Arbeiten. Der Betrieb wird nebenher geführt. Dadurch wird aber auch die Sonntagsarbeit gefördert." (Pfarrchronik, S. 261f.).

In dieser unsicheren Situation versuchten viele Mommenheimer Bauern, ihren Betrieb nach Möglichkeit zu halten. Um jedes Stück Land wurde bei der Neuzuteilung nach der Flurbereinigung gekämpft, Pachtäcker waren begehrt. Auch die Bodenqualität der Felder war ein heftig umstrittener Punkt:

"Am 18. Juni werden die Neuzuteilungen ausgegeben. Wie zu erwarten war, gab es viel Aufregung. Sie hatten alle gute Äcker (gehabt) und haben schlechte erhalten. Es wurde schon die Frage gestellt, wer die schlechten gehabt hat." (Pfarrchronik. S. 270).

Als sich in den nächsten Jahren die konjunkturelle Lage wieder erholte, herrschte bei der Industrie erneut erheblicher Arbeitskräftebedarf, der den Abwanderungsprozess aus der Landwirtschaft weiter vorantrieb. Als sogar ein Industriebetrieb seine Bereitschaft zur Niederlassung in Mommenheim bekundete, beschloss der Gemeinderat umgehend die Erschließung eines Industriegebietes im Ort. Im Jahre 1970 wird

"im Januar... die Gemeinde damit überrascht, dass Ludwig Diehl, Rohrbach im Odenwald, ... (ein gebürtiger Mommenheimer. Anm. U. Luig) einen Zweigbetrieb hier ansiedeln will. In wenigen Tagen ist ein großes Areal gegenüber dem Friedhof gekauft - mit der Fabrikation (Tonbandspulen u.a.) - soll schon am Jahresende begonnen werden. Der Grund des Zweigbetriebes ist, dass im Odenwald keine Arbeiter mehr zu finden sind." (Pfarrchronik, S. 282).

Durch diese Industrieansiedlung in Mommenheim mit ca. 100 Arbeitsplätzen fanden etwa 20 Männer und 20 Frauen aus Mommenheim eine neue Beschäftigung. Dies war jedoch nur ein - wenn auch gewichtiger - Faktor in dem

Wandlungsprozess des Dorfes, da dadurch die Kleinbauern leichter zur Lohnarbeit überwechseln konnten. Die verhältnismäßig günstige Lage Mommenheims in der Nähe der größeren Städte ermöglichte auch den Zugang zu anderen Beschäftigungsmöglichkeiten. So ist in den Jahren um 1970 eine spürbare Veränderung der wirtschaftlichen und sozialen Verhältnisse in Mommenheim zu beobachten:

"Es ist alles im Umbruch, auch in der Landwirtschaft. Immer mehr Bauern und Bauernsöhne gehen auswärts arbeiten. Viele sind bei der Post. Bei Abschluß der Flurbereinigung wurde noch um jeden Acker gekämpft. Jetzt werden schon (Äcker) angeboten und abgegeben. Schon seit 1969 gehen eine Reihe von Männern auswärts arbeiten ... Der Betrieb wird verkleinert. Am 6. 4. wurde mit (der) Fabrik (in Mommenheim, Anm. U. Luig) begonnen. Es fahren nun schon einige Frauen täglich in das Hauptpostamt (nach Mainz. Anm. U. Luig)." (Pfarrchronik, S. 282).

Diese Abwanderung vieler Bauern in die Industrie hatte vor allem zur Folge, dass sich die Zahl der landwirtschaftlichen Vollerwerbsbetriebe in Mommenheim zwischen 1966 und 1971 (also in einem Zeitraum von nur 5 Jahren!) um fast die Hälfte von 78 auf 46 Betriebe (vgl. unten. Statistischer Anhang 3.4) verminderte. Im Jahre 1983 waren es nur noch 34 Betriebe, bei denen das Betriebseinkommen höher war als das außerbetriebliche Einkommen. Die Mehrzahl der landwirtschaftlichen Betriebe wurde nun im Nebenerwerb weitergeführt. Da der Weinanbau von dem geringen Maschineneinsatz (d.h. von den Betriebskosten) und von den Absatzmöglichkeiten her die günstigste Anbaufrucht für den Nebenerwerb war, wurden die Rebflächen in der Gemarkung zu dieser Zeit erheblich ausgedehnt. So stieg der Anteil der Rebflächen von 90 ha im Jahre 1950 auf 137 ha im Jahre 1971. Diese Ausdehnung des Weinanbaus, die in anderen Orten Rheinhessens noch weit stärker vorangetrieben wurde, hatte jedoch aufgrund des erhöhten Angebots gleichzeitig ein Absinken der Erzeugerpreise zur

Folge. Die damit entstandenen Einkommensverluste konnten wiederum nur durch eine weitere Rationalisierung (z.B. den Einsatz von Lesemaschinen, sog. Vollerntern) aufgefangen werden.

Die verbliebenen Vollerwerbsbetriebe behielten dagegen ihre traditionelle Mischwirtschaft bei, wenngleich sich auch hier Veränderungen in der Anbaustruktur ergaben. Zunächst erzwangen die EG-Bestimmungen für die Milcherzeugung eine Reduzierung der Viehhaltung. Gleichzeitig führte der verstärkte Einsatz von Traktoren und anderen motorisierten Landmaschinen zu einem fast vollständigen Abbau des Pferdebestandes im Dorf. Die verminderte Tierhaltung hatte zur Folge, dass deutlich weniger Flächen für den Futteranbau genutzt wurden (1950: 145 ha; 1977: 20 ha. Vgl. unten, ebd.). Ebenso verringerte sich der arbeitsintensive Anbau von Hackfrüchten (insbesondere der Zuckerrüben), da hier der Einsatz von Maschinen nur in begrenztem Maße möglich war. Erheblich ausgeweitet wurde dagegen neben dem Rebland auch der Getreideanbau.

Auch viele der traditionellen Handwerksberufe wie Schmiede, Wagner, Sattler, Schneider usw. wurden jetzt von der Industrie verdrängt. Landmaschinenfirmen, Baumärkte, Heimwerker- und Bekleidungsindustrie ersetzten nun das dörfliche Handwerk. Dies bedeutete für das Dorf, dass sich nun die enge Verzahnung der verschiedenen Wirtschaftsbereiche innerhalb des Ortes mehr und mehr aufzulösen begann, die bisher für die dörfliche Ökonomie charakteristisch gewesen war. Das Dorf hatte weitgehend seine materiellen Grundlagen und damit zugleich seine relative Eigenständigkeit verloren.

Obwohl Mommenheim immer verhältnismäßig günstige Straßenverbindungen nach Mainz und zu den Orten am Rhein gehabt hatte, genügte der Zustand dieser Straßen zunehmend nicht mehr den mittlerweile entstandenen Bedürfnissen. So wurde in den Jahren 1965/66 die Rheinhessenstraße zwischen Mommenheim und Selzen ausgebaut. Im Zusammenhang mit der Flurbereinigung entstand 1967 erstmals eine Straßenverbindung nach Zornheim und Nieder-Olm. Was dies für die Mommenheimer bedeutete, geht aus einer Bemerkung des Mommenheimer Pfarrers Friedrich hervor:

> "Die Straße von Zornheim nach Mommenheim ist nun fertig. So ist erstmalig eine Verbindung. Ich war noch nie dort gewesen, obwohl Zornheim so nahe ist. Es war aber nur auf Umwegen zu erreichen." (Pfarrchronik, S. 262).

Im gleichen Jahr 1967 wurde der Autobahnring um Mainz und die Auffahrt bei Hechtsheim fertig gestellt, wodurch vor allem die Mommenheimer Opel-Arbeiter leichter und schneller nach Rüsselsheim kamen. Der Einsatz eines größeren Fährschiffes verbesserte auch die Fährverbindungen über den Rhein bei Nierstein/Oppenheim. Die steigende Motorisierung der Bevölkerung und die Verbesserung der Straßenverhältnisse wirkten sich unmittelbar auf das dörfliche Leben aus. Mainz oder selbst Frankfurt war nun ohne größere Probleme erreichbar.

Auch die Entwicklung der Massenmedien beeinflussten die Denkweisen und das Lebensgefühl der Menschen im Dorf. Insbesondere das Fernsehen transportierte Nachrichten und Bilder aus aller Welt direkt ins Wohnzimmer und schuf damit nicht nur bisher unbekannte Vergleichsmöglichkeiten, sondern setzte zugleich auch neue Maßstäbe. Obwohl das Dorf der unmittelbare Lebenskreis und Bezugspunkt für die Mommenheimer blieb, so erweiterten sich doch in diesen Jahren der Aktionsradius und der Gesichtskreis in einem ungeahnten Maße. Damit wurde Mommenheim aber auch mit zunehmender Schnelligkeit in die gesamtgesellschaftlichen Entwicklungen einbezogen, die das Dorf in den nächsten beiden Jahrzehnten grundlegend verändern sollten.

All diese Veränderungen betrafen daher nicht nur den wirtschaftlichen, sondern ebenso den sozialen und kulturellen Bereich des dörflichen Lebens. Viele der Männer, die früher ihren Arbeitsplatz zu Hause bzw. im Dorf gehabt hatten, waren nun die meiste Zeit des Tages aus dem Ort verschwunden. Ihre Möglichkeiten, am Dorfleben aktiv teilnehmen zu können, beschränkten sich jetzt weitgehend auf die Wochenenden. Besonders deutlich wirkte sich dies auf das Vereinsleben in Mommenheim aus. Die Mehrzahl der Vereinsmitglieder war nun aus zeitlichen Gründen nicht mehr in der Lage, die Arbeit der Vereine wie bisher mitzutragen. Sehr typisch für die damalige Situation ist die Klage des Protokollanten des MGV 1862 in seinem Bericht über das abgelaufene Jahr 1972:

> "Wo sind unsere treuen Anhänger, wo sind die Sänger, die noch vor 1 bis 2 Jahren in unseren Reihen saßen und mit uns dem 'Deutschen Lied' die Treue hielten? .... Vor 13 Jahren war es möglich, dass zwischen 70 bis 90 Mitglieder die Generalversammlung besuchten. Ich frage mich heute, nachdem im höchsten Falle zwischen 30 und 40 Mitglieder erscheinen, woran dies wohl liegt?" (Protokoll vom 8. 4. 1973).

Es veränderte sich aber nicht nur das Freizeitverhalten, sondern nach und nach auch die Identität und die Lebensweise der Bauern. Diejenigen, die ihren Hof im Nebenerwerb weiterführten, pendelten jetzt nicht nur zwischen dem Dorf und ihrem Arbeitsplatz, sondern zugleich zwischen Lohnarbeit und der Tätigkeit als selbständiger Bauer. Die früher selbstverständliche Verpflichtung, den Hof zu erhalten und an die nächste Generation weiterzugeben, wurde unter den neuen Bedingungen oft zur drückenden Last. Die Freizeit musste nun genutzt werden, um die notwendigen Arbeiten im eigenen Betrieb zu erledigen. Der Urlaub wurde dazu verwendet, die saisonalen Arbeitsspitzen (z.B. während der Weinlese) zu bewältigen. Dieses "Doppelleben" bedeutete meist eine verstärkte Belastung für die ganze Familie. Viele der Arbeiten, die früher Aufgabe der Männer gewesen waren, mussten nun von deren Frauen und heranwachsenden Kindern bewältigt werden. Es ist nur zu verständlich, wenn diesen Kindern die Übernahme des Hofes meist als wenig attraktive Perspektive erscheint.

Aber auch die Anforderungen in den verbliebenen Vollerwerbsbetrieben waren gestiegen. Die vergrößerten Anbauflächen und der große Bestand an Maschinen erhöhten nicht nur die Wirtschaftlichkeit der Betriebe, sondern zugleich auch deren Risiko. Damit einher ging eine sich ständig verstärkende Abhängigkeit der Bauern von der Agroindustrie, die nicht nur die Betriebsmittel vom Saatkorn über Dünger und Pestizide bis zur Landmaschine, sondern gleichzeitig die Anwendungsvorschriften dafür lieferte. Auch wenn jetzt viele der körperlich schweren Arbeiten wegfielen, kamen neue Aufgaben für Maschinenwartung, Buchführung usw. hinzu. Aus Bauern wurden betriebswirtschaftlich rechnende und handelnde Kleinunternehmer, deren Selbstverständnis in wachsendem Maße von der Rationalität der sie umgebenden und beeinflussenden Industriegesellschaft geprägt wurde.

Die Gemeindereform

Die Auflösung der traditionellen "Lebensform Dorf" wurde noch beschleunigt und verstärkt durch eine Verwaltungsreform, die nicht nur dem Gemeinderat Kompetenzen entzog, sondern damit zugleich die administrativen Abhängigkeiten des Dorfes von den übergeordneten Instanzen verstärkte. In den Jahren um 1970 führte das Land Rheinland-Pfalz die Verwaltungsreform durch. Zunächst wurde 1968 der Regierungsbezirk Rheinhessen aufgelöst und mit der Pfalz zum "Regierungsbezirk Rheinhessen-Pfalz" mit Sitz in Neustadt (statt zuvor Mainz) zusammengeschlossen. Ebenso entstanden die Großkreise Mainz-Bingen und Alzey-Worms, wobei die umliegenden Gemeinden im

Umkreis von Mainz eingemeindet wurden. Von unmittelbarer Bedeutung für die einzelnen Dörfer waren jedoch die Bildung von Verbandsgemeinden und damit der Verlust ihrer verwaltungsmäßigen Selbständigkeit.

Bereits im Jahre 1967 wurde eine erste Vorlage zur Bildung einer Verbandsgemeinde dem Mommenheimer Gemeinderat zugeleitet, die dieser jedoch ablehnte. Im Jahre 1969 stimmte der Gemeinderat zwar der Bildung einer Verbandsgemeinde mit Sitz in Nierstein zu, lehnte jedoch die spätere Planung mit dem Verwaltungssitz Oppenheim vor allem wegen verkehrstechnischer Probleme ab. Gegen alle Widerstände wurde schließlich die Bildung der Verbandsgemeinde Nierstein-Oppenheim durchgesetzt. Dazu schrieb Pfarrer Friedrich:

"Durch Gesetz, gegen die Stimmung des Volkes und weithin abgelehnt durch die Gemeinderäte, werden Verbandsgemeinden gegründet. Danach, wie die Leute zur Verbandsgemeinde kommen sollen, fragt keiner. Dazu wird eine Verwaltung aufgezogen, die Steuern kostet. Es herrscht viel Verdruß." (Pfarrchronik, S. 294).

Am 23. April 1972 wurden in Mommenheim die Verbandsgemeindevertreter gewählt und ab 1. Januar 1973 übernahm die Verbandsgemeinde die Verwaltungsgeschäfte. Die Erfahrungen mit der neuen Verbandsgemeinde bestätigten bald die ursprünglich vorhandenen Vorbehalte:

"Ab 1.1.73 hat die Selbständigkeit der Gemeinde aufgehört. Wir gehören nun zur Verbandsgemeinde Oppenheim. Es ist sehr viel Kritik und Unzufriedenheit. Wie sollen die Leute nach Oppenheim kommen. Auch der Bus, der probeweise 2 x wöchentlich geht, hilft nicht viel, wenn man wegen 10 Minuten einen halben Tag opfern muß. Und das alles nennt man 'bürgernahe' Verwaltung." (Pfarrchronik, S. 300).

Obwohl die Verwaltungsreform in Rheinland-Pfalz weniger radikal gehandhabt wurde als in einigen anderen Bundesländern, wo die Dörfer noch nicht einmal ihre eigenen Namen behalten durften, bedeutete der Funktionsverlust der Gemeindeverwaltung doch einen merklichen Einschnitt im Leben des Dorfes. Vor allem die Auslagerung der standesamtlichen Aufgaben aus dem Ort brachte nicht nur praktische Probleme, sondern auch eine Veränderung der dörflichen Alltagskultur mit sich. Geburten und Sterbefälle konnten nun nicht mehr im Mommenheimer Rathaus gemeldet und eingetragen werden. Bei Hochzeiten, die bis dahin meist an einem Tag zuerst auf dem Rathaus geschlossen und anschließend in der Kirche mit einem Gottesdienst gefeiert wurden, fielen Ziviltrauung und kirchliche Trauung nun deutlich auseinander.

Um dem allgemein spürbaren Identitätsverlust des Dorfes zumindest etwas entgegenzusteuern, beschloss der Gemeinderat bereits im Jahre 1971 ein neues Gemeindewappen. Den Entwurf dazu hatte Prof. Leitermann in Mainz angefertigt. Das Wappen stellt eine Wolfsangel in Silber auf rotem Untergrund sowie ein achtspeichiges silbernes Rad auf blauem Untergrund dar. In Mommenheim gebräuchlich war bis dahin lediglich das Zeichen der Wolfsangel gewesen; das achtspeichige Rad war dagegen das Wappen der Grafen Hohenfels, die bis 1270 die Lehnshoheit in Mommenheim besessen hatten. Dem realen Bedeutungsverlust des Dorfes wurde auf diese Weise ein künstl(er)iches Geschichtsbewusstsein entgegengestellt.

Von ebenso einschneidender Bedeutung für das Leben im Dorf war die Bildung von Mittelpunktschulen im gleichen Zeitraum. Mommenheim hatte seit jeher eine eigene Volksschule gehabt, die seit 1895 als christliche Gemeinschaftsschule geführt worden war. Nachdem die seit 1921 geltende achtjährige Schulpflicht durch das Volksschulgesetz von 1955 auf 9 Jahre erhöht worden war, wurde ab 1964 die Bildung von Mittelpunktschulen vorangetrieben. So musste vom 1. Dezember 1966 an zunächst die 9. Klasse der Mommenheimer Volksschule zur neuen Mittelpunktschule in das benachbarte Hahnheim überwechseln. Damit hielt erstmals täglich ein Schulbus im Ort. Vier Jahre später, im Herbst 1970, folgten dann die Klassen 5 bis 8. Wie schon bei der Verwaltungsreform, blieb den Dörfern keine andere Wahl, als sich in die getroffenen Entscheidungen zu schicken. Pfarrer Friedrich beschrieb diese Vorgänge aus der Sicht Mommenheims:

"Kurz vor den Ferien wurde vom Schulrat erklärt, dass die Schule noch einige Jahre in Mommenheim bleibe. Kaum hatten die Ferien begonnen, die Schulleiterin im Urlaub, ebenso viele Eltern, kam überraschend (mit Überrumpelung) die Nachricht, dass das 5. - 8. Schuljahr nach Selzen-Hahnheim müssen. Das ist uns allen - Schule, Kirche, Eltern - in die Glieder geschlagen. So ist alles ungewiß geworden. Es entwickelt sich wie befürchtet. Große Versprechungen und nichts dahinter. Man hat gar nicht den Eindruck, dass alles besser wird. Das Ergebnis zeigt auch, dass unsere Schüler hier gut unterrichtet wurden. Die Kinder sind begeistert, besonders Ober die schöne Turnhalle. Sonst ist wenig zu begeistern.

Es stehen 3 Probleme vor uns. Einmal die Busfahrt. Mommenheim verlangt 2. Schulbushaltestelle. Nach langen, schwierigen Verhandlungen durch Bürgermeister und Elternbeirat mit Deutscher Bundesbahn und Kreisschulamt wurde erreicht, dass eine 2. Haltestelle an der Pfarrscheune eingerichtet wurde. Es fanden Unterschriftensammlungen statt mit Streikdrohung. (...) Das weitere Übel: In der Verbandsschule fehlen Lehrerstunden, so dass je(de) Klasse 4 - 5 Fehlstunden hat. Sport ist gekürzt, dazu die musischen Fächer. Ebenso fallen die Arbeitsgemeinschaften zum großen Teil aus. Auch für die Kirche gibt es Schwierigkeiten. Das 9. Schuljahr ist uns schon lange verloren gegangen. ... Der Kindergottesdienst hat stark abgenommen. Die Jahrgänge, die nach Hahnheim gehen, fehlen stark. In allen Dörfern ist Mißstimmung über die Mittelpunktschulen. Aber gefragt wird niemand." (Pfarrchronik, S. 284f.)

Diese Auslagerung der oberen Schulklassen aus dem Dorf bedeutete nicht nur für die Kinder einen Einschnitt. Vor allem die Fahrzeiten verlängerten die Zeit des Schulbesuchs und der Abwesenheit für die Schulkinder. Damit waren jedoch nicht allein die einzelnen Familien betroffen, sondern auch andere Bereiche des dörflichen Lebens. Die frühere enge Verbindung zwischen Schule und Dorf war jetzt noch weiter gelockert. Die älteren Kinder verbrachten von nun an den größten Teil des Tages nicht mehr im Dorf. Manche Bräuche, die zuvor von den Kindern ausgeübt worden waren, verschwanden. Ein Beispiel dafür ist der Gesang der Kinder bei Beerdigungen:

"Der Gesang der Kinder ist weggefallen, seitdem sie nach Hahnheim gehen. Die ganzen Jahre hat man über den schlechten Gesang der Kinder geschimpft. Jetzt bedauert man, dass sie nicht mehr mitgehen können." (Pfarrchronik, S. 285).

Die Einrichtung der neuen Mittelpunktschulen hatte aber nicht nur Auswirkungen für die dörfliche Kultur, sondern auch auf den sozialen Zusammenhalt der jeweiligen Altersgruppen. Zwar wurde jetzt das Bildungsangebot im schulischen Bereich erheblich ausgeweitet, gleichzeitig verteilten sich aber die Jahrgänge nach dem Verlassen der Grundschule auf mehrere Schulen und verloren damit den Zusammenhalt. Ebenso entstand mit der Förderung nach Begabungen innerhalb der Altersgruppen ein Bildungsgefälle, das sich als Konkurrenzverhalten insbesondere zwischen Hauptschülern und Gymnasiasten auswirkte. Mit dieser bildungsmäßigen Differenzierung unter den Mommenheimer Kindern und Jugendlichen veränderten sich nicht nur die zeitlichen Belastungen der einzelnen Schülerinnen und Schüler, sondern auch deren Interessen und soziales Verhalten. Die Altersgruppen nach Jahrgängen, die früher bis zur Pubertät gemeinsam die Schule besuchten und heranwuchsen, existierten damit nicht mehr.

Im Zuge der Verwaltungsreform wurde nun auch eine Sozialstation im benachbarten Schwabsburg eingerichtet, die die hauspflegerische Betreuung der Kranken für das Gebiet der Verbandsgemeinde übernahm. Offiziell nahm die Sozialstation ab 1. Januar 1975 ihre Tätigkeit auf. Die seitherige Mommenheimer Gemeindeschwester Elfriede Hoffmann wurde zwar von der Sozialstation übernommen, konnte aber nun nicht mehr in dem Maße für das Dorf zur Verfügung stehen, wie das zuvor der Fall gewesen ist. Man rief jetzt in Notfällen sehr viel häufiger den Arzt, während früher zunächst einmal die Schwester gebeten wurde, nach dem Rechten zu sehen. Da aber seit 1965 die Sozialversicherungspflicht für die Landwirte eingeführt worden war, bildeten zumindest die vorher häufig gescheuten Arztkosten keine finanziellen Probleme mehr. Dennoch bedeutete die Auslagerung der Hauskrankenpflege aus dem Dorf vielfach ein Absinken der Intensität der Betreuung in diesem Bereich. Nach einer gewissen Übergangszeit stellten sich jedoch die Mommenheimer auch auf diese Neuerung ein.

Auch innerhalb der evangelischen Kirche waren zu jener Zeit Bestrebungen im Gange, die einzelnen Kirchengemeinden zu größeren Einheiten zusammenzufassen und damit die kirchliche Arbeit stärker an die Entwicklungen im Bereich der öffentlichen Verwaltung anzupassen. Die entsprechenden "Perspektivpläne" verschwanden jedoch mit der Zeit wieder in den Schubladen. Zwar wurden im Dekanat kleine Gemeinden pfarramtlich miteinander verbunden, doch blieb im allgemeinen die Kirche im Dorf. Eine ursprünglich erwogene Zusammenlegung der Orte Mommenheim, Harxheim, Gaubischofsheim und Lörzweiler wurde im Blick auf die entstehenden Neubaugebiete und die damit zu erwartende Erhöhung der Gemeindegliederzahlen wieder fallen gelassen. Die Kirchengemeinde Mommenheim und Lörzweiler blieb daher unverändert.

Die "Neubürger" kommen

Der dritte maßgebliche Faktor für die Veränderung der traditionellen Lebensformen in Mommenheim war das Entstehen der Neubaugebiete um den alten Ortskern herum. Nachdem bis zum Anfang der sechziger Jahre das Gelände zwischen dem damaligen Ortsrand und dem Bahnhof bebaut worden waren, entstanden ab Mitte der sechziger Jahre die Siedlung "Am Erbesgarten" sowie ein größeres Baugebiet am südöstlichen Ortsrand. Das vorerst letzte und größte Neubaugebiet wurde im Laufe der siebziger Jahre am nördlichen Ortsrand bebaut. Durch diese Neubausiedlungen vergrößerte sich Mommenheim erheblich. In der Zeit zwischen 1961 und 1986 erhöhte sich die Einwohnerzahl Mommenheims von 1147 auf 1851 Personen (vgl. unten, Statistischer Anhang). Da die meisten dieser "Neubürger" jüngere Familien mit noch kleinen Kindern waren, verjüngte sich auch der Altersaufbau des Ortes merklich.

Die Auswirkungen dieser Entwicklung des Ortes erkannten alle Beteiligten erst nach und nach in ihrem vollen Umfang. Waren die früheren Landbesitzer - Bauern wie Gemeinderat - zunächst mehr oder weniger davon ausgegangen, dass sie auf einträgliche Weise ihre„ Äcker verkaufen und das Steueraufkommen der Gemeinde erhöhen konnten, so mussten sie bald feststellen, dass nun auch völlig andere Menschen im Ort wohnten. Andererseits hatten viele Neuzuzügler zunächst nur an die verhältnismäßig günstigen Grundstückspreise und ihr ersehntes "Haus im Grünen" gedacht, bis sie auf einmal gewahr wurden, dass sie mit dem Bauplatz auch ein ganzes Dorf dazugekauft hatten.

Die meisten dieser Mommenheimer "Neubürger" waren Angestellte und Beamte, die in Mainz beschäftigt waren. Von ihren Lebensformen her waren sie städtisch geprägt und verfügten über ein mittleres bis hohes Ausbildungsniveau, das in aller Regel deutlich über dem der "alten" Mommenheimer lag. Die Art und Weise, wie diese "Neubürger" mit ihrer neuen Umgebung umgingen, lässt sich auf wenige Grundformen zurückführen:

Typ A: "Hausbesitzer im Grünen" - pflegt seinen Rasen, unterhält wenige Nachbarschaftskontakte im Neubaugebiet, hat die wichtigsten sozialen Beziehungen in der Stadt und kümmert sich kaum darum, was sonst im Ort geschieht. Regt sich aber auf, wenn öfter mal ein Traktor durch die Straße fährt oder im Herbst die Schussanlagen in den Weinbergen knallen.

Typ B: "Begeisterter Dorfbewohner" - wollte immer schon mal aufs Land, findet dann aber doch manches sehr verbesserungsbedürftig, ist bei vielen Aktivitäten dabei, organisiert und rackert - bis er sich eines Tages enttäuscht zurückzieht oder seinen Platz in einem Verein oder einer Gemeinderatsfraktion findet.

Typ C: "Anpassungsfähiger Dorfstädter" - geht gelegentlich mit der Familie im Dorf spazieren oder auf eines der Feste, grüßt zurück, auch wenn er die Leute nicht kennt, unterhält sich bei passender Gelegenheit auch mal mit "alten Mommenheimern" und ist ansprechbar, wenn man ihn braucht.

Die nicht (mehr) berufstätigen Frauen mit Kindern hatten in der Regel häufigere Kontakte zum Dorf als dies bei den Männern der Fall war. Bei Einkäufen im Ort, im Kindergarten, durch die Schule oder beim Spazieren gehen mit den Kindern lernten sie den Ort und die Menschen meist besser kennen als ihre Männer und bildeten so das Bindeglied zwischen den Neubaugebieten und dem alten Ortskern. Dies führte dazu, dass die Frauen aus den Neubaugebieten sehr bald wichtige Aufgaben in den Vereinen und in den Kirchengemeinden des Dorfes übernahmen.

Die Kinder aus den "Neubürger"-Familien lernten dagegen das "alte" Mommenheim durch Kindergarten, Schule oder Vereine am schnellsten kennen. Diese Integrationsphase brach jedoch mit dem Verlassen der Grundschule häufig ab, so dass nach dieser Zeit der Grad der Ortbindung von der Einstellung des Elternhauses und der Art der neuen

Kontakte in der Schule außerhalb des Dorfes abhing (bzw. noch heute abhängt). Diese "Neubürger" bildeten fortan einen Faktor in Mommenheim, der allein schon wegen der Zahl der zugezogenen Familien in den unterschiedlichsten Bereichen des Ortslebens wirksam wurde.

Mommenheim wird modernisiert

Diesen Veränderungen der Bevölkerungsstruktur Mommenheims musste nun auch im Bereich der öffentlichen Einrichtungen Rechnung getragen werden. Da sich mit der Einwohnerzahl auch der Haushalt der Kommune vergrößert hatte, wurden solche Vorhaben auch finanzierbar, wenngleich sich beim Geld die unterschiedlichen Interessenlagen zwischen "Altbürgern" und "Neubürgern" sehr bald zeigten. Von allgemeinem Interesse war zunächst noch die Verbesserung der öffentlichen Einrichtungen. Im Jahre 1970 wurde die öffentliche Müllabfuhr eingeführt, und die freiwillige Feuerwehr bekam ein modernes Löschfahrzeug. 1969 beteiligte sich die Gemeinde erstmals am Wettbewerb "Unser Dorf soll schöner werden" und ließ einige Bepflanzungen vornehmen. Im Zuge der Modernisierung des Dorfes verschwanden 'aber zugleich auch einige der charakteristischen Züge des Dorfes, die bis dahin das Leben in Mommenheim geprägt hatten. Nach dem Ausscheiden des früheren Polizeidieners wurden bereits ab 1962 öffentliche Bekanntmachungen nicht mehr mit der Ortsschelle ausgerufen, sondern auf Anschlagtafeln bekannt gemacht. Mit dem Bau der neuen Friedhofshalle im Jahre 1970 hörten auch die Aufbahrung der Verstorbenen in den Häusern und die Leichenzüge durch den Ort auf.

Als ein sehr umstrittenes Thema erwies sich jedoch bald die Abwasserbeseitigung. Nachdem der Mommenheimer Gemeinderat vor allem wegen der Kostenfrage sehr lange gezögert hatte, eine öffentliche Kanalisation in Mommenheim verlegen zu lassen, ließ sich dieses Problem Anfang der siebziger Jahre nicht mehr verschieben. Da sämtliche Neubauten mit Bädern ausgestattet waren, stieg damit auch der Wasserverbrauch, so dass die angelegten Sickergruben häufig überliefen. Im Winter bildeten sich deshalb an verschiedenen Teilen des Ortes dicke Eisschichten auf den Straßen, die eine erhebliche Unfallgefahr darstellten. An einer Änderung dieser Verhältnisse waren vor allem die "Neubürger" interessiert, die meist die größten Abwasserprobleme hatten. Gleichzeitig scheuten alle die hohen Kosten. So bestimmte das Für und Wider zur Frage der Kanalisation auch die Verbandsgemeindewahlen im Jahre 1972. Eine Ende 1972 durchgeführte Befragung aller Hausbesitzer hatte eine hohe Stimmenthaltung, 104 Nein-Stimmen und 82 Ja-Stimmen zum Ergebnis. Im folgenden Jahr beschloss der Gemeinderat schließlich den Bau einer Kanalisation mit örtlicher Kläranlage, die 1979 fertiggestellt wurde.

Unumstritten waren dagegen die nächsten beiden großen Projekte der Gemeinde: der Neubau des Kindergartens und der Gemeindehalle. Das Haus der alten "Kleinkinderschule" hatte sich schon seit geraumer Zeit sowohl räumlich wie von der Ausstattung her als unzureichend erwiesen. Daher beschloss der Gemeinderat den Neubau eines Kindergartens auf dem Gelände hinter der "Kleinkinderschule", der 1978 fertiggestellt wurde. Damit konnte auch die Zahl der Kindergartenplätze von 50 auf 75 erhöht werden. Das freigewordene alte Haus mietete die evangelische Kirchengemeinde, die es seit 1979 als evangelisches Gemeindehaus (Pfarrer-Weimar-Haus) nutzt. Parallel zu diesem Vorhaben wurden die Planungen für den Bau einer Gemeindehalle vorangetrieben. Da die Räume der örtlichen Gastwirtschaften für größere Veranstaltungen zu klein geworden und für sportliche Zwecke ungeeignet waren, konnte nur der Bau einer größeren Mehrzweckhalle diese Bedürfnisse befriedigen. Auch die Gemeindehalle wurde im Jahre 1978 fertiggestellt.

Es entstanden aber nicht nur neue öffentliche Einrichtungen, sondern das Ortsbild begann sich auch insgesamt zu verändern. Viele Häuser, die in den fünfziger Jahren neu instand gesetzt worden waren, wurden um 1980 wieder renoviert. Bei der Gestaltung der Fassaden war häufig das Bemühen zu erkennen, sich stärker als bisher wieder an die Besonderheiten der regionalen Bauweise anzulehnen. Statt weißem Rauputz und Aluminiumrollläden wurden jetzt wieder Farbanstriche verwandt und die typischen Holzfenster zur Geltung gebracht. Unterstützt wurde dieser Prozess der Rückbesinnung auf die traditionelle Baukultur auch durch einzelne "Neubürger", die Bauernhöfe im Ortskern aufgekauft hatten und durch die gelungene Restaurierung dieser Häuser neue Maßstäbe im Ort setzten.

10. KAPITEL: VON DER "LEBENSFORM DORF" ZUR "LÄNDLICHEN LEBENSWEISE"

Es dauerte einige Zeit, bis sich die Mommenheimer auf all die Veränderungen eingestellt hatten, die das Dorf innerhalb von nur knapp 2 Jahrzehnten so spürbar verwandelt hatten. Eine Zeitlang mischten sich Altes und Neues noch: Während die einen mit hochmodernen Landmaschinen durch den Ort fuhren, spannten andere nach wie vor ihre Pferde an. Dabei war allen klar, wem die Zukunft gehörte; das Pferd, einst begehrtes bäuerliches Statussymbol, wurde nun zum Zeichen einer untergehenden Wirtschaftsweise.

In anderen Bereichen des dörflichen Lebens vollzog sich der Wandel weniger augenfällig. Zur Selbstverständlichkeit wurden nun z.B. die Fahrten in die Stadt oder in umliegende Dörfer. War früher die Fahrt nach Mainz oder ein Verwandtenbesuch im Nachbardorf ein sorgsam geplantes Unternehmen gewesen, machte das Auto jetzt den Wocheneinkauf im Großmarkt oder den gemeinsamen Besuch eines der vielen Weinfeste in der Umgebung am Wochenende zum normalen Bestandteil des Lebens im Dorf. Für Schichtarbeiter. Schulkinder oder Frauen ohne Zweitwagen dagegen wurden die Fahrpläne von Bus und Bahn zum Dauerproblem. Die Grenzen zwischen dem Dorf und der Außenwelt waren fließend geworden.

Auch die Neubaugebiete um den alten Ort herum begannen Wurzeln zu schlagen. Anfangs war die Abwehrhaltung gegenüber diesen Eindringlingen unübersehbar. Da wurden deren Finanzierungsprobleme beim Eigenheimbau mit der Bezeichnung "Känguru-Viertel" (große Sprünge, aber nichts im Beutel) hämisch auf den Begriff gebracht, und der Streit um die Schließung einer Durchgangsstraße durch das Wohngebiet der ruhebedürftigen Neubürger erregte monatelang die Gemüter im Ort. Aber schließlich bewährten sich die alten Spielregeln des dörflichen Lebens auch hier. Schulkinder und Hausfrauen verdienten sich zusätzliches Geld bei der Weinlese und lernten auf diese Weise die Mommenheimer Bauern kennen. Da organisierte ein IBM-Manager als Elternvertreter schon mal das Sommerfest des Kindergartens, oder ein Verwaltungsbeamter kopierte die Einladung für die Vereinsversammlung im Büro. Eine über ihre Kinder besorgte Mutter traf beim Einkaufen im Ort auf mitfühlende Anteilnahme, oder ein Jugendlicher, der das Geld für die Busfahrt sparen wollte, wurde mit dem Auto mitgenommen. Im Alltag wurde die Fremdheit überwunden, wenn auch die Verschiedenheit blieb.

Noch also ist die Integrationskraft des alten Dorfes groß genug, um die Spielregeln für das Leben im Mommenheim vorgeben zu können. Aber diese Spielregeln sind nicht mehr die gleichen wie in früheren Zeiten; denn herkömmliche dörfliche Lebensweisen und typische Lebensformen einer Industriegesellschaft mischen und überlagern sich heute im Dorf. Eine neue "ländlichen Lebensweise" beginnt sich seit einiger Zeit herauszubilden, die zwar an bestehende dörfliche Traditionen anknüpft, diese aber entsprechend den neuen Bedingungen auch deutlich verändert. Die Entwicklungen der letzten Jahre in Mommenheim lassen diese neue "ländliche Lebensweise" durchaus in Umrissen erkennen.

Vom Bauernhof zum Wohnort - das Dorf als Heimat

Der bäuerliche Hof als Grundform des Lebens im Dorf existiert nicht mehr. An seine Stelle ist der landwirtschaftliche Betrieb getreten, der zudem nur für einen kleinen Teil der Bewohner des Dorfes das Familieneinkommen sichert. Wer es bisher geschafft hat, seine "Bauerei" als Vollerwerbsbetrieb zu führen, lässt seine Kinder vorsichtshalber einen anderen Beruf erlernen; denn die Aussichten für einen landwirtschaftlichen Familienbetrieb sind langfristig nicht eben erfolgversprechend. Das sehen die Kinder ebenso, die ein festes Einkommen und geregelte Arbeitszeiten meist der Arbeit auf dem eigenen Hof vorziehen. Nur wenige von ihnen verstehen sich noch bewusst als Bauern.

Die Mehrheit der Mommenheimer arbeitet heute in der Stadt. Die Nebenerwerbslandwirtschaft ist notwendiger oder willkommener Zuverdienst, eine zusätzliche Sicherheit gegen den nicht auszuschließenden Arbeitsplatzverlust oder auch mühsame Bewahrung eines Restbestandes an bäuerlicher Identität. Der enge Zusammenhang von Wohnen, Arbeiten und sozialem Beziehungsgeflecht, der die Grundlage der "Lebensform Dorf" gebildet hatte, hat sich mehr und mehr aufgelöst. Das eigene Haus ist zur Privatsphäre geworden, in der man außerhalb der Arbeitszeiten lebt, von dem aus man seinem Nebenerwerb oder seinen Freizeitbeschäftigungen nachgeht. Die Dorfangelegenheiten (Vereine, Gemeinderat, Feste usw.) haben an Bedeutung und damit an Verbindlichkeit für das Leben der Einzelnen verloren; sie gehören jetzt in den Freizeitbereich.

Die entstandenen Neubaugebiete haben nicht nur die Einwohnerzahl fast auf das Doppelte ansteigen lassen, sondern den Ort auch unüberschaubarer gemacht. Die Tatsache, "dass man nicht mehr alle kennt im Ort", führt dazu, dass das Alltagsleben stärker als früher auf den engeren Bereich des bekannten Lebensumfeldes beschränkt wird. Das Dorf zerfällt in soziale Teilsysteme, die nicht mehr notwendig etwas miteinander zu tun haben müssen.

Bessere Ausbildungsmöglichkeiten und eigenständiges Einkommen haben bei der jüngeren Generation die früher bestehenden Abhängigkeiten innerhalb der Familien weitgehend beseitigt und damit ein höheres Maß an Entscheidungsfreiheit und individuellen Entfaltungsmöglichkeiten geschaffen. Die Jugendlichen im Dorf orientieren sich in ihrem Denken und Verhalten eher an den Maßstäben der Gesamtgesellschaft als an dem, was die Leute im Dorf sagen. Gleichwohl wissen sie die Vorteile des Lebens im Dorf im Vergleich zur Stadt durchaus zu schätzen. Die Überschaubarkeit der sozialen Beziehungen, die räumliche Großzügigkeit eines Dorfes, die Vielfalt der Möglichkeiten zur persönlichen Lebensgestaltung und die Vertrautheit mit der unmittelbaren Umgebung sind Lebensbedingungen, die sich die meisten jungen Leute in Mommenheim auch langfristig erhalten wollen. Sie haben daher häufig eine starke Bindung an den Ort, und viele von ihnen wollen auch als Erwachsene im Dorf wohnen bleiben, wenn es sich mit ihrer beruflichen Situation vereinbaren lässt. Ein Bauplatz ist meist irgendwo noch zu finden, und die Familie greift schon mal in die Tasche, um die Kinder im Ort zu halten. Wenn Freunde oder Verwandte mit anpacken, ist das Haus auch in Eigenhilfe zu bauen und zu bezahlen. Die damit vollbrachte Leistung schafft einen weiteren Bezug zum Ort.

In Teilbereichen des dörflichen Lebens funktioniert also noch jene familiare Solidargemeinschaft, die früher selbstverständlich gewesen war. Der entscheidende Unterschied ist jedoch, dass sie heute nicht mehr durch die Notwendigkeit der gemeinsamen Existenzsicherung erzwungen wird, sondern auf gegenseitiger Übereinkunft beruht. Das alte dörfliche Wertesystem, das dieses Verhalten stützt, ist ebenfalls noch vorhanden, hat aber seinen Zwangscharakter verloren. Gerade die jüngeren können sich sehr viel leichter darüber hinwegsetzen, als dies noch für ihre Eltern möglich gewesen war. Die materiellen Bindungen an den Ort sind durch emotionale ersetzt worden. Der Hof oder das Haus im Dorf ist heute in den meisten Fällen nicht mehr Existenzgrundlage, sondern Heimat.

Land-Wirtschaft

Kaum jemand hat heute im Dorf noch auf dem Tisch, was in der eigenen Gemarkung gewachsen ist. Die landwirtschaftlichen Produkte werden industriell verarbeitet und erreichen den Verbraucher nicht mehr vom Bauernhof nebenan, sondern über den Einzelhandel. Das Lebensmittelgesetz lässt noch nicht einmal mehr den Milchverkauf aus dem Kuhstall zu. Wahrscheinlich kommt auch die H-Milch, die es in Mommenheim zu kaufen gibt, aus Schleswig Holstein. Zwischen den verbliebenen Bauern im Dorf und ihren Kunden steht heute die Agroindustrie, die vom Saatkorn bis zum verpackten Endprodukt den Markt kontrolliert. Nur der Wein ist noch ein echter Wirtschaftsfaktor in Mommenheim, wenn auch der Absatz im Dorf nur den geringsten Teil des Umsatzes ausmacht. Die meisten Winzer haben einen Kundenkreis, der sich über das ganze Bundesgebiet verteilt. So sind die handgeschriebenen Schilder, die im Frühjahr zum Kauf von "frischen Spargeln" einladen, fast schon Nostalgie. Bei einigen Bauern sind noch Kartoffeln zu kaufen, und ab und an wird noch ein Schwein für den Eigenverbrauch geschlachtet. Aber das sind unscheinbare Reste jener Selbstversorgungsökonomie, die es schon lange nicht mehr gibt.

Die landwirtschaftlichen Betriebe, die in Mommenheim heute noch arbeiten, produzieren ausschließlich für den Markt. Neben dem Wein werden Weizen, Roggen, Gerste und - in geringerem Maße - Zuckerrüben und Kartoffeln angebaut. Die wenigen verbliebenen Haupterwerbsbetriebe haben ihre traditionelle Mischwirtschaft beibehalten, die das Risiko mindert, wenn einzelne Fruchtsorten einmal schlechte Erträge bringen. In dem Maße, in dem die Landwirtschaft ihre Bedeutung als Grundlage der dörflichen Ökonomie verlor, löste sich auch jener enge Zusammenhang von Landwirtschaft, Handwerk und Handel auf, der für das relativ geschlossene System der früheren "Lebensform Dorf" charakteristisch gewesen war. Zwar sind viele der alten Handwerksberufe aus dem Dorf verschwunden, aber das verbliebene Handwerk hat sich heute auf die neuen Verhältnisse eingestellt. Telefon und Auto machen es für die Handwerksbetriebe möglich, auch die Kunden in den Nachbardörfern zu bedienen. Wer einen Handwerker braucht, zieht gern den kleinen Betrieb in der Nähe der großen Firma in der Stadt vor. Wenn Not am Mann ist, kommt der Meister selbst nach Feierabend, und außerdem kennt man sich meist von irgendwoher. Die soziale Nähe, die für das Leben auf dem Dorf typisch ist, bezieht heute auch die Nachbardörfer ein.

Ebenfalls haben Handel und Gaststättengewerbe ihren Platz im Dorf behalten. Mit seinen ca. 2.000 Einwohner ist Mommenheim groß genug, um 2 Metzgern, 1 Bäcker, 3 Lebensmittelläden, einer Gärtnerei, einem Schreib- und Lederwaren- und einem Textilgeschäft eine Existenzgrundlage zu ermöglichen. Die Supermärkte in der Umgebung sind zwar eine ständig drohende Konkurrenz, aber es bleiben noch genug Kunden übrig, die entweder aus sozialer Verpflichtung oder weil sie sich für ein paar Kleinigkeiten nicht ins Auto setzen wollen, im Ort einkaufen. Die 5 Gaststätten in Mommenheim haben abends ihre Stammkunden und richten dazu häufiger größere Familienfeste aus. Manche bedienen zusätzlich noch Teilnehmer von Kaffeefahrten oder Ausflugsgesellschaften.

Eine Apotheke, ein praktischer Arzt und ein Zahnarzt gewährleisten eine ausreichende Gesundheitsversorgung im Ort, die besonders für die älteren Menschen in Mommenheim wichtig ist. Die Volksbank, die die Nachfolge der früheren Spar- und Darlehenskasse angetreten hat, und die Poststelle sind weitere Einrichtungen in Mommenheim, die das Leben im Alltag erleichtern.

Nach wie vor können also wesentliche Grundbedürfnisse in Mommenheim selbst befriedigt werden. Trotz aller Veränderung der wirtschaftlichen Grundlagen des Dorfes sind auch unter den neuen Verhältnissen typische Formen des dörflichen Wirtschafts- und Lebenszusammenhangs erhalten geblieben. Die Redewendung "Mer lasse jeden was verdienen" ist noch immer ein wichtiges Prinzip in Mommenheim, das soziale Verpflichtungen und wirtschaftliche Notwendigkeiten gleichermaßen berücksichtigt, wobei mit "jeder" alle gemeint sind, zu denen direkt oder indirekt soziale Beziehungen bestehen.

Neue Sozialbeziehungen

Wer etwas gilt im Ort, entscheidet sich schon lange nicht mehr an Landbesitz oder Familienzugehörigkeit. Zwar weiß man unter den "alten" Mommenheimern noch sehr genau, wer aus welcher Familie kommt, aber mit dem Funktionsverlust der Landwirtschaft haben auch die Bauern an Bedeutung für das Dorf als Ganzes verloren. Das verhältnismäßig feste soziale Gefüge des Dorfes und die überkommenen Hierarchien der früheren Zeiten sind im Prozess der Umwälzung der dörflichen Ökonomie endgültig zerbrochen.

Drei Gruppen lassen sich heute in Mommenheim unterscheiden, die das Zusammenleben im Ort bestimmen:
- Die Bauern und Winzer, die nach wie vor ihre wirtschaftlichen Interessen im Dorf haben;
- die "alten" Mommenheimer und deren Kinder, die in Beschäftigungsverhältnisse außerhalb des Dorfes übergewechselt sind, aber sozial und emotional stark mit dem Dorf verbunden bleiben, und schließlich
- die Gruppe der "Neubürger", bei denen sich erst noch herausstellen muss, was sie im Ort bedeuten können und wollen und ob sie überhaupt langfristig in Mommenheim wohnen bleiben.

Die Bindung an das Dorf, die früher als selbstverständlich vorausgesetzt wurde, ist heute zum entscheidenden Kriterium dafür geworden, welches Ansehen jemand wirklich im Ort gewinnen kann.

Mit der wirtschaftlichen und sozialen Differenzierung des Lebens im Dorf sind auch Interessenfelder und Einflussmöglichkeiten vielfältiger geworden. So nehmen z.B. die "Neubürger" und auswärtig Beschäftigten herzlich wenig Anteil an dem Für und Wider einer erneuten Flurbereinigung, bei dem freilich die unterschiedlichen Interessenlagen der Mommenheimer Landwirte sehr deutlich zutage treten und im Ort ausgefochten werden. Andererseits interessieren sich die Bauern, die im alten Ortskern wohnen, kaum dafür, ob und wo im Neubaugebiet ein Kinderspielplatz angelegt werden soll; es sei denn, ein solches Projekt tritt im Haushalt der Gemeinde in Konkurrenz zu anderen Vorhaben, die sie für wichtiger halten. Wer früher etwas gelten wollte im Ort, versuchte in möglichst vielen Bereichen des dörflichen Lebens präsent zu sein und dadurch seinen Einfluss zu mehren. Er war gleichzeitig aktives Mitglied in "seinem" Verein, im Gemeinderat, im Kirchenvorstand und bei der Genossenschaft oder der Feuerwehr und konnte so an den entscheidenden Stellen mitreden. Manche Mommenheimer Bauern versuchen das noch, geraten dabei aber zunehmend außer Atem. Die Arbeit im eigenen Betrieb ist anstrengend genug, und auch die Familie fordert ihr Recht. Man überschaut nicht mehr alles und kann auch nicht mehr für alles zuständig sein. So konzentriert sich jeder mehr und mehr auf seine eigenen Probleme. Das immer komplizierter werdende Leben in einer Industriegesellschaft fördert auch im Dorf den Rückzug auf den privaten Lebensbereich und die unmittelbaren Eigeninteressen.

Das Überwechseln vieler Bauern in Beschäftigungsverhältnisse außerhalb des Ortes hatte das Mommenheimer Vereinsleben zunächst in eine tiefe Krise gestürzt. Die Mehrzahl der Vereinsmitglieder war vor allem aus zeitlichen Gründen nicht mehr in der Lage, die Arbeit der Vereine wie bisher mitzutragen. Als jedoch ab Ende der siebziger Jahre immer mehr "Neubürger"familien zuzogen, erhielt das Vereinsleben einen ungeahnten Aufschwung. Diese neuen Bewohner des Dorfes waren jetzt weitgehend abgeschnitten von den Freizeitangeboten der Stadt und suchten nach anderen Möglichkeiten. Die Vereine im Dorf boten dafür den geeigneten Rahmen, mussten aber gleichzeitig neue Aktivitäten anbieten, um diesen Bedürfnissen entgegenzukommen. In dem Maße, in dem sich die "Neubürger" in den Mommenheimer Vereinen engagierten, übernahmen sie auch verantwortliche Aufgaben, zu denen auch die Mitarbeit in den Vereinsvorständen gehörte. Dabei trat wieder jener doppelte Effekt auf, der bereits bei dem Entstehen der Neubaugebiete beobachtet werden konnte: Zwar ergänzten sich die Interessen der "alten" und "neuen" Mommenheimer, aber gleichzeitig übersah man auf beiden Seiten, dass die Voraussetzungen für ein gedeihliches Miteinander außerordentlich verschieden waren und einen mitunter mühsamen und nicht immer spannungsfreien Prozess der gegenseitigen Annäherung notwendig machten.

Insbesondere die Entwicklungen im Mommenheimer Sportverein spiegelten diese Probleme wider. Der "Turn- und Sportverein 1903 Mommenheim" war ebenso wie die beiden Gesangvereine im Frühjahr 1950 wiedergegründet worden und betrieb über lange Jahre als einzige Sportart lediglich Fußball. Im Jahre 1962 war es dem Verein unter großen Anstrengungen gelungen, einen Fußballplatz auszubauen, der die Spielmöglichkeiten für die Fußballmannschaft verbesserte und so die Voraussetzungen für beachtliche Wettkampferfolge schuf. Im Jahre 1973 wurde mit der

Gründung einer Damengymnastikabteilung erstmals das sportliche Angebot des Vereins erweitert. Die zugezogenen "Neubürger" hatten jedoch über den Fußball und Damengymnastik hinaus weitere sportliche Interessen. Die Fertigstellung der Gemeindehalle machte es auch möglich, zusätzliche Aktivitäten zu entwickeln, so dass bald Tischtennis und Kinderturnen dazukamen. Überlegungen zur Errichtung eines Tennisplatzes (ein typischer "Neubürger"sport!) wurden entwickelt. Gleichzeitig plante die Fußballabteilung den Erwerb einer Flutlichtanlage. Die Vereinsarbeit expandierte mit einer kaum erwarteten Schnelligkeit.

Diese Ausdehnung der Vereinstätigkeit erforderte jedoch ebenfalls neue Prioritätensetzungen und Abstimmungen hinsichtlich der Finanzierung all dieser Aktivitäten und Planungen. Besonders die Fußballabteilung, die den Verein lange Zeit allein ausgefüllt und geprägt hatte, befürchtete nun eine Verminderung ihres Einflusses. Dies führte zu erheblichen Spannungen innerhalb des Vereinsvorstandes, die während der Vorbereitungen für die 75-Jahrfeier des Vereins im April 1978 zeitweilig hintangestellt wurden, bei einer Mitgliederversammlung im Juni des gleichen Jahres aber umso heftiger aufbrachen. Im Laufe der folgenden Monate eskalierte dieser Konflikt weiter und führte schließlich zu einer Spaltung des Vereins. Im September 1979 wurde daher der "Sport-Club Mommenheim e.V." neu gegründet, der es sich zur Aufgabe machte, mit Ausnahme des Fußballs alle Sportarten anzubieten, für die im Ort Interesse bestand. Bezeichnenderweise setzte sich der Vorstand des neuen Sportvereins überwiegend aus "Neubürgern" zusammen. Im Laufe der Zeit begann aber wieder das Prinzip der "stillen, aber belebenden Konkurrenz" zu wirken, da nun der "Turn- und Sportverein 1903" nach und nach ähnliche Sportangebote entwickelte wie der "SC". Die Folge war, dass damit das Freizeitangebot im Dorf beträchtlich erweitert wurde. Da persönliche Beziehungen, Übungszeiten usw. langfristig größeres Gewicht bei der Entscheidung über die Mitarbeit in einem der beiden Vereine hatten als der anfänglich vorhandene Gegensatz "Altbürger-- Neubürger", bauten sich diese Spannungen auch schrittweise wieder ab, so dass beide Mommenheimer Sportvereine heute gleichberechtigt nebeneinander stehen. Diese Vorgänge ähneln in ihrem Ablauf auf bemerkenswerte Weise jenen, die in den Jahren 1912 bis 1914 zur Spaltung des Männergesangvereines geführt hatten. In beiden Fällen waren im Ort zwei ähnliche Vereine entstanden, die sich als lebensfähig erwiesen und für die daher offensichtlich im Dorf ein Bedarf vorhanden war. Unabhängig von den jeweils besonderen Umständen und Personen ist daraus zu schließen, dass auch unter den veränderten sozialen Bedingungen in Mommenheim die Gesetzmäßigkeiten des dörflichen Vereinslebens wirksam geblieben sind und auch die "Neubürger" ihnen nicht entkommen.

Trotz solcher gelegentlich auftretenden Spannungen ist seit Ende der siebziger Jahre eine ständige Ausweitung des Freizeitangebotes im Dorf zu beobachten. Die Gesangvereine veranstalten Feste. Theateraufführungen und Fastnachtsitzungen. Beide Kirchengemeinden richteten eigene Gemeindehäuser ein und konnten so ihre Gruppenarbeit intensivieren. Das Volksbildungswerk erweiterte sein Veranstaltungs- und Kursangebot. Eine Gruppe Mommenheimer jugendlicher organisiert seit mehreren Jahren regelmäßig ein Musikfestival im Freien. Ein Kleintierzuchtverein, eine Ortsgruppe der Arbeiterwohlfahrt, ein Landfrauenverein und ein kleiner "3. Welt Laden" sind in den letzten Jahren neu entstanden.

Die alten Funktionen und Strukturen des Mommenheimer Vereinslebens haben sich damit auch unter den neuen Bedingungen bewährt. Die traditionelle Rolle der Vereine als Vermittlungsinstanz zwischen Stadt- und Dorfkultur war einerseits eine wichtige Voraussetzung für die verhältnismäßig reibungslose Integration der zugezogenen Städter, andererseits ermöglichte sie auch die notwendige Ausweitung und Veränderung der dörflichen Vereinsarbeit. Gleichzeitig erwiesen sich die Vereine erneut als die Institutionen, durch die am leichtesten soziale Beziehungen über die sonst bestehenden Gruppenbindungen im Dorf hinaus herzustellen waren. Die Funktion der Vereine als soziale und kulturelle "Klammern" für das Leben im Dorf ist damit zu zur entscheidenden Voraussetzungen für die Bewahrung einer eigenständigen dörflichen Identität geworden.

Dorfpolitik unter neuen Verhältnissen

Durch die stärkere Einbindung des Dorfes in die gesamtgesellschaftlichen Entwicklungen verloren auch die traditionell vorhandenen Gegensätze und Einstellungen, die das Leben in Mommenheim über Jahrhunderte geprägt hatten, zunehmend ihre Grundlagen und damit ihre Bedeutung. Nachdem die allgemeinen politischen Voraussetzungen für diese Gegensätze entfallen sind, verschwinden alte Vorurteile und werden neue Gemeinsamkeiten möglich. Dies zeigt sich sowohl an dem Verhältnis zwischen den Konfessionen im Ort als auch an der Haltung der Mommenheimer gegenüber den Franzosen.

Eine wichtige Voraussetzung für den Abbau der vorhandenen Spannungen zwischen den beiden Kirchengemeinden war zunächst die Überwindung der konfessionellen Gegensätze im politischen Bereich. Mit der Gründung der CDU war der politisch bestimmte Konfessionsgegensatz zwar nicht gänzlich verschwunden, aber doch wesentlich entschärft worden. Ebenso engagierten sich bewusste Christen beider Konfessionen in der SPD oder in anderen Parteien. Der früher selbstverständliche Zusammenhang zwischen Konfessionszugehörigkeit und Wahlverhalten war damit tendenziell aufgelöst. Gleichzeitig sahen sich beide Kirchen in der offenen Gesellschaft der Bundesrepublik zunehmend vor die Aufgabe gestellt, ihren Platz in einer säkularen Umwelt neu zu bestimmen. Massenmedien und Modetrends übernahmen die Aufgabe der Verhaltensorientierung und vermeintlichen Sinngebung. Industrielle Arbeitsmethoden und entsprechende Denkweisen veränderten auch das Lebensgefühl und die Religiosität im Dorf. Deutlichster Ausdruck dieser Tatsache war die Abnahme der kirchlichen Bindung bei den jungen Leuten, die Zunahme der gemischt-konfessionellen Ehen und der Zahl der Kirchenaustritte. Der Zuzug der städtisch geprägten "Neubürger", denen zunächst die traditionelle Kirchlichkeit in Mommenheim fremd war, verstärkte diese Entwicklung noch.

Obwohl bereits in den sechziger Jahren die ersten ökumenischen Gespräche zwischen beiden Kirchengemeinden im Ort stattfanden, bauten sich die verfestigten Gegensätze zwischen den Konfessionen nur sehr langsam ab, so dass es immer wieder Schwierigkeiten damit gab, "Ökumene vor Ort" im Alltag des Dorflebens zu praktizieren. Da Kirche und Pfarrer aber einerseits nach wie vor von großer Bedeutung im Dorf sind und andererseits das Verständnis für die konfessionellen Unterschiede immer geringer wird, wächst damit zugleich der Druck von der Gemeindebasis zu mehr Gemeinsamkeit zwischen beiden Kirchen im Ort. Unterdessen ist es bereits zur Selbstverständlichkeit geworden, dass Schulgottesdienste, Kindergartenfeste oder festliche Gelegenheiten im Dorf ökumenisch begangen werden. Wenn auch viele Möglichkeiten zur Zusammenarbeit der beiden Konfessionen in Mommenheim noch offen sind, so ist doch die tiefe Kluft zwischen beiden christlichen Gemeinden, die früher in vielen Bereichen zu spüren gewesen war, heute weithin verschwunden.

Die neue Beziehung zwischen Mommenheim und der Partnergemeinde Neuilly-les-Dijon markiert ebenfalls das Ende der lange bestehenden Spannungen mit den französischen Nachbarn. Auch dies war eine Folge der allgemeinen politischen Entwicklungen. Nach dem 2. Weltkrieg machten der "Kalte Krieg" mit dem Osten und die von Adenauer betriebene West-Integration der Bundesrepublik eine Aussöhnung mit Frankreich dringend notwendig. Allerdings wurde erst knapp 20 Jahre nach Kriegsende, im Jahre 1963, ein Freundschaftsvertrag mit Frankreich geschlossen. Ausgehend von diesem Vertrag entwickelte man auf Länderebene Partnerschaftsprogramme zwischen den Städten und Gemeinden, wobei das Land Rheinland-Pfalz eine Partnerschaft mit Burgund einging.

Zufällig ergab sich im Jahre 1970 ein Kontakt zwischen Mommenheim und der Burgunder Gemeinde Neuilly-les-Dijon. Vom 11. bis 14. Mai 1972 besuchte zum ersten Mal eine Gruppe von Bürgern aus Neuilly ihre neue Partnergemeinde. Bei diesem Besuch wurde dann die Partnerschaft zwischen Mommenheim in Rheinhessen und Neuilly-les-Dijon in Burgund förmlich besiegelt. Seitdem sind die gegenseitigen Besuche der beiden Gemeinden zu einem festen Bestandteil des Dorflebens geworden. Da die Darstellung der eigenen Kultur und Geschichte bei den entsprechenden Veranstaltungen während Partnerschaftstreffen dazugehört, ist dies gleichzeitig ist dies gleichzeitig eine Form des Kulturaustausches auf Dorfebene. Auch sind viele persönliche Kontakte auf diese Weise entstanden und manche negative Erfahrungen aus früheren Zeiten konnten durch das gegenseitige Sich-kennen-lernen bewältigt und durch neue, positive Erlebnisse ausgeglichen werden. Am 9. März 1982 bildete sich in Mommenheim ein "Freundeskreis Neuilly-Mommenheim", der sich in besonderer Weise um die Ausgestaltung der Partnerschaftsarbeit bemüht.

Nachdem in Neuilly ein "Place de Mommenheim" geschaffen wurde, beschloss der Mommenheimer Gemeinderat, den am 19. Mai 1985 eingeweihten Dorfplatz in Mommenheim "Neuillyer Platz" zu nennen.

Mit dieser mittlerweile fünfzehnjährigen Partnerschaft zweier Dörfer aus ehemals feindlichen Ländern ist ebenfalls ein langes Kapitel jahrhundertelanger gegenseitiger Bedrohung, Kriege und Unterdrückung zu Ende gegangen. Die einfachen Menschen hatten auch in jenen Zeiten immer Wege zueinander gefunden, wenn die Möglichkeiten dazu bestanden. Was sie getrennt hatte, waren die politischen Verhältnisse, die - wie dieses Beispiel deutlich zeigt - veränderbar sind.

Ein politisches Engagement, das nicht durch entsprechende Regierungsprogramme unterstützt wird, hat dagegen häufig sehr viel größere Schwierigkeiten, sich öffentlich darzustellen. Die verkrusteten Denkmuster des Kalten Krieges ließen daher auch vielen Mommenheimern die Friedensbewegung, die seit Beginn der 80er Jahre öffentlich gegen die immer weiter fortschreitende atomare Aufrüstung protestiert, ausgesprochen suspekt erscheinen. Umso erstaunlicher war es, dass eine lokale Friedensgruppe, die sich gegen die Errichtung einer militärischen Anlage im Dorf wandte, eher auf allgemeine Zustimmung denn auf Ablehnung stieß.

Im Jahre 1984 wurden Pläne der Bundeswehr im Ort bekannt, wonach das 1981 stillgelegte Mommenheimer Industriegelände als "Mobilmachungsstützpunkt" militärisch genutzt werden sollte. Da das Gelände mitten in einem Wohngebiet liegt, hätte ein solcher militärischer Stützpunkt nicht nur einen weiteren Schritt in der ohnehin sehr fortgeschrittenen Militarisierung Rheinhessens, sondern auch eine Minderung der Wohnqualität im Ort bedeutet. Als Reaktion auf diese Planungen schlossen sich jüngere Leute aus dem Ort zu einer örtlichen Friedensgruppe zusammen und führten eine Unterschriftenaktion gegen diese Pläne durch. Innerhalb kurzer Zeit brachten sie 400 Unterschriften zusammen. Als sich daraufhin der Gemeinderat ebenfalls gegen den geplanten Stützpunkt aussprach, wurde das Vorhaben im Frühjahr 1985 aufgegeben.

Diese Friedensgruppe hat unterdessen ihre Interessen auch auf andere Belange des Ortes ausgedehnt (z.B. Umweltfragen, Verkehrsplanung usw.). An dem Engagement dieser Gruppe wird deutlich, dass gerade die jüngere Generation im Dorf die allgemeinen Entwicklungen im Land sehr aufmerksam verfolgt und sich mit ihren Kräften jenen Entwicklungen entgegenstellt, die sie für verhängnisvoll hält. Es zeigt sich aber auch, dass vorhandene politische Einstellungen noch immer dann zweitrangig werden, wenn allgemein anerkannte Dorfinteressen berührt sind.

Mit der Vergrößerung des Dorfes durch die entstandenen Neubaugebiete und der wachsenden Vielschichtigkeit der im Ort vorhandenen Interessen veränderten sich auch die Aufgaben des Mommenheimer Gemeinderates. Gleichzeitig hatte der Anschluss an die Verbandsgemeinde neue Voraussetzungen für die Arbeit des Gemeinderates geschaffen. Nach dem Anschluss an die Verbandsgemeinde im Jahre 1973 waren dem Gemeinderat zwar formal die Entscheidungskompetenzen bei ortspezifischen Angelegenheiten erhalten geblieben, jedoch geriet die Ortsverwaltung über unzählige Verwaltungsvorschriften und komplizierte Verfahrensprobleme in eine immer stärkere Abhängigkeit von der übergeordneten Verbandsgemeindeverwaltung. Dies schuf völlig neue Ausgangsbedingungen für die Arbeit des Gemeinderates. Eine unmittelbare Folge dieser Entwicklungen war, dass nun die Parteien wieder an Einfluss gewannen und die Dorfpolitik bestimmten.

Ab 1960 hatte man in Mommenheim auf die Aufstellung von Listen bei Gemeindewahlen verzichtet und nach dem

Mehrheitsprinzip gewählt. Durch diesen Verzicht auf Fraktionsbildungen waren nicht nur die Konfliktmöglichkeiten in der Arbeit des Gemeinderates reduziert, sondern auch das Einfließen übergeordneter Parteiinteressen in die Dorfpolitik weitgehend verhindert worden. Gewählt wurde daher überwiegend nach persönlicher Bekanntheit der Kandidaten und weniger aufgrund von parteipolitischen Einstellungen. In dem Maße jedoch, in dem die Ortsverwaltungen ihre Selbständigkeit durch die Eingliederung in die Verbandsgemeinde verloren, versuchten sie ihren Einfluss auf Kreis- und Landesebene zu verstärken. Dies war am ehesten über die politischen Parteien zu erreichen. Die Ortsvereine der Parteien konnten nämlich auf die Apparate und die Einflussmöglichkeiten der Kreis- oder Landesverbände zurückgreifen und diese z.B. bei der Zuweisung von Zuschüssen für die Ortsgemeinde oder der Durchsetzung anderer örtlicher Vorhaben nutzen. Daher trat bei der Gemeindewahl im Jahre 1974 neben der Freien Wählergemeinschaft zunächst die SPD, ab 1979 ebenfalls die CDU wieder mit einer Liste auf. Obwohl anfangs noch die "Freien Wählergemeinschaften" aufgrund ihres unmittelbaren Ortsbezuges die meisten Stimmen auf sich vereinigen konnten, mussten sie mit jeder Gemeindewahl erhebliche Stimmenanteile an SPD wie CDU abgeben. Da die Freien Wählergemeinschaften nicht solche Einflussmöglichkeiten hatten wie die großen Parteien, konnten sie weniger Erfolge vorweisen und gerieten bei den folgenden Gemeindewahlen zunehmend ins Hintertreffen. Hinzukam, dass die meisten der neu zugezogenen Wähler die innerörtlichen Verhältnisse häufig nicht kannten und bei Gemeindewahlen daher eher den politischen Parteien als lokalen Wählergemeinschaften ihre Stimme gaben, wodurch sich deren Stimmenanteil weiter erhöhte.

Eine weitere Folge dieser neuen Entwicklungen war der Umstand, dass nun auch Neubürger in den Gemeinderat gewählt wurden, denen man aufgrund ihrer beruflichen Qualifikationen und ihrer meist entwickelteren Redegewandtheit die Vertretung der Ortsinteressen im "Dschungelkampf" der Verwaltungen und Gremien eher zutraute als den Mommenheimer Bauern. Diese Rechnung ging jedoch nur bedingt auf. Zum einen waren diese Neubürger meist nicht sehr vertraut mit den innerörtlichen Interessen und Machtstrukturen, was wiederum die alteingesessenen Ratsmitglieder als Vorteil nutzten, zum anderen bestimmte nun der Streit über Verwaltungsvorschriften und Verfahrensfragen immer häufiger die Arbeit des Gemeinderates selbst, so dass darüber die anstehenden Sachfragen oft genug in den Hintergrund traten. Es wiederholten sich also - ähnlich wie in den Vereinsvorständen - auch im Gemeinderat Prozesse, die im Prinzip nicht wesentlich anders verliefen als in früheren Zeiten der Mommenheimer Ortsgeschichte.

Ausblick

All die oben beschriebenen Entwicklungen sind nicht mehr umkehrbar. Jenes Mommenheim, wie es noch vor 20 Jahren bestand, gehört jetzt endgültig der Vergangenheit an. Dennoch gibt es sehr deutliche Anzeichen für die unveränderte Lebendigkeit dörflichen Lebens und dörflicher Kultur in Mommenheim. Aus der Verschmelzung dörflicher und städtischer Lebensformen ist mittlerweile ein Drittes entstanden. Eine neue "ländliche Lebensweise" ist heute die gemeinsame Grundlage des Lebens von "Alt-" und "Neu"-Bürgern geworden - wenn auch mit unterschiedlichen Nuancierungen. Das gemeinsame Interesse daran, weiterhin in Mommenheim leben zu wollen, hat genügend Kräfte und Fantasie freigesetzt, um dieser neuen Lebensweise auch ein ihr entsprechendes soziales und kulturelles Fundament zu geben.

Damit haben die Menschen in diesem Dorf im Grunde genau das getan, was in Mommenheim schon immer praktiziert wurde: den Herausforderungen ihrer Zeit mit ihren Mitteln und Möglichkeiten zu begegnen. Das Leben im Dorf war nie ein bloßes Produkt der jeweiligen Zeitumstände, sondern immer sind die Entwicklungen in den einzelnen Epochen der Dorfgeschichte auf sehr charakteristische Weise umgesetzt - und gelebt worden. Die Kraft dazu werden die Menschen in Mommenheim sicher auch in Zukunft aufbringen.

ZEITTAFEL ZUR GESCHICHTE VON MOMMENHEIM

4.Jh. v.Chr.   Erster Nachweis einer Besiedlung Mommenheims (Keltische Gräberfunde).

1.Jh. v.Chr.   Einwanderung von Germanen.

51 v. Chr.   Rheinhessen wird Teil des römischen Reiches.

5.Jh. n.Chr.   Einwanderung fränkischer Siedler nach Rheinhessen

23.05.764   Erste schriftliche Erwähnung Mommenheims (Schenkungsurkunde an das Kloster Lorsch. Die genaue Datierung ist umstritten).

19.12.1276   "Freiheitsbrief" des damaligen Lehnsherrn Philipp von Hohenfels. Rechtlich abgesicherter Beginn der Herrschaft der Ganerben; Mommenheim wird eigene politische Einheit.

1468-72   Neubau des Chores und der Sakristei der Pfarrkirche.

nach 1546   Mommenheim wird (überwiegend) lutherisch.

1567   Entlassung des Mommenheimer Pfarrers Vincentus wegen "eindringenden Calvinismus".

1599   Johannes Gerlich wird evangelischer Pfarrer in Mommenheim (bis 1621).

um 1600   Kath. Kirche auf dem Nazarienberg wird niedergebrannt

17.Jh.   Ständige Kriege in Rheinhessen.

1635   Joh. Jeremias Molther wird evangelischer Pfarrer in Mommenheim.

1679   Annexion Rheinhessens durch Frankreich (Reunion).

ab 1687	Die evangelische Kirche wird als Simultankirche auch von der katholischen Gemeinde in Mommenheim genutzt.
um 1690	Die evangelische Kirche wird niedergebrannt.
1694	Joh. Heinrich Herpel wird ev. Pfarrer in Mommenheim (bis 1700)
1697	Ende der französischen Herrschaft in Rheinhessen.
1717	Evangelische Kirchengemeinde tritt der katholischen Kirchengemeinde 1/3 ihres Besitzes ab.
1720	Bau der katholischen Kirche in Mommenheim.
ab 1720	Die evangelische Kirche wird wieder aufgebaut.
1743	Johannes Konrad Bergmann wird ev. Pfarrer (bis 12.12.1761).
1762	Georg Wilhelm Friedlieb Michaelis wird ev. Pfarrer in Mommenheim. Vikar Schmidt versieht die Stelle bis 1777
1777	Johann Heinrich Wilhelm Wagner wird ev. Pfarrer in Mommenheim (bis 1782). "Kirchenstreit" in Mommenheim wegen Besetzung der Pfarrstelle.
1795	Friedrich Alexander Graf von Saarbrücken wird ev. Pfarrer (bis 1796)
07.11.1796	Der ev. Pfarrer Michael Schröder stirbt nach halbjährigen Dienst.
1797	Karl Dietrich Greim wird ev. Pfarrer in Mommenheim bis zu seinem Tode (16.7.1830).
23.01.1798	Angliederung Rheinhessens an Frankreich. Ende der Herrschaft der Ganerben in Mommenheim.

12.07.1816	Angliederung Rheinhessens an das Großherzogtum Hessen-Darmstadt.
1824	Kirchenunion im Großherzogtum Hessen. Vereinigung der reformierten und der lutherischen Konfession. Die lutherische Gemeinde Mommenheim wird "uniert".
1831	Karl Friedrich Ludwig Scheid wird ev. Pfarrer in Mommenheim (bis 1849).
14.04.1850	Franz Joseph Helferich wird evangelischer Pfarrer in Mommenheim bis zum 18.4.1865. Helferich ist als Erweckungsprediger und Förderer der Inneren Mission in Rheinhessen tätig.
1862	Gründung des Turnvereins Mommenheim. Daraus entwickelt sich eine Gesangsabteilung, die zum Männergesangverein 1862 wird.
17.11.1862	Einweihung des neuen Schulgebäudes.
1864	Ankauf des kath. Schulhauses in der Hindenburgstr.
10.06.1865	Emil Ohly wird Pfarrer in Mommenheim (bis Juli 1875).
1866	Preußisch-Österreichischer Krieg (Großherzogtum Hessen auf der Seite Österreichs).
1868	Eröffnung eines Kindergartens (Kleinkinderschule) im Rathaus Mommenheim (gegründet durch Pfarrer Ohly). Auflösung des Turnvereins.
1782	Friedrich Karl Liebrich wird ev. Pfarrer (bis 27.9.1794).
1870/71	Preußisch-Französischer Krieg
1871	Gründung des Deutschen Reiches.
21.11.1875	Friedrich Pfannmüller wird ev. Pfarrer in Mommenheim (bis zum 22.12.1883). Danach Vakanz bis 1887.

	Beginn einer Agrarkrise in Deutschland.
1876	Einführung der Kirchensteuer.
1877	Bau der Chaussee Mommenheim - mehrere Brände in Mommenheim.
Ende 1880	Gründung des ev. Choralvereins.
1883	Bau der Chaussee Mommenheim – Lörzweiler.
01.12.1885	Einführung eines Fahrdienstes
1887	Einrichtung einer Poststation
01.08.1887	Friedrich Beck wird Pfarrer in Mommenheim (bis 1890).
1890	Telefonverbindung mit Nackenheim.
	Niederlassung des ersten Arztes Hans Berg in Mommenheim.
26.10.1890	Theodor Weimar wird ev. Pfarrer in Mommenheim (bis 1900).
1891	Gründung der Pfennigsparkasse durch Pfr. Weimar.
20.02.1892	Gründung der Spar- und Darlehenskasse.
ab 1894	Erneute Agrarkrise in Deutschland.
1895	Bau des Bahnhofs in Mommenheim.
	Zusammenlegung der Konfessionsschulen zu einer christlichen Gemeinschaftsschule.
01.10.1896	Eröffnung der Bahnlinie Bodenheim-Alzey.
1897	Bau der Kleinkinderschule in Mommenheim.
	Adam Werner wird kath. Pfarrer in Lörzweiler und für Mommenheim (bis 1900).
16.06.1898	Einweihung der "Kleinkinderschule" Mommenheim.
21.10.1900	Paul Vogt wird ev. Pfarrer in Mommenheim (bis 1901). Adam Gärtner wird kath. Pfarrer für Mommenheim (bis 1919).
12.05.1901	Friedrich Axt wird ev. Pfarrer in Mommenheim (bis 5. 5. 1908)

1903	Wiedergründung des Turnvereins ("Turnverein 1903")
16.02.1904	Erste Beerdigung auf dem neu angelegten Friedhof.
01.05.1905	Inbetriebnahme der zentralen Wasserversorgung in Mommenheim.
16.12.1906	Einweihung der neu restaurierten ev. Kirche.
27.06.1908	Otto Bingel versieht bis Anfang 1909 die ev. Pfarrstelle.
1909	Einrichtung einer Gemeinde-Krankenschwesternstation.
19.09.1909	Friedrich Landmann wird evang. Pfarrer in Mommenheim.
06.12.1912	Anschluss Mommenheims an das Elektrizitätsnetz.
1912	Sängerfest anlässlich des 50-jährigen Bestehen des MGV 1862
01.02.1914	Gründung des MGV Liederkranz.
01.08.1914	Beginn des 1. Weltkrieges.
Juli 1917	Ablieferung der Glocken und der zinnernen Orgelpfeifen aus der evangelischen Kirche.
Okt. 1918	Ende des 1. Weltkrieges.
09.11.1918	Absetzung von Großherzog Ernst-Ludwig von Hessen-Darmstadt.
Dez. 1918	Besetzung Rheinhessens durch französische Truppen.
1919	Adam Schmitt wird kath. Pfarrer für Mommenheim (bis 1935).
1920	Niederlassung von Dr. Willi Fröhlich als Arzt in Mommenheim (bis 1948).
31.01.1923	Eisenbahnerstreik im Rahmen des "passiven Widerstandes" (bis 26. September 1923).
15.11.1923	Gründung der Rentenbank, Ende der Inflation.

1925	Erste Einflüsse des Nationalsozialismus in Mommenheim.
1928/29	Beginn der Weltwirtschaftskrise, steigende Arbeitslosigkeit.
1929	Anschluss Mommenheims an das Telefonnetz.
	Kampagne gegen den Youngplan.
30.06.1930	Ende der französischen Besatzung.
1930	Preissturz bei den landwirtschaftlichen Erzeugerpreisen, hohe Arbeitslosigkeit. Wachsender Einfluss der NSDAP in Mommenheim.
06.12.1931	Pfarrvikar Ernst Hill wird Pfarrverwalter in Mommenheim (bis Ende Mai 1932).
11.12.1932	Ludwig Büchler wird Pfarrverwalter in Mommenheim.
30.01.1933	Adolf Hitler wird zum Reichskanzler ernannt.
05.03.1933	Reichstagswahl. NSDAP und Deutschnationale erhalten die Mehrheit der Sitze im Reichstag.
24.03.1933	Verabschiedung des "Ermächtigungsgesetzes" im Reichstag.
April 1933	Im Rahmen der Gleichschaltung wird der Gemeinderat in Mommenheim aufgelöst und Bürgermeister Leib abgesetzt.
Mai 1933	Erste Verhaftungen in Mommenheim.
16.07.1933	Gustav Kern wird ev. Pfarrverwalter in Mommenheim.
20.07.1933	Abschluss des Reichskonkordats zwischen Hitler und dem Vatikan.
Sept. 1933	Errichtung der Reichnährstandes, Agrargesetze.

09.09.1933	Zwangsvereinigung der Gesangsvereine MGV 1862 und MGV Liederkranz zum "MGV Liederkranz 1862".
30.06.1934	Ermordung Röhms und anderer SA-Führer sowie mehrerer Gegner Hitlers. Entmachtung der SA.
02.08.1934	Reichspräsident Hindenburg stirbt. Hitler übernimmt das Amt des Reichspräsidenten.
1935	Gregor Geoerg wird kath. Pfarrer für Mommenheim (bis 1940).
01.03.1935	Rückgliederung des Saarlandes.
März 1935	Wiedereinführung der allgemeinen Wehrpflicht.
Juli 1935	Verabschiedung der Nürnberger Rassegesetze.
ab 1935	Steigender Arbeitskräftebedarf der Industrie, Zunahme der Zahl der Pendler aus Mommenheim (Opel-Arbeiter).
07.03.1936	Remilitarisierung des Rheinlandes.
ab 1937	Verstärkter Druck auf die Kirchen, organisierte Kirchenaustritte von NSDAP-Mitgliedern. Verbot der Erteilung des Religionsunterrichts durch die Pfarrer.
13.03.1938	Annexion Österreichs.
Sept. 1938	Sudetenkrise: 40 Mommenheimer eingezogen.
29.09.1938	Münchener Konferenz zur "Sudentenkrise"
8./9.11.1938	"Reichspogromnacht": Zerstörung jüdischer Geschäfte und Synagogen im ganzen Reichsgebiet.
01.09.1939	Beginn des 2. Weltkrieges durch den deutschen Überfall auf Polen.
1940	Anton Jung wird kath. Pfarrer für Mommenheim (bis 1955).
Dez. 1941	intritt der USA in den Weltkrieg.

ab 1942	Erste Bombenangriffe im Mainzer Raum.
18.01.1942	Ablieferung der ev. Kirchenglocken.
31.01.1943	Kapitulation der deutschen 6. Armee in Stalingrad.
ab 1943	Tagesangriffe durch alliierte Bomberverbände.
20.03.1945	Einmarsch der Amerikaner in Mommenheim. Beginn der amerikanischen Besatzung.
März 1945	Adam Schmitt wird zum Bürgermeister ernannt.
7./9.5.1945	Kapitulation des Deutschen Reiches
10.07.1945	Rheinhessen wird wieder französisches Besatzungsgebiet.
30.08.1946	Bildung des Landes Rheinland-Pfalz.
15.09.1946	Erste Gemeinderatswahlen in Mommenheim nach dem Krieg.
13.10.1946	Kreistagswahlen in Rheinland-Pfalz.
08.05.1947	Annahme der Landesverfassung durch Volksentscheid.
20.06.1948	Währungsreform, Einführung der D-Mark
01.07.1948	Inkrafttreten des Marshall-Plans.
1949	Erste Erschließung eines Baugebietes an der Bahnhofstraße.
23.05.1949	Verkündung des Grundgesetzes und Gründung der Bundesrepublik Deutschland.
07.10.1949	Gründung der Deutschen Demokratischen Republik (in der sowjetisch besetzten Zone).
Febr. 1950	Wiedergründung des "MGV Liederkranz 1862" und des "Turn- und Sportvereins 1903".
April 1950	Wiedergründung des "MGV Liederkranz 1914/50".
11.02.1950	Wiedergründung des Turnvereins als "Turn- und Sportverein 03 Mommenheim".
ab 1950	Erneuerung der Straßen in Mommenheim.
Feb. 1950	Dienstende Pfarrer Kerns in Mommenheim.

April 1950	Dienstbeginn Pfarrer Wilhelm Friedrichs.
1950/51	Marktordnungsgesetze für die Landwirtschaft.
09.12.1951	Einweihung der neuen Glocken für die evangelische Kirche.
1952	Fertigstellung eines neuen Feuerwehrhauses in der Moselstraße.
Sommer 1953	Erster Mähdrescher in Mommenheim.
1954	Erweiterung des Kindergartens.
1955	Wilhelm Hanf wird kath. Pfarrer (bis 1987).
1956 - 58	Renovierung der ev. Kirche. Erweiterung Kirche.
24.12.1958	Gründung des katholischen Kirchenchors.
1960	Entstehung des ersten größeren Neubaugebietes an der Bahnhofstr.
11.01.1961	Einweihung des neuen Schulgebäudes.
1962	Bau des Fußballplatzes.
1963	Renovierung der kath. Kirche. Erstes ökumenisches Gespräch in Lörzweiler.
ab 1965	Entstehung des Baugebietes am östlichen Ortsrand.
1967	Allgemeine Wirtschaftskrise. Straße nach Zornheim fertig gestellt.
1967/68	Flurbereinigung.
ab 1969	Verstärkte Abwanderung der Landwirte in die Industrie. Zunahme der Zahl der Nebenerwerbsbetriebe.
1970	Bau der Friedhofshalle. Die Mommenheimer Schule wird Grundschule; die 5.-8. Klasse der ehemaligen Volksschule gehen nach Hahnheim.
Okt. 1970	Produktionsbeginn in der Fabrik Schneider-Diehl.
12.05.1972	Beginn der Partnerschaft Neuilly-Mommenheim.

01.01.1973	Mommenheim gehört zur Verbandsgemeinde Nierstein-Oppenheim.
1973	Wirtschaftskrise nach Ölpreiserhöhung.
Nov. 1973	Erster ökumenischer Gottesdienst in Lörzweiler.
01.01.1975	Beginn der Arbeit der Sozialstation.
31.07.1976	Dienstende Pfarrer Friedrichs
01.12.1976	Dienstbeginn Pfarrer Molitor.
Mai 1977	Gründung des ev. Posaunenchors.
ab 1977	Entstehung des Neubaugebietes "Auf der Schanz".
1978	Gründung des Kleintierzuchtvereins.
15.01.1978	Einweihung der Gemeindehalle.
31.01.1979	Dienstende Pfarrer Molitor.
1979	Bau der Kanalisation mit Kläranlage.
Sept. 1979	Eröffnung des neuen Kindergartens.
13.09.1979	Gründung des Sport-Club Mommenheim
1981	Schließung der Firma Schneider.
01.05.1981	Dienstbeginn Pfarrer Ulrich Luig.
1981/82	Renovierung der ev. Kirche.
09.03.1982	Gründung des Freundeskreises Neuilly-Mommenheim.
1982	Errichtung eines Neubaues für die Volksbank. Verlegung des Rathauses in das frühere Bankgebäude nach dessen Umbau.
1984	Pläne der Bundeswehr zur Errichtung eines "Mobilmachungsstützpunkts" in Mommenheim werden bekannt. Entstehung des "Arbeitskreis Frieden Mommenheim".
1985	Renovierung der katholischen Kirche.
19.05.1985	Einweihung des neuen Dorfplatzes ("Neuiller Platz").
17.06.1985	Einweihung des neuen Feuerwehrgerätehauses in der Mainzer Straße.
30.06.1985	Stilllegung der Bahnlinie Bodenheim-Alzey

März 1986	Gründung des Landfrauenvereins Mommenheim.
31.01.1987	Ende des Dienstes des Arztes Dr. Walter Klein in Mommenheim (Nachfolger: Dr. R. Schaffstein).
15.04.1987	Dienstende Pfarrer Ulrich Luig (Nachfolger: Pfarrer Hans-Leonhard Nollert).
31.07.1987	Dienstende des kath. Dekan Hanf (Nachfolger: Pfarrer Karl Naffin).

LITERATURVERZEICHNIS

Abel, Wilhelm
1978   Die Land- und Ernährungswirtschaft Mitteleuropas im industriellen Zeitalter. In: Agrarkrisen und Agrarkonjunktur. 3. Aufl.

Bechtel, Heinrich
1952   Wirtschaftsgeschichte Deutschlands, Bd. 2. Vom Beginn des 16. bis zum Ende des 18. Jahrhunderts. München. Verlag Georg D. W. Callwey.

Ders.
1956   Wirtschaftsgeschichte Deutschlands. Bd. 3. Im 19. und 20. Jahrhundert. München. Verlag Georg D. W. Callwey.

Bechtolsheimer, Heinrich, et al.
1916   Beiträge zur Rheinhessischen Geschichte. Festschrift der Provinz Rheinhessen zur Hundertjahrfeier 1816-1916. Mainz. Verlag J. Diemer.

Brandenburg, Hans-Christian
1982   Die Geschichte der HJ. Wege und Irrwege einer Generation. 2. Aufl. Köln. Verlag Wissenschaft und Politik.

Bullock, Alan
1964a   Hitler. Bd. 1. Der Weg zur Macht. Frankfurt am Main und Hamburg. Fischer Bücherei (Bd. 583/584).

Ders.
1964b   Bd. 2. Der Weg zum Untergang. Frankfurt am Main und Hamburg. Fischer Bücherei (Bd. 585/586).

Craig, Gordon A.

1984   Geschichte Europas 1815 - 1980. Vom Wiener Kongreß bis zur Gegenwart. München. C.H. Beck'sche Verlagsbuchhandlung.

Demandt, Karl E.

1959   Geschichte des Landes Hessen. Kassel und Basel. Bärenreiter-Verlag.

Deutscher Bundestag, Presse- und Informationszentrum, Referat Öffentlichkeitsarbeit (Hg.)

1985   Fragen an die deutsche Geschichte: Ideen, Kräfte, Entscheidungen von 1800 bis zur Gegenwart. 11 Aufl. Bonn. Dt. Bundestag, Referat Öffentlichkeitsarbeit.

Diehl, Wilhelm

1928   Pfarrer- und Schulmeisterbuch für die Provinz Rheinhessen und die kurpfälzischen Pfarreien der Provinz Starkenburg. Darmstadt. Selbstverlag (Hassia sacra, Bd. 3).

Ders.

1932   Baubuch für die evangelischen Pfarreien der Provinz Rheinhessen und die kurpfälzischen Pfarreien der Provinz Starkenburg. Darmstadt. Selbstverlag (Hassia sacra, Bd. 6).

Ders.

1942   Hessisches Lehrerbuch. Dritter Teil: Provinz Rheinhessen und die kurpfälzischen Orte der Provinz Starkenburg. Darmstadt. Verlag L.C. Wittich (Hassia sacra, Bd. 11).

Engelmann, Bernt
1979   Einig gegen Recht und Freiheit. Deutsches Anti-Geschichtsbuch, 2. Teil. 6. Aufl. Frankfurt am Main. Fischer Taschenbuch Verlag. (Fischer TB Nr. 1338).

Ermert, Karl (Hg.)
1982   Kultur im Dorf - Kultur des Dorfes I. Probleme und Perspektiven einer Kulturarbeit im ländlichen Raum. (Loccumer Protokolle 22/1981).

Ermert, Karl (Hg.)
1983   Kultur Im Dorf - Kultur des Dorfes II. Praxis, Rahmenbedingungen und Ziele ländlicher Kulturarbeit. Loccum. (Loccumer Protokolle 23/1982).

Ermert, Karl und Jan Jarre (Hg.)
1985   Leben im Dorf, Perspektiven einer tragfähigen Dorfentwicklung unter sozialen, ökonomischen und kulturellen Aspekten, Loccumer Landwirtschaftstagung 1985. Loccum. (Loccumer Protokolle 5/1985).

Evangelische Akademie Loccum (Hg.)
1979   Landwirtschaft in den 80er Jahren, Strukturwandel vor neuen Perspektiven. Loccum (Loccumer Protokolle 6/1979).

Evangelische Akademie Loccum (Hg.)
1980   Alternativen zur EG-Preispolitik. Loccum (Loccumer Protokolle 5/1980).

Evangelische Akademie Loccum (Hg.)

1984   Die Zukunft der Agrarsozialen Sicherung, Loccumer Landwirtschaftstagung 1984, Loccum. (Loccumer Protokolle 1/1984.)

Evangelisches Pfarramt Mommenheim

o.J.   Pfarrchronik (ab 1858). Unv. Manuskript.

Grimm, Jakob,

1912   Ortsgeschichte von Mommenheim. Mommenheim. Selbstverlag der Spar- und Darlehenskasse Mommenheim.

Grünewald, Paul

1983   KZ Osthofen. Material zur Geschichte eines fast vergessenen Konzentrationslagers. 2. Aufl. Frankfurt am Main. Röderberg-Verlag

Gurland, Arcadius R.L.

1980   Die CDU/CSU. Ursprünge und Entwicklung bis 1953. Frankfurt am Main. Europäische Verlagsanstalt.

Haushofer, Heinz

1958   Ideengeschichte der Agrarwirtschaft und Agrarpolitik. Band II. Vom Ersten Weltkrieg bis zur Gegenwart. München-Bonn-Wien. Bayerischer Landwirtschaftsverlag.

Heyen, Franz-Josef

1981   Geschichte des Landes Rheinland-Pfalz. Freiburg/Würzburg. Verlag Ploetz (Geschichte der deutschen Länder, Territorien-Ploetz Sonderausgabe).

Hofer, Walther (Hg.)
1957   Nationalsozialismus, Dokumente 1933 - 1945. Frankfurt am Main. Fischer Bücherei. (Fischer TB Nr. 172).

Hoffmann, Klaus Dietrich
1985   Die Geschichte der Provinz und des Regierungsbezirks Rheinhessen 1816 - 1985. Alzey. Verlag der Rheinhessischen Druckwerkstätte Alzey.

Hofmann, Martin et al. (Hg.)
1974   Dokumentation zum Kirchenkampf in Hessen und Nassau, Bd.l. Darmstadt. Verlag der Hessischen Kirchengeschichtlichen Vereinigung.

Jarre, Jan (Hg.)
1983   Konkurrenz und Solidarität im ländlichen Raum. Loccumer Landwirtschaftstagung 1983. Loccum. (Loccumer Protokolle 5/1983).

Keim, Anton (Hg.)
1968   Tagebuch einer jüdischen Gemeinde 1941/43. Mainz. V. Hase & Koehler Verlag.

Keim, Anton Maria und Alexander Link
1985   Leben in den Trümmern. Mainz 1945 bis 1948. Mainz. Verlag Dr. Hanns Krach.

Kinder, Hermann und Werner Hilgemann
1966   dtv-Atlas zur Weltgeschichte. Karten und chronologischer Abriß. Bd.2. Von der Französischen Revolution bis zur Gegenwart. München, Deutscher Taschenbuch Verlag. (dtv TB Nr. 3002).

Kramschuster, Ludwig
1967   Aus der Geschichte der Gemeinde Mommenheim. In: 75 Jahre Spar- und Darlehenskasse Mommenheim-Harxheim, Genossenschaftsbank. S. 34 - 66. Festschrift.

Kupisch, Karl (Hg.)
1965   Quellen zur Geschichte des deutschen Protestantismus 1871 bis 1945. München und Hamburg, Siebenstern Taschenbuch Verlag. (Siebenstern TB Nr. 41/42)

Landwirtschaftliche Bezugs- und Absatzgenossenschaft Mommenheim.
o.J.   Protokollbuch der Generalversammlung. 1922 - 1957. Unveröff. Manuskript.

Landwirtschaftliche Bezugs- und Absatzgenossenschaft Mommenheim.
o.J.   Protokollbuch des Aufsichtsrates. 1922 -. Unveröff. Manuskript.

Leiwig, Heinz
o.J.   Mainz 1933 – 1948. Von der Machtergreifung bis Währungsreform. Mainz. Verlag Dr. Hanns Krach.

Männergesangverein 1862 Mommenheim
1912   Festbuch zum 50-jährigen Jubiläumsfeste.

Männergesangverein 1862 Mommenheim
1964   Festschrift zum 50-jährigen Bestehen.

Männergesangverein 1862 Mommenheim
o.J.   Protokollbuch. Unv. Manuskript.

Männergesangverein Liederkranz 1914 - 1950 Mommenheim
1951 Festschrift zum Gesangs-Wettstreit am 2., 3. und 4. Juni 1951 anläßlich der Fahnenweihe.

Ohly, Emil
o.J. Aus dem Leben eines hessische Pastors, Bd. 2. Barmen. Verlag Hugo Klein. (Familien-Bibliothek für's deutsche Volk, No. 11 & 12).
ders.
o.J. Das Büchlein vom großen deutschen Kanzler Bismarck. Stuttgart und Leipzig. Verlag Otto Risch.

Poppinga, Onno (Hg.)
1979 Produktion und Lebensverhältnisse auf dem Land. Opladen. Westdeutscher Verlag (Leviathan, Sonderheft 2).

Prolingheuer, Hans
1985 Kleine politische Kirchengeschichte. 50 Jahre evangelischer Kirchenkampf. 2. Aufl. Köln. Pahl-Rugenstein Verlag.

Reimer, Klaus
1979 Rheinlandfrage und Rheinlandbewegung (1918-1933). Frankfurt/Main, Verlag Peter Lang.

Saldern, Adelheid von
1985 Mittelstand im 'Dritten Reich'. Handwerker - Einzelhändler - Bauern. 2. Aufl. Frankfurt/Main und New York. Campus Verlag

Schnabel, Reimund
1958 Macht ohne Moral. Eine Dokumentation über die SS. 2. Aufl. Frankfurt am Main. Röderberg-Verlag.

Shirer, William L.
o.J.   Aufstieg und Fall des Dritten Reiches. Herrsching. Manfred Pawlak Verlagsgesellschaft.

Spar- und Darlehenskasse Mommenheim
o.J.   Protokollbuch der Generalversammlung. 1930 - 1960. Unv. Manuskript.

Turn- und Sportverein 1903 Mommenheim e.V.
1978   75 Jahre Turn- und Sportverein 1903 e.V. Mommenheim. Festschrift.

Wagner, Kurt
1984   Die Veränderung der dörflichen Lebensweise und der politischen Kultur vor dem Hintergrund der Industrialisierung - Am Beispiel des nordhessischen Dorfes Körle. Unveröff. Diss. Gesamthochschule Kassel.

Wehling, Hans-Georg (Hg.)
1978   Dorfpolitik. Fachwissenschaftliche Analysen und didaktische Hilfen. Opladen. Leske Verlag und Budrich.

Weitzel, Friedel
0. J.   Chronik von Mommenheim 1945 - 1949. Unv. Manuskript.

Weitzel, Kurt
1980   Von der CSVP zur CDU. Die Gründung der CDU in Rheinhessen 1945 - 1947. Unveröff. Diss. Universität Mainz.

Wothe, Heinrich (Hg.)

1978   Rheinhessen. Ein Heimatbuch. Bd. 3. Eine Festgabe
        zur Befreiung der Rheinlande 1930 mit 213
        Abbildungen aus Rheinhessen und seiner Besat-
        zungszeit. Weidlich Reprints. Frankfurt am Main.
        Verlag Wolfgang Weidlich.

Wörner, Ernst

1876   Die Chronik von Mommenheim. In: Ritsert, F. (Hg.),
        Archiv für Hessische Geschichte und
        Alterthumskunde. 14. Band, 2. Heft. Verlag des
        historischen Vereins für das Großherzogthum
        Hessen.

Zimmermann, Johannes

1957   Ritterschaftliche Ganerbschaften in Rheinhessen.
        Diss. Johannes Gutenberg Universität. Mainz.
        Selbstverlag.